市民が主役の司法をめざして

2001(平成13)年度法友会政策要綱

東京弁護士会法友会

現代人文社

市民が主役の司法をめざして

【2001（平成13）年度法友会政策要綱】

はじめに

1　法友会は，東京弁護士会（東弁）会員約4000名のうち約1800名の弁護士が加入し，次の綱領を掲げて活動している。

法友会綱領

　１．広く知識を世界に求めて国際司法文化の進展に寄与する。
　２．司法の民主化と法曹一元化の完成を期し，平和日本の建設に邁進する。
　３．新憲法の精神に則り，裁判の公正に協力し，あまねく基本的人権を擁護する。
　４．人格を陶冶し，識見を磨き，常に法曹としての品位の向上に努力する。
　５．会員相互の親睦を図り，相携えて生活協同体の実現を期する。

2　法友会の活動の中心は，司法制度に関する政策の策定・提言とその実現を目指す諸活動である。そして，毎年政策の要綱をまとめて公にしてきており，ここに2001（平成13）年度の政策要綱を編集した。

3　1999（平成11）年に司法制度改革審議会が発足し，2000（平成12）年11月に中間報告を公表した。この中間報告では，公正で活力ある社会の実現を目指し，多くの司法改革の方向が示されている。

　われわれが策定したこの政策要綱は，このような社会状況を念頭に置いており，ここで示す政策は改革審議会が中間報告で示す改革と一致するものも多い。改革審議会がわれわれの政策と一致する改革の方向を示したことは，われわれの活動の成果と評価できる部分があると自負している。しかし，改革審議会の中間報告は，われわれの政策のすべてに回答を与えるものでもないし，そこで示された改革の実現までには，まだ多くの困難が予想される。

　われわれは，この政策要綱で示す政策の実現のために，なお一層，力を尽くさなければならないと考えている。

4　この要綱でとりあげた政策は，多岐にわたり，それぞれ複雑で困難な問題を含む。社会の変化に対応して過去に掲げた政策を変更したものもある。われわれとしては，今後も

あるべき政策を真剣に議論し、期待に応えるべく努力したい。

5　最後に、本政策要綱策定に当たり、本年度の政策委員会に共同開催として参加していただいた弁護士業務改革委員会の伊藤茂昭委員長、政策要綱の策定を全面的に担当していただいた西尾則雄政策要綱策定部会長をはじめ、政策要綱策定担当の宮岡孝之、菅野利彦各副委員長、三浦修担当副幹事長、藤ケ崎隆久、堀部忠男各事務次長の各位に対し、心から御礼申し上げる次第である。

2000（平成12）年12月
平成12年度法友会政策委員長

山本剛嗣

[目次]

第1部 司法・弁護士の改革

〈司法制度改革審議会〉

1 司法制度改革に向けたこれまでの歴史

(1) 司法制度改革の沿革と成立 ……………… 8
　① 審議会設置前史と設置 8
　② 司法制度改革審議会の設置 8
　③ 法曹と市民生活の乖離 8
　④ 新しい世紀の司法をめざして 9

(2) 司法制度改革の基本課題 ……………… 10
　① 司法改革審議会の立ち上げ 10
　② 司法制度改革審議会の審議 11
　③ 司法制度改革審議会の最終意見 12
　④ 日本弁護士連合 12
　⑤ 最高裁と政府関係の改革 13
　⑥ その他改革 17

(3) 弁護士自治 ……………… 17
　① 弁護士自治の内容 17
　② 弁護士自治と公共性 18
　③ 弁護士自治の歴史 18

(4) 弁護士改革 ……………… 19
　(イ) 弁護士改革の内容 19
　(ロ) 弁護士改革に関する諸課題 19

(5) 今後の方向 19

2 官僚司法の改革と民主的司法制度の創設 ……………… 20

(1) 戦後−元開度実現への取組み ……………… 20
　(イ) 戦後−元開度の取組と構想 20
　(ロ) 行なわれたこと 20
　(ハ) どうなったか−司法制度をめぐって 21
　(ニ) 今のような最高裁判所になったわけ 22

【目次】

第1部　司法と弁護士の改革

第1　司法制度の改革 ... 3

1　司法制度改革と新たな世紀への展望 3

1）司法制度改革の歴史と視点──3
- (1) 戦後司法改革の成果と限界　4
- (2) 司法の官僚化と裁判の行政化　4
- (3) 弁護士・弁護士会の取組み　5
- (4) 新しい世紀の司法改革のあり方　7

2）司法制度改革の重点課題──10
- (1) 司法改革論議の高まり　10
- (2) 司法制度改革審議会の設置　11
- (3) 司法制度改革審議会の審議経過　11
- (4) 日弁連の状況　12
- (5) 重点課題と改革課題の到達点　13
- (6) 今後の課題　17

3）弁護士自治──17
- (1) 弁護士自治の理念　17
- (2) 弁護士自治に対する批判・攻撃　18
- (3) 弁護士自治と司法改革　18

4）弁護士改革──19
- (1) 弁護士改革の目的　19
- (2) 弁護士改革に関する諸課題　19
- (3) 今後の方針　19

2　官僚司法の改革と民主的司法制度の創設 20

1）法曹一元制度実現への取組み──20
- (1) 法曹一元制の意義・根拠　20
- (2) 今なぜ法曹一元か　20
- (3) どのような法曹一元制度とするのか　21
- (4) どのような運動を展開していくべきか　22

2）陪審制・参審制実現への取組み —— 24
- (1) 陪審制・参審制導入の必要性 24
- (2) どのような制度とするか 24
- (3) どのようにして実現するか 27
- (4) 陪参審の導入に関する最近の動向 28

3）裁判官制度の改善 —— 28
- (1) 制度改革の観点 28
- (2) 弁護士任官制度 29
- (3) 非常勤裁判官制度 30
- (4) 研修弁護士制度 30
- (5) 最高裁判所裁判官推薦制度 31
- (6) 裁判官の市民的自由と司法の独立 31
- (7) 裁判官の任用・人事のあり方 32
- (8) 判検交流問題 33

4）法曹養成制度の改革 —— 33
- (1) 岐路に立つ法曹養成制度 33
- (2) 合格者に対する入所前研修（事前研修） 34
- (3) 研修弁護士制度と新規登録弁護士研修 34
- (4) 法科大学院（仮称）構想について 34
- (5) 丙案廃止の必要性 36

5）市民の司法参加 —— 38
- (1) 司法委員制度の拡充 38
- (2) 裁判傍聴運動 39
- (3) 初等中等教育における司法教育 39

3　司法規模容量の拡大 40

1）司法予算の拡大 —— 40
- (1) 司法予算の現状 41
- (2) 弁護士会の取組み 41
- (3) 拡大の目標 41

2）法曹人口の増員 —— 42
- (1) 法曹人口問題に対する弁護士会の従来の対応 43
- (2) 増員の具体像 46

3）司法の人的物的拡充と利用しやすい裁判所施設 —— 48
- (1) 裁判所の統廃合と住民の利便 48
- (2) 少額事件手続と身近な裁判所 48

(3)　利用者の声を反映した裁判所施設を　48
　　　(4)　速記官問題　49

4　市民の司法と弁護士へのアクセス拡充　50

1）法律扶助制度の抜本的改革　50
　　　(1)　基本理念　50
　　　(2)　わが国の現状　51
　　　(3)　弁護士会・法友会の立法化に向けた取組み　52
　　　(4)　民事法律扶助法の成果　53
　　　(5)　今後の課題　54
　　　(6)　司法制度改革審議会の状況　55

2）国費による被疑者弁護制度の創設といわゆる刑事弁護ガイドライン問題　56
　　　(1)　戦後司法改革と被疑者国選弁護制度　56
　　　(2)　当番弁護士制度の到達点と課題　56
　　　(3)　国費による被疑者弁護制度に関する議論の状況　57
　　　(4)　当番弁護士制度を支える財政の問題　60
　　　(5)　いわゆる刑事弁護ガイドライン問題　61
　　　(6)　国費による被疑者弁護制度実現への展望　62

3）公設事務所の設置　63
　　　(1)　弁護士過疎・偏在の現状と原因　63
　　　(2)　過疎・偏在対策の必要性　63
　　　(3)　弁護士会の取組み　64
　　　(4)　公設事務所構想の問題点　66
　　　(5)　今後の課題　67

4）権利保護保険　67
　　　(1)　権利保護保険の内容と必要性　67
　　　(2)　外国及び国内の状況　67
　　　(3)　日弁連の動き　68
　　　(4)　この制度の問題点と育成　69

5）法律相談センターの拡充　69
　　　(1)　法律相談センターの重要性　69
　　　(2)　過疎地対策としての法律相談センター　70
　　　(3)　東京での法律相談センターの現状と課題　70

6）情報提供としての弁護士業務広告　72
　　　(1)　広告自由化に至る経緯　72

- (2) 新広告規程の概要　73
- (3) 今後の課題　74

7）市民に身近な弁護士会 — 74
- (1) 市民モニター制度　74
- (2) 講師派遣　75
- (3) 市民窓口の設置　75
- (4) ホームページ開設と弁護士情報提供制度　76
- (5) 市民ネットワークの構築にむけて　77

第2　弁護士業務の改革　79

1　法的ニーズの拡大に対する対応　79

1）弁護士業務改革の今日的意義 — 79
- (1) 司法改革の推進と業務改革の意義　80
- (2) 弁護士の活動の様々な分野への拡大　80

2）弁護士の法律事務の独占 — 82
- (1) 司法制度改革審議会における議論の状況　83
- (2) 日弁連の対応　83
- (3) 検討の視点　83
- (4) 司法書士への部分開放の是非　84
- (5) 弁理士への部分開放の是非　85
- (6) 税理士への部分開放の是非　86
- (7) 権限付与の要件等　86
- (8) サービサー問題　86

3）弁護士の兼職・業務等の制限 — 87
- (1) これまでの弁護士法30条の解釈と運用　88
- (2) 弁護士の業務制限の保護法益と業務制限のあり方　89

4）法律事務所の多様化と隣接業種との協働 — 91
- (1) 総合的法律・経済関係事務所　91
- (2) 法律事務所の複数化　92

2　弁護士業務の質の向上　92

1）弁護士研修制度の充実 — 92
- (1) 弁護士研修の意義　92
- (2) 新人研修の充実　93
- (3) 専門研修の充実　93

⑷　倫理研修の充実　93
　　　⑸　法律研究部活動との連携　93
　　　⑹　東京三会の提携　94
　　　⑺　今後の研修制度の課題　94

　　2）日弁連法務研究財団────── 94
　　　⑴　財団設立の目的・経過　94
　　　⑵　財団の組織　94
　　　⑶　2000（平成12）年度までの財団の活動　95
　　　⑷　今後の弁護士会と財団とのかかわりについて　96

　　3）弁護士の公益活動（プロボノ活動）の促進────── 97
　　　⑴　公益活動の意義　97
　　　⑵　公益活動をめぐる現状と課題　98
　　　⑶　公益活動への一層の参加を促進するために　98

　　4）弁護士不祥事問題の予防と対策────── 99
　　　⑴　弁護士非行の深刻化　99
　　　⑵　予防と対策の視点　99
　　　⑶　法曹養成及び継続教育における倫理教育の徹底　100
　　　⑷　綱紀問題を懸念される会員に対する会指導の強化　100
　　　⑸　業務上預り金口座の設置・届出及び会請求時の開示の義務化　100
　　　⑹　弁護士預り金口座（カルパ）の導入検討　101
　　　⑺　懲戒制度自体の強化　102
　　　⑻　非弁提携弁護士の根絶　103
　　　⑼　依頼者救済基金の設置　104
　　　⑽　その他　104

3　業務の整備強化　104

　　1）法律事務所の法人化────── 104
　　　⑴　法律事務所法人化の必要と司法改革の視点　105
　　　⑵　法律事務所法人化のメリット　105
　　　⑶　この間の取組みと経過　105
　　　⑷　検討中の要綱骨子案　106

　　2）弁護士業務妨害とその対策────── 108
　　　⑴　弁護士業務妨害をめぐる最近の情勢　108
　　　⑵　弁護士業務妨害対策センターの設置と活動　108
　　　⑶　弁護士業務妨害の根絶のために　110

4　国際化と弁護士制度・弁護士業務 110

1）国際化に対する弁護士会の対応────── 110
- (1) 国際化の進展と弁護士制度・業務への影響　110
- (2) 弁護士業務をめぐる国際的動向　111
- (3) 国際化への基本的な対応　113

2）外国弁護士問題────── 114
- (1) 第三次外国弁護士問題　114
- (2) 外国弁護士問題研究会の提言と日弁連の対応　114

3）国際仲裁の活性化────── 115
- (1) 外国弁護士による国際仲裁代理　116
- (2) 国際仲裁研究会の提言と今後の動向　116

4）国際司法支援・国際機関への積極参画────── 116

第3　弁護士会の改革 118

1　政策実現を担うにたる機構と運営を 118

1）司法改革の推進と弁護士改革の課題────── 118
- (1) 司法改革の取組みと弁護士会のあり方　118
- (2) 中長期的展望をもった総合的司法政策の形成　119
- (3) 組織の充実と強化　120
- (4) 市民との連携と世論の形成　122
- (5) 政府機関等への働きかけ　123
- (6) 迅速な情勢の変化に対応できる適切な会内合意のあり方の確立　123

2）日弁連の機構改革と運営の改善────── 124
- (1) 会長選挙の実施　125
- (2) 総会・理事会等のあり方と執行体制の整備　125
- (3) 各ブロックからの日弁連副会長選出のあり方　125

3）関東弁護士会連合会の現状と課題────── 125
- (1) 関弁連の現状　126
- (2) 関弁連の課題　126

2　東弁会務の諸問題 128

1）委員会活動の充実強化────── 128
2）副会長増員問題────── 129

- (1) 増員の必要 **129**
- (2) 増員数 **129**
- (3) 増員をめぐる諸問題 **129**

3）会員への情報提供──**130**

4）事務局体制──**130**

5）会財政の現状と課題──**131**
- (1) 一般会計 **131**
- (2) 特別会計 **132**
- (3) 日弁連財政 **133**

6）福利厚生──**133**
- (1) 現状 **133**
- (2) 各種保険，協同組合の充実 **133**
- (3) 国民健康保険組合 **134**
- (4) 健康診断 **134**
- (5) 福利厚生施設 **134**
- (6) 各種レクリエーション **134**

7）選挙会規の改正と現状──**134**
- (1) 東弁選挙会規の改正 **134**
- (2) 改正の内容 **134**
- (3) 現状 **135**

3　東京弁護士会・第二東京弁護士会図書館の役割と課題　**135**

1）合同図書館の役割──**135**
2）合同図書館の課題──**136**

4　東京の三弁護士会合併問題　**137**

1）三会合併問題に対する東弁の従来の取組みと現状──**137**
2）三会合併問題に関する他会の現状──**138**
3）東弁の進むべき方向──**138**

5　多摩支部問題と今後の課題　**139**

1）多摩支部の成立──**139**
2）多摩支部の運営と活動──**139**

3）今後の課題―――― 139
- (1) 多摩支部会館の所有権の取得　139
- (2) 国選弁護事件の運営体制の整備と当番弁護士制度の充実　139
- (3) 法曹三者の協議推進　140
- (4) 法律相談活動の充実　140
- (5) 広報活動の推進　140

第2部　基本法制の改革

第1　民事裁判と民事法制の改革 ———— 143

1　適正迅速な民事裁判手続 143

1）民事裁判の充実—民事訴訟法改正と今後の課題— ———— 143
(1) 新民事訴訟法の施行　144
(2) 新民事訴訟法実務フォーラム　144
(3) 弁論準備手続の運用について　144
(4) 当事者照会制度の実務慣行の形成に向けて　145
(5) 証拠収集活動の充実について　145
(6) 人的物的設備の拡充に向けて　146

2）訴訟費用の敗訴者負担について ———— 146
(1) 新民事訴訟法の制定と司法制度改革審議会　146
(2) 「取りまとめ（案）」の内容　147
(3) 「取りまとめ（案）」の問題とわれわれの対応　147

3）公文書に対する文書提出命令の問題について ———— 148
(1) 民事訴訟法改正の審議経過と附則について　148
(2) 「民事訴訟法の一部改正案」とその問題点　149

4）あっせん・仲裁センター ———— 152
(1) 東弁あっせん・仲裁センターの現状　152
(2) 今後の課題　153

5）裁判外紛争解決制度の拡充 ———— 153
(1) ＡＤＲの存在意義　153
(2) ＡＤＲの理念　154
(3) 今後の課題　154

6）少額事件と弁護士 ———— 155
(1) 少額事件の現状　155
(2) 今後の対応のあり方　155

2　民事法制の見直しと民事裁判実務の課題 156

1）民事法制改革のあり方 ———— 156
(1) 改革の特徴と問題点　156
(2) 民事法制のあり方　157

2）損害賠償請求訴訟の現状と課題 ── 158
- (1) 現状と問題点 158
- (2) 改革の方向 158
- (3) 懲罰的損害賠償について 159

3）債権回収と民事執行法 ── 159
- (1) 競売代金支払における銀行ローン活用のための法整備 159
- (2) 公的債権回収機関の調査資料等の活用 159
- (3) 売却見込みのない物件についての競売手続の打切りについて 160
- (4) 保全処分の強化 160
- (5) 執行抗告対策 160
- (6) 担保物件の不法占有者に対する抵当権に基づいた妨害排除 161
- (7) 執行妨害対策について 161

4）倒産法改正と個人債務者の民事再生手続 ── 161
- (1) はじめに 161
- (2) 小規模個人再生手続 162
- (3) 給与所得者等の再生手続 162
- (4) 住宅資金貸付債権についての特則 163
- (5) 弁護士の役割 163

5）企業経営と商法などの法制 ── 163
- (1) 最近の企業行動に関する問題 164
- (2) コーポレートガバナンスの確立 164
- (3) 議員立法に対する取組み 164

6）独禁法と民事訴訟 ── 165
- (1) 私人による差止請求権の立法化 165
- (2) 実務家としての弁護士に期待されること 166

7）知的財産権紛争解決制度の改善 ── 167
- (1) 迅速化の要請 167
- (2) 改善措置 167

8）国際民事訴訟の充実に向けて ── 169
- (1) 訴訟と仲裁 169
- (2) ハーグ国際私法会議における条約案作成作業 169

第2 刑事司法の改革 ── 170
1 憲法的刑事手続の確立 171

- 1）刑事司法の現状と抜本的改革の必要————— 171
  - (1) われわれはどこから出発せざるをえないのか 171
  - (2) 刑事訴訟法施行50年と刑事司法の抜本的改革 172
- 2）刑事司法改革のための弁護士会の取組み————— 173
  - (1) 日弁連刑事弁護センターの活動 173
  - (2) 「刑事司法改革の実現に向けてのアクション・プログラム」の実践 173
- 3）接見交通権の確立————— 174
- 4）人質司法・「監禁司法」の打破————— 175
- 5）捜査の可視化————— 176

2　弁護人の援助を受ける権利の確立　177

- 1）当番弁護士制度の現状と課題————— 177
  - (1) 出動件数の増加と受任率の低さについて 177
  - (2) 当番弁護士を支える財源について 179
  - (3) 弁護人の質の向上について 179
- 2）国選弁護制度の改善改革————— 180
  - (1) 国選弁護の現状 180
  - (2) 国選弁護報酬の増額問題 180
  - (3) 弁護人の質の向上について 181
- 3）広域的当番弁護士制度，弁護士過疎及び離島問題————— 181

3　刑事法制の今日的課題　182

- 1）少年司法と弁護士の役割
  ―あるべき少年司法のための取組み————— 182
  - (1) 少年法「改正」までの動き 182
  - (2) 「改正」の背景と誤解 183
  - (3) われわれの課題 184
- 2）犯罪被害者保護立法と被疑者・被告人の権利————— 185
  - (1) いわゆる犯罪被害者保護立法の公布 185
  - (2) 被害者保護と被疑者・被告人の権利 186
  - (3) 被害者による意見陳述について 186
  - (4) ビデオリンク方式による証人尋問について 187
- 3）日弁連処遇法案の実現————— 187
  - (1) 拘禁二法案反対運動 187

(2)　日弁連刑事処遇法案の実現をめざして　188
　4) 死刑の存廃問題────── 188
　　(1)　死刑をめぐる内外の状況　188
　　(2)　弁護士会の対応　190
　　(3)　今後の取組み　191
　　(4)　おわりに　193
　5) オウム真理教関連事件をめぐって────── 193
　　(1)　当番弁護士と微罪逮捕, 別件逮捕の問題　193
　　(2)　弁護活動をめぐる問題　194
　　(3)　弁護士会の活動　194
　　(4)　近時の動向　194
　6) 外国人の刑事手続上の問題────── 195
　　(1)　はじめに　195
　　(2)　身体拘束をめぐる問題点　195
　　(3)　通訳人をめぐる問題点　197
　　(4)　取調過程の可視化の必要性　197
　　(5)　今後の方針　199

第3　行政の改革と民主化　────── 200

1　公正透明で市民に開かれた行政を確立するために　200
　1) 官僚中心の行政から市民に開かれた行政へ────── 200
　2) 行政手続法の施行と司法のチェック────── 201
　3) 行政手続法の施行状況────── 203
　4) 行政に対する司法審査の強化と弁護士の役割────── 203

2　情報公開　204
　1) 情報公開法の成立────── 204
　2) 関係法令の整備────── 205
　3) 特殊法人等の情報公開について────── 206
　4) 情報公開法と弁護士会────── 207

3　市民オンブズマンの活動の展開　207
　1) 全国市民オンブズマン連絡会議────── 208

2）官官接待・カラ出張の追及———— 208
　　3）活動の成果———— 208
　　4）大企業の監視———— 209
　　5）その他の活動———— 209
　　6）今後の方針———— 209

4　行政訴訟改革 209
　　1）行政訴訟改革の必要性———— 209
　　2）改革の具体的方策———— 211
　　　(1) 行政事件訴訟法の改革　211
　　　(2) 法曹の資質・容量の改善　211

第3部　人権保障と制度改革

第1　豊かに暮らし働くために ——— 215

1　消費者の権利 215
1）消費者の権利と視点 ——— 215
2）消費者保護の立法と行政の現状 ——— 216
　(1) 立法　216
　(2) 行政　217
3）消費者問題の現状 ——— 218
4）消費者被害の救済のために ——— 220
　(1) 立法，行政措置への働きかけ　220
　(2) 情報公開の制度の確立　220
　(3) 救済制度の整備と救済努力－消費者基金（仮称）の設立を　220
　(4) 被害情報管理センター等のネットワーク作り　221
　(5) 消費者教育の実施，充実　221

2　環境・公害問題 221
1）はじめに ——— 221
2）公共事業問題への取組みの継続 ——— 222
3）廃棄物問題及び化学物質問題（ダイオキシン，環境ホルモンなど） ——— 223
4）食品に関する知る権利の確立（遺伝子組換え食品問題を契機として） ——— 223
5）21世紀の食糧問題（有機農業への転換促進） ——— 224
6）大気問題 ——— 224
7）原子力問題 ——— 224
8）都市問題 ——— 224
9）自然保護制度の整備 ——— 225
10）国際環境問題への取組みの必要性 ——— 225
11）弁護士会の法律相談における「公害環境部門」の常設化の必要性 ——— 226

3　労働者の権利と労働法制 226
1）基本的視点 ——— 226

2）労働基準法の改正問題 —— 227
(1) 労働契約期間の上限の延長 227
(2) 変形労働時間制 227
(3) 裁量労働制 227
(4) 時間外労働 228
(5) 深夜労働 229

3）労働者派遣法の改正問題 —— 229

4）労働問題に対する相談体制の整備 —— 230

4 両性の平等と女性の権利 231

1）基本的視点 —— 231

2）雇用・婚姻法制度等の具体的問題点 —— 232
(1) 男女雇用機会均等法の改正 232
(2) パート労働法の問題 233
(3) 婚姻制度等の改正 234
(4) 男女共同参画社会の形成促進のための法制度の整備，充実 234
(5) ドメスティック・バイオレンス 235
(6) 養育費の支払い 236
(7) ストーカー行為の根絶 236

第2 発達・自立を援助する —— 237

1 子どもの人権 237

1）子どもの権利条約と弁護士会の役割 —— 238

2）いじめ，体罰，不登校などの学校における問題 —— 238

3）児童虐待 —— 239

4）児童福祉施設 —— 239

5）子どもの権利条約 —— 240

2 高齢者の人権 240

1）基本的視点 —— 241

2）介護保険制度 —— 241

3）成年後見制度等権利擁護システムの確立 —— 242

3　障害者の人権　243
- 1）基本的視点────243
- 2）障害者福祉法・障害者差別禁止法の制定────243
- 3）欠格条項の撤廃────244
- 4）介護保険制度と障害者────244
- 5）契約型福祉サービスへの移行をめぐる問題────245
- 6）権利擁護システムの確立────245
- 7）施設オンブズマン制度の確立────245
- 8）障害者の裁判を受ける権利────246
- 9）障害者の労働権の確立────246

4　患者の人権（医療と人権）　247
- 1）インフォームド・コンセントとカルテ開示の法制化に向けて────247
  - (1) インフォームド・コンセント　247
  - (2) カルテ開示　248
- 2）脳死・臓器移植と人権────249
  - (1) 臓器移植法施行後の経過と課題　249
  - (2) 施行後3年目の見直しと論点　250
- 3）性同一性障害者の人権────251
  - (1) 障害の内容と診断・治療の基準　251
  - (2) 戸籍法の改正　252
- 4）人工生殖技術の「発展」と人権──人工生殖技術の現実と課題────252
- 5）医療事故と医療過誤訴訟────252

第3　自由で安心できる市民生活のために────254

1　憲法問題と市民生活　254
- 1）憲法調査会について────254
  - (1) 憲法調査会の活動　254
  - (2) 憲法調査会の活動に対する対応　256

2）諸立法の問題点について ―――― **257**
　　　　(1) 新ガイドライン関連法について　**257**
　　　　(2) 国旗・国歌法について　**258**
　　3）憲法に対する理解を広めるために ―――― **258**

2　民事介入暴力の根絶と被害者の救済　**259**
　　1）民事介入暴力対策の現状と民暴対策活動の基本理念 ―――― **259**
　　2）被害者救済システムの整備と実践 ―――― **260**

3　自然災害被災者の権利保障と法制　**261**

4　犯罪被害者の支援のために　**261**
　　1）犯罪被害者の人権をめぐる問題提起（問題の所在と現状認識） ―――― **262**
　　2）弁護士会の議論の到達点 ―――― **262**
　　3）被害者保護及び救済のための法制度整備の必要性
　　　　（中長期的な視野での基本政策・基本構想） ―――― **263**
　　4）東弁及びわれわれ自身がなすべきこと（当面の政策提言） ―――― **263**

5　犯罪報道と人権　**264**
　　1）問題の所在 ―――― **264**
　　2）犯罪報道被害の現状 ―――― **265**
　　3）マスメディアの自主的努力の必要性 ―――― **265**
　　4）弁護士・弁護士会の取組み ―――― **265**

6　警察活動と人権　**266**
　　1）拡大する警察活動について ―――― **266**
　　2）警察活動に必要な監視是正 ―――― **267**

7　独立人権機関の設置　**267**
　　1）独立人権機関とは ―――― **267**
　　2）弁護士会の課題 ―――― **268**

第4　国際社会の中での人権　269

1　外国人の人権　269

1）はじめに────269

2）具体的問題────270
- (1) 上陸を拒否された外国人をめぐる問題　270
- (2) 収容手続及び被収容者の取扱　271

3）弁護士会の取組み────273

2　戦争被害者の人権　274

1）問題点────274

2）調査機構と任務────275
- (1) 日本国の設置する調査機関　275
- (2) 国際機構　276

3　国際人権条約の活用と個人申立制度の実現に向けて　277

1）国際人権条約を積極的に活用することの意義────277

2）活用の方法────278
- (1) 国内法的効力　278
- (2) 問題となる場面　278
- (3) 法廷以外の場面での活用　278

3）第一選択議定書の批准────279
- (1) 第一選択議定書の意義　279
- (2) 各国及び日本の批准状況　279

4）弁護士・弁護士会の取組み────280

法曹一元裁判官制度実現のための現実的課題の克服に関する宣言・決議　281

　被疑者・被告人の弁護人の援助を受ける権利を確立するための宣言　283

平成12年末に「法曹選抜及び養成の在り方に関する検討会」の協議が終了するにあたり，日弁連執行部が丙案廃止実現に向けて特段の努力をするよう求める決議　285

索引　291

第1部　司法と弁護士の改革

第1 司法制度の改革

◇われわれは，市民的基盤をさらに強化しつつ，弱者切り捨ての規制緩和司法改革論を克服し，市民の立場に立って現在の司法システムを根本的に見直し，市民が主体となり，市民の人権保障と社会的正義・社会的公正の実現を目標とする，新しい司法制度の創造を推し進めなければならない。
◇法曹一元と陪審・参審の導入により，官僚司法から「市民の司法」への転換を実現する。
◇司法予算の大幅な増額，法律扶助制度の抜本的改革，国費による被疑者弁護制度の実現，公設事務所の設置，法律相談センターの拡充など「市民のための司法制度」の充実に取り組む。
◇弁護士会の自律機能を一層高めるとともに，改めて弁護士自治制度の意義を確認し，広く市民の理解を得る活動を進め，弁護士自治の強化をはかる。
◇市民感覚に富み，社会的弱者の人権救済を司法の本質的使命と自覚する法曹を養成するために，弁護士会を主たる担い手とする法曹養成制度を積極的に推進する。
◇市民に身近で利用しやすい司法の実現という観点から，業務基盤整備先行論を克服し，法曹の質を維持しながら，市民の必要とする法曹人口の増加をすべきである。
◇広報，市民窓口などの充実，諸団体との提携強化などを通じ，市民との接点をより多重化し，市民とともに進める司法改革の体制を築く。

1 司法制度改革と新たな世紀への展望

1）司法制度改革の歴史と視点

わが国の司法は，司法権の独立と民主的司法制度の確立をめざした戦後改革にもかかわらず，司法の官僚化と裁判の行政化が進み，機能低下が著しい。

> 弁護士会は，官僚的司法制度に対する批判を継続しつつも，弁護士自らの主体的改革努力に重点を移し，広く市民の支持と共感を得て，司法の抜本的改革の運動を推進してきた。この間の運動による市民的基盤をさらに強化しつつ，弱者切捨ての規制緩和司法改革論を克服し，市民の立場に立って現在の司法のシステムを根本的に見直し，市民が主体となる新しい司法制度を創造する必要がある。

(1) 戦後司法改革の成果と限界

戦後，わが国の司法は，司法権の独立と国民主権を原理とする民主的司法制度の確立をめざして根本的な改革がなされた。

この改革の特質は，

① 天皇の司法から国民の司法となり，人権保障機能を確立するために司法権の独立が強化されたこと

② 司法官僚制の弊害除去のために裁判官会議を司法行政の主体としたこと

③ 法曹一元や裁判官の公選制は実現しなかったものの法曹一元の理念に基づく司法修習制度が確立されたこと

④ 国民審査，裁判官弾劾，検察審査会などの制度にみられるような民主的コントロールが一部実現したこと

⑤ 裁判所が司法権を独占し，違憲立法審査権を有し，また，民衆裁判所としての簡易裁判所が設置されるなど，司法権の範囲が拡大したこと

⑥ 当事者主義，公開主義により，国民の裁判に対する監視と批判を可能にしたこと

⑦ 弁護士自治が確立されたこと

などである。

しかし，他方では，官僚的司法が基本的に温存され，市民が司法を利用できる手立ても整備されず，全体として戦後司法は十分な市民的基盤をもたない弱点を抱えていた。

(2) 司法の官僚化と裁判の行政化

戦後改革の時代を過ぎると，温存された官僚司法は次第に強化されて，国民の権利擁護の砦であるべき司法の役割が憲法の理念から徐々にかけ離れたものとなってきた。

すなわち，昭和30年代頃から，わが国の司法は，次第にその路線を変更しはじめ，裁判官会議の形骸化，裁判官勤務評定制度の導入などにより，個々の裁判官に対する管理や人事面の統制が強められはじめた。そして，裁判官の管理・人事権は，最高裁事務総局に集中され，新たな司法の官僚的再編成が促進された。1964（昭和39）年に発表された臨時司法制度調査会意見書は，司法行政の目標として，法廷秩序の維持，訴訟促進をあげ，この

ための施策として司法行政権の中央集権化，裁判官統制の必要性を強調した。以後，最高裁は，官僚的統制の整備拡充を司法政策の基調とし，人的物的両面からの管理強化を図っている。

この結果，個々の裁判官の独立がおびやかされ，一方で，裁判の画一処理化現象，行政追随，治安維持優先の姿勢が指摘されるに至り，一般の訴訟審理にも強い影響を与えた。さらに，昭和40年代後半から急増した判検交流は，現在では裁判所と法務省との人事一体化とまで評されるような状況に立ち至り，また，裁判官会同・協議会を通じて，最高裁事務総局見解が個別具体的事件に影響を与えるような傾向も生じている。このような傾向がさらに進むならば，国民の裁判を受ける権利に重大な支障を来たし，基本的人権の実質的な保障が困難となり，司法に対する国民の信頼を失うに至ることは明らかである。

弁護士・弁護士会は，市民の人権擁護の活動を強化しつつ，司法の官僚化・裁判の行政化と闘い，その改革を現実のものとしなければならない。この闘いを成功裡に導き，局面を打開する鍵は，何よりも弁護士・弁護士会が徹底して市民の中にあり，市民とともに進むことにある。

(3) 弁護士・弁護士会の取組み

日弁連は，1949（昭和24）年9月1日弁護士法の施行とともに設立された。

創立された年には5800名余であった会員数は，1万8000名を数えるまでに発展し[1]，司法試験合格者の増員等の影響もあり，近時，増加のテンポは極めて早くなっている。

また，これまでの弁護士および弁護士会の活動は，極めて広範で活発なものとなってきている。

人権擁護活動では，死刑再審無罪事件をはじめとする冤罪と再審活動，被拘禁者の人権などの刑事分野の活動，深刻な被害を生んだ大気汚染・水汚染，食品・薬害公害，消費者問題での被害救済活動，子どもの権利や女性の権利の救済，報道による人権被害，精神障害者の人権問題，国際人権活動など，高度経済成長の一方で大きな歪みや立ち遅れが目立つあらゆる分野の人権活動に，多くの会員が極めて献身的な活動を行ってきた。そして，また，こうした活動を通じて被害者救済と制度改革にも大きな成果を挙げてきた。刑事法制では，刑法，少年法の改悪阻止，拘禁二法案の反対運動などに取り組み，弁護人抜き法案反対運動では弁護士会挙げての大きな運動を展開し，弁護士自治の原則を守り抜いた。民事法制では，民事執行法，商法，家族法，その他多くの分野で弁護士の実務経験に基づき必要な提言を行ってきた。

司法制度をめぐっては，裁判の迅速化等を掛け声として設置された臨時司法制度調査会

---

1) 2000（平成12）年10月7日現在，会員1万8295名，外国特別会員145名，特別会員16名，準会員6名である。

（1964〔昭和39〕年8月意見書発表）は，課題とされた法曹一元を棚上げする一方，戦後司法改革に伴う成果を堀り崩し，当面の策として司法の合理化・効率化策を推し進めるものとなり，これ以後，官僚司法の強化と裁判の行政化現象が著しく進んだ。これに対し，日弁連は，臨司反対運動を強力に展開し，弁護士会の司法問題に対する基本的スタンスを確立するとともに，引き続き，臨司意見書の実施に対しては，法曹養成，裁判所の統廃合，参与判事補問題，裁判官の再任・任官拒否問題などそれぞれの課題をめぐり，その都度大きな運動を展開して，民主的司法の確立のために努力を重ねてきた。

　リーガルエイドの分野では，国選弁護活動，法律扶助活動などのほか，交通事故被害者救済などにも地道に取り組んできた。さらに，弁護士業務が市民に身近なものとなるよう，報酬規定の改革や弁護士広告の改善，また裁判外業務の充実などにも取り組んできた。

　戦後の弁護士・弁護士会の諸活動の歴史は，❶相次いで生起しながら放置され，しかもその圧倒的多数が社会的に弱い立場にある市民の人権問題に対する熱心な活動，❷悪法反対運動による立法の阻止，❸司法制度の官僚的な再編に反対する活動などに大きな成果をあげてきたということができる。しかし，それにもかかわらず，官僚司法は益々市民社会から遠ざかり，その規模容量は小さいまま放置され，これに伴って弁護士も広く市民的基盤を築くには至らず，誠実で献身的な，そしてフェアな活動が評価される一方，その存在はまだまだ市民から縁遠いものとされてきた。弁護士・弁護士会の活動は，自由・人権・平和などの憲法の基本的な価値を擁護し，その改悪を未然に防止するために大きな役割を果たしたが，司法の状況は，なし崩し的に憲法理念の後退現象が進行し，司法の官僚化の動向は行き着く所まで行き着いたとも評されるに至った。そして，弁護士・弁護士会は，これに対し，広範な市民の支援を得て，また市民と共に事態を抜本的に変革するまでの力量はもたなかった。

　こうした状況の中で，わが国司法は二割司法であると揶揄されるほどに機能低下が深刻化していった。1980年代後半から1990年代に入り，日弁連の活動は一つの転換点を迎える。日弁連は，従前からの伝統的な積極的活動を基盤としながら，これまで不足しがちであった市民との結び付きを強めるため，弁護士と弁護士会の自己改革を梃子に，市民のための，市民とともに歩む司法の抜本的改革を提唱するに至った。閉塞的な事態の中で，この方針は多くの弁護士の共感を呼び，また多くの市民の関心を集める運動となった。

　この運動の特徴は，全国津々浦々での当番弁護士活動や法律相談活動などを典型例として，弁護士の実践，しかも弁護士総体としての実践により市民の権利擁護活動に積極的に取り組み，こうした現場活動を通じて状況を大きく変え，その過程で培われた市民の支援を支えに制度改革に向けた現実的契機を創り出そうとするものであった。それらは，今日，

法律扶助法の制定や被疑者国公選制度の実現に向けた運動などとして具体化されている。

そして，同様の趣旨の取組みは，裁判傍聴運動や模擬陪審など国民の司法参加の実現に向けた運動，弁護士任官活動の取組み，司法予算拡大運動，法曹一元の実現に向けた運動，消費者の権利を初めとする各種人権活動などにも顕著に見られ，官僚司法の改革や司法の容量の拡充の課題にも大きな前進を生み出している。

他方，法務省や経済界などからは，法曹人口問題，法曹養成問題を切り口に，司法の現状や弁護士業務の改革を促す動きが進行し，これに対して，日弁連は，当面の対応策と会内対応に終始し，中長期的な展望をもった総合的な司法政策と司法改革構想の確立，観念だけでなく現実に市民の中に入り市民の共感を得る運動の構築などに弱点と課題を持つことを浮彫りにさせた。

われわれの司法改革推進運動は未だスタートして10年余であり，いわば緒についたばかりといってもよい。したがって，種々の成果とともに多くの弱点を合わせ持ちながら発展の途上にあるものと認識しなければならない。しかし，われわれは，この道を決して後戻りすることはできないし，後戻りさせてはならない。われわれは，原点としての弁護士の使命や司法改革運動の立脚点に思いをいたし，弁護士・弁護士会の諸活動の歴史の中で培ってきた財産を大切に，しかし，他方でその抱える弱点や課題を直視して果断に改善改革にあたり，市民のための司法の力強い担い手となっていかなければならない。そのことが，法曹三者の中で最も多くの数を擁し，幅広い分野で，在野の立場で，市民社会の中にあって，その喜び悲しみ怒りに触れ活動を続ける私たち弁護士の使命であるといわなければならない。

(4) 新しい世紀の司法改革のあり方

① 新しい時代の司法のあり方

21世紀を間近にして，新しい時代の社会像，そしてその中での司法のあり方が問われている。

「規制緩和」「金融ビッグバン」が声高に主張されるなかで，金融危機と未曾有の経済不況が市民生活の根底を揺るがしてきた。厚生省，大蔵省などの最高幹部が相次いで逮捕され，神奈川県警察本部の一連の犯罪行為が露呈するという異様な事態の進行は，行政の独善と腐敗の根深さを示している。

社会の隅々に，そして全国津々浦々に人権の確立した社会を作るために，そして公平で透明なルールに基づき市民の生活・権利を公正に擁護するために，司法の役割はますます重要となっている。わが国の現在の司法制度は，こうした司法への期待に応えるには，余りにも小さくまた抑制的に過ぎる。市民の立場に立ち，現在の司法のシステムを根本的に

見直し，市民が主体となって新しい司法制度を創造する必要がある。

② 規制緩和司法改革論

日弁連は1990（平成2）年以降，司法改革を最重点課題として積極的な運動を展開してきた。しかし，今回「司法制度改革審議会」が設置されるに至った経過を振り返ると，その大きな特徴は，司法改革が日弁連だけでなく，経済団体，労働団体，消費者団体や政党から相次いで提唱され，とりわけ，規制緩和の立場からの司法改革論（以下，「規制緩和司法改革論」）が有力に主張されてきたことにある。

規制緩和政策そのものは，1983（昭和58）年から94（平成6）年までの3次にわたる行政改革審議会に始まり，94（平成6）年の「行革大綱」，「規制緩和推進要綱」，95（平成7）年3月の「規制緩和推進計画について」（閣議決定），98（平成10）年3月の「規制緩和三ヶ年計画」まで，一貫して政府の基本施策とされている。そして，規制緩和のなかの司法の位置付けについては，一貫して財界がリードしてきた。すなわち94（平成6）年6月の経済同友会「現代社会の病理と処方」，97（平成9）年1月の同「グローバル化に対応する企業法制の整備を目指して──民間主導の市場経済に向けた法制度と立法・司法の改革」，そして，98（平成10）年5月の経団連「司法制度改革についての意見」などである。

他方で，自民党は，1997（平成9）年6月，政務調査会のなかに司法制度特別調査会を設置し，数回の会合の後，同年11月11日に「司法制度改革の基本方針」を発表した。同「基本方針」は，これからの社会を「経済を市場原理に委ねて，国民個人の能力や創意工夫に託することによる新たな国づくり」，「国民には『自己責任』によって行動することが求められ，その基本的な拠所となるものは『法』という公正で透明なルール」に基づくとし，司法の位置付けについては，「司法は21世紀の日本が国際社会で信頼を得ながら繁栄していくための，必要不可欠な国家・社会の基本的インフラであり，まさに，新しい司法の確立は国づくりの基本とも言うべき，立法や行政の改革と並ぶ国家改革と位置づけるべきものである。」，「公正で円滑な経済活動と如何なる不法な勢力の存在も許さない安全な国民生活の確保という国家の基礎を支える司法を整備する必要がある」とするものであった。

そして「基本方針」は，以上の立場から，裁判官，検察官の大幅増員，民事法律扶助予算の大幅拡充，司法関係施設の拡充・整備促進，法曹一元，被疑者国選弁護制度の検討などかねて日弁連が司法改革の重点として追及してきた課題を積極的に提起した。反面，弁護士自治や弁護士法72条の見直し，国会の付帯決議や法曹三者協議，法制審議会の見直しをも打ちだし，重大な問題を含むものであった。また，規制緩和政策に基づく企業優先の

自由競争の声高な主張の中で，社会的弱者の人権への配慮は全くなされていない。

日弁連は，この「基本方針」は，❶規制緩和政策に基づく国家改造計画のひとつとしての司法の再編，❷国際基準への適合を目標とした司法の再編，❸企業の経済活動に重点をおいた司法整備を図ろうとするなどの特徴を有し，焦点の一つが司法の独立と弁護士自治，法律事務独占などの弁護士制度の見直しにあると捉えた。その上で，日弁連は自民党司法制度特別調査会への対応について，日弁連が主張してきた司法改革課題と重なる点についてはその全面的な実現を求め，かつ弁護士自治，法律事務独占の見直しについてはこれを阻止するために，同調査会に参加し積極的に意見を述べることとした。

自民党は，その後，日弁連を含む各界からのヒアリングを踏まえ，1998（平成10）年6月15日，「司法制度特別調査会報告〜21世紀の司法の確かな指針」を決定した。「指針」は「基本方針」とその構造，特徴を同じくするものである。しかし，弁護士自治，法律事務独占の見直しなど，日弁連が強力に反対した項目は削られあるいはマイルドな表現にトーンダウンしたことは注目される。

以上の規制緩和司法改革論の特徴は，
　第一に，規制緩和政策の貫徹を前提に国家の改造を行い，そのための基本的枠組みとして司法の再編を図ろうとする
　第二に，国際基準への適合・アメリカ経済の要求に対応しようとする
　第三に，企業活動の自由のための司法改革を図ろうとする
　第四に，法曹人口，とりわけ弁護士人口の大幅増加を求める
ものといえよう。

その後，自民党は新たに司法制度調査会を発足させ，内閣に設置された司法制度改革審議会が，1999（平成11）年12月21日に公表した論点整理項目に対応する形で，2000（平成12年）5月18日には，「21世紀の司法の確かな一歩〜国民と世界から信頼される司法を目指して〜」と題する報告書を発表した。

司法制度改革審議会が精力的に審議を重ね，中間報告のとりまとめ作業を進めている中で，政権政党の見解を公表することは，同審議会に対する審議に影響を与えることは必至であり，またこの報告書の内容が日弁連が進める人権擁護と市民の司法の観点から距離があることは明らかであり，さらに依然として規制緩和司法改革論に立脚しているものである。

特に，陪審制度については，「わが国には，これが有効かつ安定的に機能する基盤が備わっているとは思わない」と指摘したり，また法曹一元制度については，「臨時司法制度調査会において，これを実現するための前提となる諸条件が指摘されるところであるが，

今日に至るも，一定の前進は見られるものの，未だ多くの点において整備されたとは到底言えない」と述べている点は大きな問題がある。

③　規制緩和司法改革論を超えて

規制緩和司法改革論にはわが国が伝統的に「小さな司法」政策をとり，司法に対する国家投資を抑制してきた現状と原因に対する分析・批判が欠落しており，「自由競争」，「規制の撤廃」，「自己責任」の名のもとに多発することが必至の人権侵害，とりわけ社会的な弱者の人権への配慮が全く欠落している。また，官僚的司法制度の改革の必要性には触れるところがない。

日弁連は，1990（平成2）年の第一次司法改革宣言以降，全力で司法改革に取り組んできたが，その目標は，自由と人権を基軸とした社会の実現，そのための司法の容量の拡大，司法の民主化にあった。規制緩和司法改革論は，われわれが目指し日々実践してきた司法改革とはその本質を異にするといわねばならない。

われわれは，目指すべき本来の司法改革と「似」た面はその全面的で早期の実現を目指し，「非」なる部分は全力でこれを阻止すべきである。政権を担当する政党や財界が全面的に「司法改革」を取り上げたことは史上初めてであり，われわれの粘り強くまた周到な運動次第では，「小さな司法」政策と最高裁の厚かった壁を突き動かし，国民の本当に求める司法へ改革しうる契機となりえよう。そのために，弁護士会の責任は大きく，われわれはこれまで所与の前提としてきた制度の見直しを含め，自らタブーを作ることなく，積極的な運動を展開すべきである。

2）司法制度改革の重点課題

> 司法制度改革は，①法曹人口の大幅増加と②弁護士制度の改革を突破口として，③法曹養成制度改革，そして④法曹一元⑤陪審制度の実現に向け，大きく動き始めた。
> 司法制度改革審議会が作り出しつつあるこの流れを着実に前進させていくために，市民とともに大きな運動を作る一方で，我々弁護士・弁護士会のあり方についても大胆な自己改革をはかっていく必要がある。

(1) 司法改革論議の高まり

1999（平成11）年7月，司法制度改革審議会（司法審）がスタートした。同審議会の設置は，日弁連の司法改革運動と，経済界から提唱された規制緩和司法改革論という異なる二つの潮流が，司法の役割強化という結論において平仄を合わせるなか，実現に至ったものである。

今次司法改革の流れを創り出した主たる要因が，経済界からの規制緩和司法改革論とこれを受けた自民党の司法制度特別調査会設置にあったことは事実である。

しかし他方，90年以来の三度の司法改革宣言から98年の「司法改革ビジョン」，そして99年11月の「司法改革実現に向けての基本的提言」に象徴される日弁連の司法改革運動は，このような規制緩和司法改革論に対峙するもう一つの理念を提示した。「人権を擁護し個人の尊厳を守るために，人間の個性と能力が生き生きと開花する自由で公正な社会，質の高い市民社会」（司法改革ビジョン）の実現を目標とした司法改革運動は，経済界，自民党の司法改革論と異なる基本理念のもと，少なからぬ結論において合流しながら司法審の設置に向けた司法改革の流れを形成してきた。

司法審における一年間の審議の経過と到達点は，そのような今次司法改革論の経緯を反映したものといえる。

(2) 司法制度改革審議会の設置

司法制度改革審議会は，司法制度改革審議会設置法に基づく内閣の機関として，1999（平成11）年7月27日に発足した。同法は審議会設置の趣旨について「21世紀の我が国社会において司法が果たすべき役割を明らかにし，国民がより利用しやすい司法制度の実現，国民の司法制度への関与，法曹の在り方とその機能の充実強化その他の司法制度の改革と基盤の整備に関し必要な基本的施策について調査審議」し，その「結果に基づき，内閣に意見を述べる」（2条）こととした。また，衆参両院の法務委員会は，上記調査審議にあたって，「基本的人権の保障，法の支配という憲法の理念の実現に留意をすること。特に，利用者である国民の視点に立って多角的視点から司法の現状を調査・分析し，今後の方策を検討すること」など，審議の視点にかかわる付帯決議を行った。

審議委員は石井宏治（株式会社石井鐵工所社長），井上正仁（東京大学法学部教授），北村敬子（中央大学商学部長），佐藤幸治（京都大学法学部教授），曽野綾子（作家），高木剛（日本労働組合総連合会副会長），竹下守夫（駿河台大学学長），鳥居泰彦（慶應義塾大学塾長），中坊公平（元日本弁護士連合会会長），藤田耕三（元広島高等裁判所長官），水原敏博（元名古屋高等検察庁検事長），山本勝（東京電力株式会社副会長），吉岡初子（主婦連合会事務局長）の13名。日弁連は，法務省，最高裁のほか各省庁からの出向者によって構成された審議会事務局に2名の事務局員を送り出すとともに，10名を超える司法制度改革担当嘱託を委嘱するなどして，司法改革実現本部とともに司法審への対応体制をとった。

(3) 司法制度改革審議会の審議経過

司法審は当初月2回，その後は月3回というハイペースで，他の審議会に例を見ないほ

ど精力的に審議を進めている。11月20日の「中間報告」公表を経て，2001年（平成13年）の初夏ころまでには最終意見がとりまとめられる見通しとされている。

　発足当初は数回にわたって学者，ユーザー，法曹関係者などから意見聴取を行い，それらをふまえ，1999年12月「司法制度改革に向けて－論点整理」（論点整理）をとりまとめた。司法審の基本理念を具体的に示すとともに，調査審議すべき事項を「論点項目」として明らかにしたこの「論点整理」は，その後の審議における基本文書となる。

　2000（平成12）年に入ってからは，地方公聴会，地方の司法関係機関での実情視察，米英独仏の海外実情視察などを交えながら，上記論点項目に基づいて，「弁護士の在り方」「裁判所・法務省の人的体制」「法曹養成制度の在り方」「国民がより利用しやすい司法の実現」「国民の期待に応える民事司法の在り方」「国民の期待に応える刑事司法の在り方」「国民の司法参加」「法曹一元」などの各テーマについて審議を進めてきた。また，通常の期日のほか，8月の7，8，9日には法曹養成，法曹人口，法曹一元などをテーマにした集中審議も行われた。

　基本的な審議の進め方は，各テーマ毎にユーザー委員と法律家委員がレポートを行い，必要に応じて学者や法曹関係者等からヒアリングを行い，それらをふまえて意見交換を行った上で審議のとりまとめ文書を作成する，という形で行われてきた。ただし，法曹養成制度改革については，時間的な制約があるなかで専門的・技術的な部分に至るまで審議会で検討するのは困難であることから，審議会で法科大学院制度に関する一定の方向づけをしたうえで，文部省のもとに設置された「法科大学院（仮称）に関する検討会議」（メンバーは法曹三者各1名，大学関係者5名，文部省1名，オブザーバーとして司法制度改革審議会委員4名）に検討を依頼し，同検討結果報告をふまえてさらに審議したうえでとりまとめ文章が作成された。その他，民事訴訟の利用者に対する大規模な意識調査も行われ，年内には集計結果がとりまとめられる見通しである。

　事務局主導の運営を排するという審議会設置時の合意は実際の審議のなかでも貫かれている。その結果，審議は活発な，ときに極めて激しい議論となっているが，こういった審議経過をふまえて，各テーマ毎のとりまとめ文書を基礎としながら中間報告が作成され，11月20日，公表された。

(4) 日弁連の状況

　司法審を軸とした早いテンポの動きに対し，日弁連は執行部，司法改革実現本部を中心に，司法制度改革嘱託の実務作業を含めて対応してきた。審議会委員をバックアップし，日弁連としてのテーマ毎のプレゼンテーションを実施し，必要に応じた理事会決議によって会内合意をはかり，100万人署名運動（最終的には260万人の署名を獲得）を実施するな

ど，司法審対応，会内合意，対外的活動の各方面の活動を繰り広げてきた。

　また，日弁連執行部は法曹人口大幅増員と法科大学院制度創設についての会内合意を得ることを主たる目的とした臨時総会の招集を決断し，2000年7月には議案を理事会にはかった。同議案は9月の理事会で総会付議が採択され，11月1日の臨時総会において賛成7437名，反対3425名，棄権69名で可決承認された。執行部議案の可決は司法審を軸とした司法改革の流れのなかで日弁連が確固たる地位をしめる上で極めて大きな意義を有するものであったといえる。しかし他方で投票総数の3割を超える反対票の存在に加え，賛成票のむしろ多数をしめたともいえる消極的賛成意見の存在は，この問題に関する会内合意の未成熟を示すものといえ，今後の会内合意ひいては弁護士会のあり方に大きな課題を残すものともなった。

(5) 重点課題と改革課題の到達点

　このような改革論議の経過のなかで明らかになってきた重点課題と各課題の到達点については次のように評価できるだろう。

① 法曹人口の大幅増加

　法曹人口問題について，従来日弁連はいわゆる司法基盤の整備と併行して増員をはかるべきであるとの基本的立場に立ちつつ，1995年11月の臨時総会において年間1000名，1997年10月の法曹三者合意では1500名にするか否かについての協議を数年後に実施するという合意をはかってきていた。

　これに対し司法審は，法曹人口の増加について「法科大学院（仮称）を含む新たな法曹養成制度の整備の状況等を見定めながら，計画的にできるだけ早期に，年間3000人程度の新規法曹の確保を目指す必要がある」との意見を中間報告において明らかにした。また，日弁連も11月1日の臨時総会において，法曹人口は法曹三者でコントロールするのではなく，国民が決定すべきものであるとの考え方を採択し，この司法審の方針への賛同を事実上明らかにした。

　1991年〜1995年の法曹養成制度等改革協議会における法曹人口論議の状況と異なり，まさに司法基盤の整備と一体となった今回の法曹人口の大幅増加は，「大きな司法」の形成に向けた不可欠の前提条件であるとともに，現在の官僚裁判官制度を突き崩す原動力，ひいては司法改革全体の大きな原動力になり得るものと評価できる。司法審において労働団体，消費者団体出身の委員等が早期の大幅増加を強く主張し，元裁判官，元検察官，経済団体出身の委員等がこれに消極的な姿勢を示したという構造は，そのことをよく示している。

② 弁護士制度の改革

法曹人口，したがって弁護士人口の大幅増加は，否が応にも弁護士のあり方の変化を招来する。それは一方で社会における弁護士の役割と存在感の必然的な増大をもたらす一方，「基本的人権の擁護と社会正義の実現」をアイデンティティーとしてきた弁護士像が変質するのではないか等の懸念を，主として弁護士において抱かせるものでもある。

　この点，司法審は中間報告において，弁護士（法曹）を「国民の社会生活上の医師」と位置づけ，「頼もしい権利の護り手」，「信頼し得る正義の担い手」という用語でその社会的役割を明らかにしたうえで，公益性に基づく社会的責務の実践，活動領域の拡大，弁護士倫理の強化の3点を改革の視点として掲げた。弁護士人口の大幅増加によって社会における弁護士の活動領域を広げつつ，「基本的人権の擁護と社会正義の実現」という弁護士のアイデンティティーを維持発展させていくという，いわば二正面作戦を求める方向性といえる。

　弁護士改革を速やかに実行に移せるかは，大幅に増加する弁護士が真に「国民の社会生活上の医師」「頼もしい権利の護り手」「信頼し得る正義の担い手」として社会のなかで役割を果たしていけるか否かを左右するだけでなく，弁護士がこれからの司法改革を担う強力な主体たりうるのかを占う試金石でもある。臨時総会を通じて明らかになった弁護士会の課題もまた，弁護士改革の課題全体の一環をなすものといえるだろう。

　③　法曹養成制度改革

　法科大学院制度については，法曹人口の大幅増加を可能にするという観点，文部省の大学院重点化政策の観点，受験予備校依存による法学教育の空洞化の解決という観点，法曹一元実現の基盤整備という観点，最高裁一元管理にかかる司法修習制度の改革という観点など，多様な観点からその必要性が議論されてきた。

　司法審は，中間報告において法科大学院制度を中核とした新たな法曹養成制度の創設を正式に提言するとともに，最終報告を待つことなく制度発足に向けたより具体的な検討を進めるよう期待する旨のメッセージを発した。法曹養成制度改革については中間報告で司法審の役割はほぼ終了し，2003年4月開校とも言われる制度発足に向けた詰めの段階に移りつつある。

　法科大学院の設立とこれを軸とする新たな法曹養成制度の創設は，法曹人口の大幅増加を現実のものとする不可欠の受け皿であると同時に，弁護士養成を中心とした法曹養成への転換と最高裁一元管理にかかる司法修習制度の解体という契機をはらむものであり，今次司法改革の基底的部分を担うものといえる。他方，この制度の円滑な発展のために弁護士・弁護士会が果たすべき役割は極めて大きく，弁護士・弁護士会の側での体制整備が緊急の課題である。

第1部　司法と弁護士の改革

④　法曹一元

　司法改革論議の高まりとともに弁護士会等からだけでなく，経済団体，自民党などからも現在のキャリア裁判官制度に対する批判が公然と表明されるようになった。司法審において法曹一元の問題が主要な審議事項の一つとして位置づけられたのもこのような経緯による。

　他方，日弁連は司法審への対応を意識しつつ，2000年2月，「法曹一元の実現に向けての提言」において，法曹一元を「主として裁判官と弁護士について，それぞれの職務内容を除き，法曹を弁護士に単一化（一元化）する制度をいう。」と定義したうえで，従来の給源の観点にとどまらず，給源，任用方法，人事制度のあり方を統合した概念として内容豊かな法曹一元制度を提言した。

　このような状況のなか，司法審は主として8月の集中審議において法曹一元を軸とする裁判官制度改革の課題を審議した。審議のなかでは法曹一元を主張する委員とキャリアシステムを維持しようとする委員との間で極めて激しい議論が繰り広げられたが，その結果，中間報告では次のような共通認識が示された。

　「法曹一元という言葉は多義的であり，この言葉にとらわれることなく，『論点整理』にあるように，『法の支配の理念を共有する法曹が厚い層をなして存在し，相互の信頼と一体感を基礎としつつ，国家社会の様々な分野でそれぞれ固有の役割を自覚しながら幅広く活躍することが，司法を支える基盤となる』との基本的な考え方に立脚して，21世紀日本社会における司法を担う高い質の裁判官を獲得し，これに独立性をもって司法権を行使させるため，これを実現するにふさわしい，各種様々な方策を構築すべきこと」に異論はなく，「制度構築の方向性としては，裁判官の給源，任用方法，人事制度の在り方につき，給源の多様化，多元化を図ることとし，判事補制度を廃止する旨の意見もあったが，少なくとも同制度に必要な改革を施すなどして高い質の裁判官を安定的に供給できるための制度の整備を行うこと，国民の裁判官に対する信頼感を高める観点から，裁判官の任命に関する何らかの工夫を行うこと，裁判官の独立性に対する国民の信頼感を高める観点から，裁判官の人事制度に透明性や客観性を付与する何らかの工夫を行うこと」などについて大方の意見の一致をみた。

　この中間報告の到達点については，「法曹一元の実現を棚上げにしたもの」といった否定的評価も一部でなされている。確かに法曹一元の採用を目指すことについて審議委員の意見は一致しておらず，判事補制度の廃止についても合意されていないことは法曹一元の実現という観点からみると不十分なことは事実である。しかし，いわば無条件に棚上げされた臨時司法制度調査会の結論とは異なり，給源，任用方法，人事制度の各観点からの具

体的改革を提起している中間報告の内容は，キャリアシステム裁判官制度の解体への道筋を抽象論にとどまらず，具体的に示そうとするものである。その意味で，この中間報告の合意点が，現在のキャリア裁判官制度を大きく動揺させるものであることは確実といえる。法曹一元への道は決して平坦ではないが，この中間報告を武器に具体的な前進を勝ち取れるかどうかはまさにこれからの主体的取り組みにかかっているといえるだろう。

⑤　陪審制度

日弁連は長年にわたり，陪参審制度の実現を司法改革の重点課題として主張してきた。しかし，その実現可能性について懐疑的であったことも手伝ってか，陪審か参審か，どのような裁判にどのような手順で導入するかといった具体論は司法審の議論が始まるまで日弁連の方針として確立してはいなかった。基本的に陪審制度の導入をはかるべきであり，まずは刑事重罪事件から導入すべきである等を内容とした「陪審制度の実現に向けての提言」が理事会でようやく日弁連の方針として採択されたのは2000（平成12）年3月のことである。

ところが，国民の司法参加は2000（平成12）年9月の司法審の審議のなかで劇的な成果を得るに至る。

この問題に対する世論の関心の高まりを意識した最高裁は，当初いわゆる専門参審の導入を主張し，さらにその後，9月の審議に向けて，評決権のない参審制度の導入を決断した。しかし，このような最高裁の弥縫策は客観的にはより本格的な国民の司法参加に向けた流れを導くことになった。

9月の審議では主として陪審制度導入の是非をめぐって極めて激しい議論が繰り広げられたが，その結果，中間報告ではつぎのような提言がなされるに至った。「陪審，参審制度にも見られるように，広く一般の国民が，裁判官とともに責任を分担しつつ協働し，訴訟手続において裁判内容の決定に主体的・実質的に関与していくことは，司法をより身近で開かれたものとし，裁判内容に社会常識を反映させて，司法に対する信頼を確保するなどの見地からも，必要であると考える。

今後，欧米諸国の陪審・参審制度をも参考にし，それぞれの制度に対して指摘されている種々の点を十分吟味した上，特定の国の制度にとらわれることなく，主として刑事訴訟事件の一定の事件を念頭に置き，我が国にふさわしいあるべき参加形態を検討する。」

この提言内容は，一般国民が「裁判内容の決定に主体的・実質的に関与」することが必要としている点で，少なくとも評決権のない参審制度の可能性を葬ったものであり，さらには，参審よりは陪審の方向に傾斜した内容であると評価できる。国民の司法参加制度実現に向けた画期的成果といえる。

しかし，審議では強い慎重論も唱えられるなかでのとりまとめであること，中間報告は評決権なき参審の可能性を排除したものではないという評価も一部で存在することなどを考えると，この画期的成果を揺れ戻しなく現実の制度改革に結びつけていくためにはなお多大なる努力が必要とされる。当面，世論形成に向けた積極的取り組みとともに，「我が国にふさわしいあるべき参加形態」についての具体化，そして，国民の司法参加制度が導入された場合の弁護士の訴訟活動のあり方に対する検討などが必要となるだろう。

(6) 今後の課題

様々に困難な客観状況にも関わらず，また，力関係から様々に不十分な点を抱えながらも，司法審を軸とする司法改革の基本的な流れは日弁連の司法改革運動の延長線上に展開されていると評価できるだろう。今後は，司法審の最終意見に向けてこの流れを確実なものにしていくとともに，司法審終了後の立法を通じた具体化に向けての取り組みが重要な課題となる。そのために弁護士・弁護士会が果たすべき役割は決定的であり，また，そこで十分な役割を果たしていくためにも弁護士・弁護士会の大胆かつ早急な自己改革が求められているといえる。

３）弁護士自治

> 弁護士自治は，権力に対峙し，市民のために活動する弁護士を確保するための制度的保障として，国民から付託されたものである。われわれは，その歴史的意義を深く認識し，自治制度に対する不当な攻撃を断固としてはね除けていかなければならない。また，弁護士会の自律機能の強化と自治の内実を強化するため，綱紀懲戒制度の適正な運用や弁護士の公益活動の充実を図るなど絶え間ない努力を重ね，市民の制度への信頼を広げなければならない。

(1) 弁護士自治の理念

天皇絶対制下における司法についての歴史的教訓とわが国の司法制度の実態から，戦後の司法改革により，弁護士に対する監督及び資格付与，綱紀・懲戒についての国家機関によるコントロールはすべて排除される，という高度の弁護士自治が達成された。

弁護士の使命貫徹のために，弁護士の組織原理として国家機関から独立するという弁護士自治が必要とされたのである。それは，権力と国民の対抗関係においては弁護士は常に国民の側に立つことが期待されたからに他ならない。すなわち，弁護士自治は，権力に対峙し，国民のために活動する弁護士を確保するための制度的保障として国民から付託されている。そして，今日，司法の役割が高まるに従ってその必要性もまた高まってきている

というべきである。

(2) 弁護士自治に対する批判・攻撃

　弁護士自治は，戦後の司法改革によって司法官僚の反対を押し切って達成された歴史的所産である。そのため，弁護士自治は，外部からの批判・攻撃を受ける宿命にある。その批判・攻撃は，弁護士自治の理念に対する挑戦であると受け止めなければならない。

　司法制度改革審議会は，「弁護士の在り方」に関連して，「弁護士倫理の強化と弁護士自治」としてとりまとめることを決めている。我々は，弁護士を取り巻く環境のうちに底流として弁護士自治批判があることを看過してはならない。弁護士自治の必要性と有用性を国民各層に十分に納得できるように説明する努力こそがこの批判・攻撃に対する唯一の防御手段と考えるべきである。

(3) 弁護士自治と司法改革

①弁護士自治の維持強化

　先人たちが勝ち取った貴重な遺産でもある弁護士自治を今後さらに維持発展させていく責務は，我々にある。そのためには，我々弁護士の自覚と精進が不可欠であることを常に自戒しなければならない。弁護士会は，改めて司法改革の視点を確かにし，弁護士自治の有する機能を十分に発揮できるようにこれを強化しなければならない。

②懲戒権の適正な行使

　弁護士自治の支柱をなす懲戒権の適正な行使は，弁護士会の重要な責務である。近時，弁護士の不祥事が多発し，憂慮すべき事態が生じている。綱紀・懲戒手続による適正・迅速・透明な手続による審理をはかること，倫理研修制度の充実等を通じて，自浄能力を強化することが必要である。国民の信頼を失ったところには，弁護士自治の存続はありえない。

③弁護士会の自律機能の強化

　弁護士自治は，弁護士会が外的勢力からの干渉を排除して，弁護士がその本来の任務である基本的人権の擁護に挺身することができるように，弁護士の諸々の規律について自主的に決定するところに成立する。弁護士会の管理運営に関する自主決定権は弁護士自治の重要な要素である。弁護士会は，広く人権擁護と社会正義の実現のための諸活動をなすことが期待されている。そのためには，この弁護士会の管理運営の自主決定のための会内合意の形成の在り方が重要である。会員の総意を結集する努力をして，弁護士会の自律機能を一層高めていかなければならない。この努力をせずしては，弁護士自治は維持できない。

4）弁護士改革

(1) 弁護士改革の目的

　日弁連は，1999（平成11）年12月8日，法曹三者に対するヒヤリングにおいて，市民の司法の実現のために，弁護士に関する改革を含む3つの課題を挙げた[1]。

　弁護士改革の目的は，21世紀日本社会の需要に的確に応えうるより高い質の弁護士を，より多く確保するとともに，弁護士がその社会的な役割をより十全に果たすために，それに必要な諸制度の整備を行うことにある。

(2) 弁護士改革に関する諸課題

① 人的側面の課題

　ア．弁護士人口の増加（第1部，第1，3，2））

　イ．公益性に基づく社会的責任の実践（弁護士の公益性と社会的責務実践のための弁護士法30条改正問題など・第1部，第2，1，3））

　ウ．弁護士の活動領域の拡大（第1部，第2，1，1））

　エ．弁護士と隣接法律専門職種等との関係（弁護士法72条問題等・第1部，第2，1，2））

　オ．弁護士と国際化（第1部，第2，4，2））

② 制度的側面の課題

　ア．法律相談活動の充実（第1部，第1，4，3），4））

　イ．弁護士費用の合理化，透明化，権利保護保険（第1部，第1，4，4））

　ウ．弁護士情報の公開（第1部，第1，4，5），6））

　エ．弁護士の質の向上・弁護士職務体制の強化（法律事務所の法人化等・本書第1部，第2，2）

　オ．複数事務所の設置（第1部，第2，1，4））

　カ．弁護士自治と弁護士倫理（第1部，第2，2，4））

(3) 今後の方針

　本書の該当個所を引用したように，法友会政策要綱において従前検討された課題が大部分であるが，今後は，これら諸課題の問題点を早急に解消し，課題実現のために最大限努力することが必要である。

1）　他の課題は，
　　市民による司法―法曹一元と陪・参審の実現
　　市民のための司法制度の整備―司法の人的及び物的インフラ整備，法曹養成システムの確立である。

2 官僚司法の改革と民主的司法制度の創設

1）法曹一元制度実現への取組み

> 司法官僚制の弊害を打破して，裁判官の独立を確保し，国民に納得のいく市民感覚にそくした裁判を実現するために，また，司法の民主化をすすめていくためにも，法曹一元制の具体的実現に向けて真剣に取り組む。

(1) 法曹一元制の意義・根拠

「法曹一元制」を，どう定義するかは議論があるが，ここでは，「弁護士を中心とする職務経験豊かな法律家から裁判官（判事）を選任する」裁判官任用制度として論じる。

法曹一元制を採用すべき根拠は，❶司法官僚制の弊害を打破して，裁判官の独立を確保し適正・適切な裁判を実現するためには法曹一元制を実現することが必要であること，❷国民に納得のいく市民感覚にそくした裁判を実現するためには，社会経験豊かな弁護士等から裁判官を採用する法曹一元制を実現することが必要であること，❸司法の民主化[1]をすすめていくためにも，法曹一元制の実現が必要であることである。

(2) 今なぜ法曹一元か

法曹一元については戦前から議論がなされ，新憲法制定後，日弁連の「法曹一元要綱」の策定，日本法律家協会の「法曹一元を実現する具体的要綱」の発表もなされたが，1964（昭和39）年に「法曹一元は一つの望ましい制度であるとしても，この制度が実現されるための基盤となるべき諸条件は，いまだ整備されるに至っていない。」との臨時司法制度調査会意見書が公表されて以来，日弁連等による多少の議論や研究はあるものの，本格的な議論がなされず，いわば棚上げ状態となってしまっていた。しかし，近時，研修弁護士制度等法曹一元を視野に入れた法曹養成制度を構築していくべきであるという日弁連の意見が，多くのマスコミから賛同を得たことから，一躍議論が活発となり，1999（平成11）年に政府に設置された司法制度改革審議会においても，法曹一元制採用の是非が最重要論点の一つとなっている。

では，「今なぜ法曹一元なのか」。それは，現在，弁護士のみならず，各界から，今の裁判，司法に納得できず，司法の改革としての法曹一元制の実現を望む声があがっているこ

---

[1]「司法の民主化」とは，「裁判官が官におもねることなく，常に一般国民の視点と常識をもち，その独立が制度的に保障され，それゆえに主権者たる国民が納得し信頼することができる司法制度」をつくろうとすることであり，その意味で法曹一元制とはまさに司法の民主化のための制度に他ならない。

とが大きな要因といえる。

　まず，最高裁を中心として人事統制をも含めた司法官僚制が強化され，これが司法行政のみならず，裁判にも多大な影響を与え，独立した自由闊達な裁判官の判断による裁判がされておらず，幅広い知識や社会経験に乏しく，純粋培養され統制され，事件処理に追われている裁判官による効率重視の裁判がなされているという状況に対する不満が生じている。このような状況は，違憲立法審査権の行使に消極的な裁判所，門前払いの行政訴訟，有罪推定の刑事裁判，時間がかかり結論に納得のいかない民事裁判といった指摘に現れている。

　そして，このような司法官僚制の弊害を批判し法曹一元制の実現を望む声は，われわれ弁護士やマスコミのみならず，政界，財界，元あるいは現職の裁判官等からもあげられている。もっとも，これらの意見は多様であり，あるいは規制緩和や法曹人口の大幅増大と一体のものであって，必ずしもわれわれが求めている法曹一元とは異なるのではないかとの危惧の念も呈せられている。

　しかし，各界から，司法は機能していない，あるいは社会のニーズに応えていないとの批判がなされ，その批判が正鵠を得ていることは否定できない。われわれは，今まさに法曹一元制を本当に実現するための具体的な運動に取り組むべきである。

(3)　どのような法曹一元制度とするのか

　どのような制度とするかは，さらに充分な議論が尽くされなければならないが，法曹一元制の意義にのっとり，次のような制度が検討されるべきである。

① 任用資格

　裁判官の資質として，市民の立場に立ち，社会経験が豊かであるという点が重要であることを考えると，任用資格者は弁護士を中心とするべきである。検察官については，その官僚性・権力性から，少なくとも一定の弁護士経験を有することを条件とするべきであるとの意見がある。また，大学教授または助教授についても，実務経験が必要であり，一定の期間弁護士経験を経ることを条件とするべきであるとの意見がある。いずれも傾聴に値するが，一律に論じるのではなく，法曹一元裁判官として適切か否かを後述の裁判官推薦委員会の評価に委ねるのも一つの方法であろう。

② 経験年数

　法曹としての経験年数については，独立した裁判官としての成熟した判断能力を要することから，10年以上とすべきである。

③ 採用方法

　裁判官の採用方法としては，現在の人事統制も含めた裁判統制がなされている実情を踏

まえ，そのようなことが生じない方法が採られなければならない。たとえば，高裁管内単位で裁判官を公募し，候補者の中から，法曹のみならず市民代表も構成員とする裁判官推薦委員会（仮称）が適格性の評価を行って推薦し，最高裁はその裁判官推薦委員会の意見を尊重して指名を行うという方法が考えられる。

また，地裁所長，高裁長官等は，当該裁判所の裁判官による選挙等民主的な方法により選任されるべきである。

④　身分保障

裁判官の報酬は一律とし，人事統制となるような意に反する転勤は認めるべきでない。ただし，均質な法的サービスの提供，勤務条件の公平性，癒着の回避等の観点から，本人との協議と合意に基づく高裁管内の範囲での転勤は認められるべきである。

裁判官を評価し，適性を審査するシステムは必要であり，そのためには任期を10年とし，再任は妨げないが，再任には裁判官推薦委員会の推薦を必要とするべきである。

⑤　司法行政

司法行政は，最高裁を中心とするのではなく，当該裁判所の裁判官会議によりなされるべきである。

⑥　移行形態

移行形態については，法曹一元の目的にしたがって制度を抜本的に改革するという意味において，ある程度の準備期間をおいて近い将来のある時期に判事補制度を全面的に廃止し，そこから新たに法曹一元裁判官を採用するという一挙転換による方法が望ましい。

(4)　どのような運動を展開していくべきか

①　現在の状況

日弁連では，1998（平成10）年11月に法曹一元をテーマとして開催された第17回司法シンポジウムの成果を踏まえ，1999（平成11）年に司法改革推進センター内に法曹一元推進本部を設置し，この推進本部を中心として法曹一元制度実現のための研究・運動を展開してきた。そして，2000（平成12）年2月18日には「新・法曹一元要綱試案」「法曹一元の実現に向けての提言」を採択し，法曹一元制度の早期導入の方針を具体的に打ち出した。

しかし他方，最高裁を始め法曹一元に消極的な意見も根強い。そのため，2000（平成12）年5月の自民党司法制度調査会報告書においては未だ条件整備が不十分とされ，同年8月の司法制度改革審議会の集中審議においても判事補制度の廃止等明確な法曹一元制度導入の指針は打ち出されなかった。

しかしながら，これらは決して法曹一元制度の導入自体を否定したものではないと解される。自民党の調査会報告書はむしろ導入に向けての積極的な条件整備を求めているもの

であるし，司法制度改革審議会の8月の集中審議では，❶裁判官の給源の多様性・多元性を図る❷裁判官の任命のあり方について工夫する❸裁判官の人事制度の透明性・客観性を付与する工夫を行なう等の，法曹一元の根底の考え方に基づく裁判官制度の改革の方向性が示されている。

よって，法曹一元の実現に本当に必要な条件さえ整備されればその導入も必然となるものであり，何が整備されなければならないかこそが重要である。そして，その未整備な前提条件としてよく指摘されるのが，弁護士の人口増加や地域偏在解消の問題であり，それはすなわち，法曹一元制度が実現した場合に本当に必要な数の適任の任官者を弁護士会が供給していけるのかという問題である。

② これまでの日弁連の運動と今後の課題

日弁連では，これまで市民向けパンフレットの作成やマスコミへの働きかけ等で法曹一元制度を世間にアピールし理解してもらう活動を行ってきた。同時に会内においても全国的キャラバンを実施したことにより，各地の単位会・連合会で法曹一元の早期実現を求める決議が多数採択されている。さらに2000（平成12）年4～5月には法曹一元任官アンケートを各単位会を通して実施し，法曹一元制度が実現されれば任官を考えると回答した人は，条件付も含めて全国で1200名以上にものぼっている。

しかし他方，上記アンケート結果によれば，裁判官の仕事そのものに対する不安や，事務所の閉鎖や仕事の引継ぎあるいは退官後の弁護士復帰等の現実的な問題で，任官に躊躇を感じている人も少なくない。法曹一元制度を実現し弁護士から裁判官へ適任の人材を多数輩出していくためには，その基盤整備として，これら弁護士側への現実的な課題を，我々弁護士自身が克服していくことが是非とも必要であり、これからの課題である。

③ 法曹一元制度実現のための基盤整備

上記の弁護士側の現実的な課題は，❶弁護士会が組織として、任官に向けての啓蒙・指導を継続的に実施していくことや，❷弁護士事務所の大規模共同化や法人化を推進すること，❸小規模事務所の閉鎖・縮小に伴う仕事の引継ぎや職員の再雇用の問題を制度的に援助・協力すること，❹退官後弁護士に復帰する際に職場・仕事を紹介・斡旋したり一定期間の財政的援助の制度を設けること等の努力と工夫をすることで，克服できる課題である。

われわれは，法曹一元制度実現のために，我々自身が主体的に司法制度を担っていくべきことを自覚するとともに，弁護士会が組織として任官推進のための基盤整備を推し進めることを求めるものである。

④弁護士への信頼獲得に向けた努力

法曹一元制度実現に向けて一般市民の理解を得るためには、中心となって任官すること

になるわれわれ弁護士への信頼が，より高くなければならない。そのためには，不祥事をなくすといった最低限の要請を充たすだけでなく，弁護士の公共的性格を強化していくことや（人権擁護活動の推進，プロボノ活動の義務化，公設事務所の設置），弁護士へのアクセスを容易にすること（情報公開，偏在の解消）等が求められる。

また，弁護士が法曹一元裁判官となることの試金石として，現行の弁護士任官制度をより強化することや，非常勤裁判官制度の実現を目指すことも必要である。

２）陪審制・参審制実現への取組み

> 国民主権原理からして，司法もまた市民的基盤に基づくものでなければならない。市民が司法に積極的に参加することは，司法に対する市民の信頼を高め，適正な刑事司法作用，ひいては健全な市民社会を実現するために必要不可欠である。
> このような観点から，陪審制・参審制の導入を検討すべきである。

(1) 陪審制・参審制導入の必要性

職業裁判官制度を採用する現行刑事司法に対して，当事者主義の形骸化，無罪推定主義の形骸化が強く指摘されている。職業裁判官の閉鎖性，保守性から，職業裁判官の判断そのものが市民の通常の感覚から乖離してしまう危険性は否めない。

国民主権原理を採用する我が国において，市民が司法に積極的に参加することは，刑事司法に対する市民の信頼を高め，適正な刑事司法作用，ひいては健全な市民社会を実現するために必要不可欠であるといえる。

その意味において，陪審制・参審制は，市民の司法参加という観点から積極的に導入が検討されるべきである。

なお，陪審制については，民事事件を対象とする民事陪審も議論されているが，本項では，刑事事件について検討することとした。

(2) どのような制度とするか

諸外国の陪審制・参審制は，その国の歴史的条件，民族性などに根ざしている。我が国に導入するにあたっては，各国の陪審制・参審制を参考としながら，我が国の歴史的条件，国民性，現行刑事司法作用を踏まえて制度を慎重に検討することが必要である。

① 陪審制について

ⓐ 米国の陪審制

米国において，陪審裁判は被告人に憲法上認められた権利であり，被告人はそれを放棄し，裁判官による裁判を選択することもできる（連邦と州を合わせた全米の刑事陪審裁判

は，年間約10万件と見られ，これは刑事事件全体の数パーセントに過ぎない）。陪審員の数はおよそ12名だが，6人制，8人制の州も存在する。

陪審員は，各地域の裁判所が，選挙人登録名簿や運転免許取得者名簿あるいは両名簿の併合名簿で陪審員候補者名簿を作成し，この中から一定数を選び，陪審員資格の有無などを問う質問書を郵送する。そして，回答をもとに有資格者名簿を作成し，毎週この資格者に対し召還を通知する。

召還を通知された陪審員候補者に対しては，法廷で「ボア・ディール（予備審問）」があり，裁判官，弁護人，検察官が候補者に様々な質問をする。そして，弁護人と検察官は理由なしで候補者を排除する「専断的忌避」ができる。陪審員の義務期間はロサンゼルス郡で10日間とされており，公判を持つと評決まで拘束されることになる。拘束を嫌い，仕事などを理由として陪審員となるのを回避しようとする人も多い。

公判は連日開かれ，検察・弁護側が証人尋問を通じて，立証・反論を行う。最後に，裁判官が陪審団に説示し，評議が行われる。評決は，全員一致が原則で，起訴事実について「有罪」か「無罪」かだけを答申する。有罪になると，裁判官が量刑を決め，判決を言い渡す。陪審員の意見が一致しないときは，審理無効となり，新しい陪審員を選び，再審理を行う。事実認定は一審の陪審の判断で決着し，判断には理由が示されないため，控訴審は原則として事実誤認の主張ができず，法律問題しか争えない。

ⓑ 陪審制の長所と短所

（イ）長　所

第一に，陪審制は，国民が陪審員として司法に参加するものであり，国民主権原理を制度の上で具現化するものであるということができる。

第二に，有罪・無罪の判断者と手続主宰者が分離されることになり，裁判官は，自己の心証に左右されずに，両当事者に公平な訴訟指揮を行うことができる。我が国の現在の刑事司法手続は，手続主宰者が実体判断者を兼ねていることから，裁判官の心証形成が手続運営に影響することが避けられないと指摘されてきた。陪審制を導入することにより，裁判官は，有罪・無罪の判断から解放され，当事者に公平な手続運営を行うことができ，証拠の採否も当事者の公平と陪審員の公正な判断という観点から決定されることになる。その意味で，陪審制は実質的な意味での当事者主義を実現することができるといえる。

第三に，陪審員が判断することによって，経験則による心証形成が可能になる。すなわち，陪審制においては，判断者の選定の無作為性，職務の一回性，裁判官からの独立性が担保されており，そのような選出されて地位を保障された陪審員の判断によって，検察側証拠の疑問に関する常識的判断が可能となる。

第四に，冤罪が減るという意見もある（これに対しては，むしろ，陪審制にすると誤判が多くなるとの強い批判もある。）。
　（ロ）短　所
　第一に，制度自体の問題点として，陪審の評決に理由がない，ということが指摘される。素人である12人の市民に専門家の批判に耐えうる理由を書くことは無理であり，また，12人がそもそも同じ理由に基づいて結論に到達するとは限らないことから，理由付きの陪審評決は不可能というほかないが，国家権力による刑罰権の行使という重大な公権的判断に，理由が一切示されないというのは，特に無罪を争いながら有罪となった場合には，やはり納得という面で疑問が大きい。また，判断に理由が要らないということは，その判断が極めてラフになる可能性があり，ひいては誤判を生じさせるおそれも大きい。さらに，判決に理由が付されることによって，市民は，例えばある行為が最初から犯罪を構成しないものであったのか，構成要件には該当したが違法性が阻却されたのか，可罰的違法性の欠如という事情であったのか等を認識し，自らの行為規範とすることができるが，理由が付されない陪審制の下での判決には市民の行為規範としての機能が失われることになる。
　第二に，米国の陪審制は，あくまで多民族国家である米国において政治的な理由に基づいており，我が国の文化・国民性には合わないのではないか，と指摘されている。すなわち，米国のように，宗教や言語も錯綜し，極めて強い階層間の争いがあるときには，自分の所属する階層によって有罪とされたという，ある種の納得感が前提となるのであって，これが米国の陪審制度を支えている実質的な根拠であると考えられる。そのことは「我々の司法制度は，罪を犯した者を有罪とすることも，無実の者を無罪とすることも，そのどちらも保障していない。我々の司法制度が保障しているのは，もっぱら公平な裁判だけなのである。」（GLouis Joughin & Edmund M Morgan, The Legacy of Sacco and Vanzetti, Preface, p6〔1948〕）という言葉に端的に表れている。
　その他，陪審制には，陪審員の選任に時間がかかる，コストがかかるなどの問題点が指摘されている。
　②　参審制について
　ⓐ　諸外国の参審制
　フランスは，フランス革命を契機に英国の陪審制を導入したが，その後誤った無罪判決が増えたため，1941年から裁判官と陪審員が事実認定と量刑を一緒に協議する方式，すなわち，実質的には参審制を導入した。
　ドイツでは，19世紀半ばに陪審制を採用し，その後軽罪について参審制を導入した。そして1924年の改革で陪審制を廃止し，全面的に参審制となった。参審員は，政党の推薦な

どで市町村議会によって選ばれ，任期は4年で再任できるとされている。

スウェーデンも，1948年から参審制を採用し，全刑事事件の約8割に参審員が関与しているといわれている。参審員の任期は3年で再任できるとされている。

デンマークは，陪審・参審の併用制というユニークな制度を採用している。陪審・参審制の対象は否認事件のみとされていて，検察側が4年未満の拘禁刑を求刑するときは地裁で参審裁判が始まり，求刑が4年を超える重罪事件は高裁が一審で陪審制により審理される。

ⓑ　参審制の長所と短所

（イ）長　所

第一に，参審制は，裁判官が手続，事実認定，量刑の全てにおいて市民と共同することによって裁判官の意識が市民化していくことが最大のメリットとして評価することができる。職業裁判官の閉鎖性，保守性が，市民との共同によって打ち破られ，一般通常人の感覚を常に保つことができ，市民の刑事裁判に対する信頼を高めることができるといえよう。

第二に，参審制は，陪審制と異なり，否認事件に限る理由がないため，多くの事件に市民が関与することが出来る。そのため，自白の信用性の判断などの手続問題にも関与するから，民主的な判断が刑事司法手続きのすみずみまで行き渡ることになる。他方，量刑判断に市民が関与することにより，市民が犯罪について真剣に判断するようになり，市民に対する教育的効果も大きく，市民の司法参加をより深めることになるといえよう。

（ロ）短　所

参審制の導入については，職業裁判官の影響力が強すぎ市民の司法参加としては不十分ではないか，参審制をどのような事件に導入するか，参審員となることへの国民の理解と協力が得られるのか，参審員の選出方法とその均質性の確保など様々が問題点が指摘されている。

③我が国に適合した制度

このように見てくると，陪審制，参審制はいずれも市民の司法参加という観点から積極的に評価することができるといえよう。

確かに，それぞれの制度の導入については，既に指摘したような問題点も存在するが，それは超えられないハードルではない。

陪審制と参審制の併用も含めて，被告人に選択することができるという制度の実現に向けて，制度の内容を具体化し，それを国民に提案して，国民の理解を得るよう推進すべきであると考える。

(3)　どのようにして実現するか

市民の司法参加について国民の意識が低い現状を直視し，弁護士会としては，国民に対

し，司法参加を強く呼びかけ，陪審制・参審制についての理解を広めることが急務である。そのためには，各シンポジウムの実施やマスメディアの利用などを積極的に行うことが必要である。

(4) 陪参審の導入に関する最近の動向

陪参審の導入について，政府の「司法制度改革審議会」(会長・佐藤幸治京大教授) は，2000 (平成12) 年9月26日，協議の結果「国民が裁判内容の決定に主体的，実質的に関与していくことは必要である」として，国民が裁判に加わり判決にも参加していく方向での制度の見直しを進めることで一致し，具体的な方法について佐藤会長は「陪審制や参審制などの長所短所を検討しながら，よりよき制度を作っていきたい」と述べた。

これに先立ち，最高裁は，憲法が陪参審制を予定していないと指摘し，市民は裁判官と審理するが，評決権は認めず，意見表明だけできるといった参審制を容認する意見書を提出したが，参審制において評決権を認めないのは参審制の趣旨及び長所を没却させるものであり，賛成できない。

審議会の右提言は，陪参審の導入を積極的に進めるものとして高く評価することができる。弁護士会としては，今後の審議会の具体的な提言を踏まえながら，国民の司法参加を実現するための具体的な制度内容を検討し，これを広く国民に訴えていく必要がある。

3）裁判官制度の改善

> 官僚的裁判官制度を改善するため，弁護士任官の推進，非常勤裁判官制度の導入などが必要である。弁護士任官の推進のためには，相応しい人材の発掘と任官の条件整備のための活動が必要である。
>
> 非常勤裁判官制度の実現に向けては，当面少額訴訟手続の分野での制度導入をめざした運動を進める。
>
> 一定期間弁護士実務を経験することを裁判官・検察官任官の要件とする研修弁護士制度は，法曹一元の趣旨に照らしても有意義であり，制度構想の具体化を図る必要がある。
>
> 最高裁裁判官の推薦制度については，より開かれたものとするよう改善を図る。
>
> 裁判官の市民的自由の確立は，司法の独立，市民の権利保障の上でも重要な意義がある。

(1) 制度改革の観点

先に述べたように，官僚司法を改革するには，法曹一元と陪審制度を導入することが最

も重要である。

　しかし，課題はこれらにとどまらない。弁護士会は，司法官僚システムの矛盾を改善するため，弁護士任官の推進，非常勤裁判官制度実現に積極的に取り組むとともに，司法の民主化のため，最高裁人事当局の指針を是とする官僚的感覚を捨て，裁判官が市民的感覚を共有することが必要であるとの認識の下，裁判官の市民的自由確立のための運動に取り組む必要がある。

　また，最高裁裁判官推薦制度と国民審査のあり方，裁判官の任用・人事のあり方，判検交流問題等，司法の民主化を実現するためには，さらに改革を要する課題は多い。

(2) 弁護士任官制度

　1991（平成3）年から法曹三者の合意で実施されている弁護士任官制度は，弁護士から裁判官や検察官への任官を，制度として毎年相当数実現していこうとするものである。任官者のごく一部にとどまる点で本来の法曹一元制度とは異なるものの，例え少数でも毎年継続して弁護士が任官していけばやがて任官者全体の中で相当な割合を占めることができることも考えられ，その意味で理念としては法曹一元への可能性を開く制度ということができる。また，弁護士任官した者が弁護士経験を生かして評価を高めてゆけば，それがやがて弁護士全体への信頼と法曹一元制度に対する国民的支持につながるものである。したがって，弁護士会としては，国民のための司法を担うにふさわしいすぐれた人格と識見を備えた立派な弁護士を，今後とも継続して多数推薦していく必要がある。

　しかしながら，弁護士任官の実情は，制度発足以来の9年間で30名余りに過ぎないのが現実であり，実際弁護士任官には数々の困難が伴う。それは，生活面や経済面での変化だけでなく，現に開設している法律事務所の継承あるいは閉鎖の問題，あるいは裁判所の採否基準の不透明さ，さらには退官後弁護士に復帰した際の事務所再開への不安などの問題である。潜在的には任官への意欲がありながら，上記のような問題点があるために任官に踏み切れない弁護士も数多くいるものと推察される。弁護士会から今後とも継続して数多くの任官者を出していくためには，このような状況を踏まえて，弁護士会として，上記の諸問題への対応を研究し，任官希望者を支援していくことが必要である。

　近時，東京弁護士会では任官者支援事務所（仕事及び職員の引継，復帰時の場所の提供等）で名簿を作成したり，自薦のみならず他薦による任官適任者登録推薦制度[1]を実施しているが，引き続き任官希望者支援の具体的方策を継続的に検討・実施しなければならない。

---

1) 会員から推薦のあった者を名簿に登録し本人の承認のもと会として推薦する制度

(3) 非常勤裁判官制度

 非常勤裁判官とは，弁護士がその身分のまま裁判官の資格も取得し，月に数回あるいは年に数週間という非常勤の形態で裁判官の執務を行う制度である。イギリスにおいては既に広く実施されており[2]，わが国においても，弁護士経験を有する裁判官を多数生み出して法曹一元制度が受け入れられる土壌を作り，あわせて弁護士自身が裁判官として経験と実績を積むことにより国民の信頼を受けるためにも，是非ともその導入を実現すべきである。

 もっとも，非常勤裁判官制度を導入するにあたっては，法制度上の問題と，現行裁判官制度との軋轢および国民一般の理解と信頼が得られるかどうかという問題がある。しかし，法制度上の問題に関しては，憲法は裁判官が常勤であることを要求していないし，基本的人権を擁護し社会正義を実現することを使命とする弁護士が執務を行う以上，公平な裁判の見地からも，裁判官の独立及び身分保障の見地からも，憲法上の問題はない。裁判所法上，裁判官の兼職は原則として禁止されているが，最高裁の許可があれば弁護士との兼職は可能であるし，必要とあれば非常勤裁判官を認める明文規定を新設すべきである。また，現行裁判官制度との軋轢および一般国民の理解と信頼という問題に関しては，まず導入しやすい分野から少しずつ柔軟に非常勤裁判官制度を導入していき，実績をあげることによって国民の信頼を得て，自然に現行裁判官制度から法曹一元へという流れを作っていくことが重要である。

 1997（平成9）年6月，日弁連司法改革推進センターは「少額訴訟手続に非常勤裁判官制度を導入する意見書」を発表し，1998（平成10）年1月施行の新民事訴訟法における少額訴訟手続に，弁護士が非常勤裁判官として担当する制度を導入することを提言している。最高裁の態度は現時点ではまだ否定的と言わざるを得ないが，少額訴訟手続は確かにその審理形態も非常勤で無理なく行い得るし（原則として一回結審），日常の法律相談で多数そのような案件に接し市民と直接対話する機会の多い弁護士こそが，これらの事件を担当する裁判官にふさわしいものとも言える。

 弁護士会は，まず少額訴訟手続の分野における非常勤裁判官制度導入の実現を目指して運動を展開し，さらにその他のいかなる分野に，いかなる方法で導入することが可能か，実証的研究に基づく提言を行わなければならない。

(4) 研修弁護士制度

 1997（平成9）年10月，日弁連は臨時総会において，司法修習終了後に一定期間弁護士

 2） 実働人員3分の2，仕事量の3分の1が非常勤裁判官によって担われている。

実務を経験することを弁護士登録および裁判官・検察官任官の要件とする，いわゆる「研修弁護士制度」の創設の提言を決議した。これは，司法の担い手となる者に少しでも多くの社会的経験と在野の立場における研鑽を積ませ，法曹全体の質を向上させようというものであり，法曹一元そのものではないものの，理念的にはこれと共通し，法曹一元への可能性を開く制度ということができる。

研修弁護士制度の具体的な内容については，未だ詳細が固まっておらず，その身分・地位や経済的基盤をどうするのか，研修期間をどのくらいにしていかなる研修を行うのか，など検討課題は山積みである。弁護士会は，早急にこれらの問題点を研究・検討し，広く国民に支持される具体的な制度構想を早急にとりまとめ提言していかなければならない。

(5) 最高裁判所裁判官推薦制度

現行法上，弁護士から裁判官に任官する制度としては，弁護士任官制度のほかに，弁護士から選出される最高裁裁判官がある。弁護士出身の最高裁裁判官がどのような考え方をし，判断をするかは，国民にとって弁護士が民主的司法の担い手として信頼に足るかどうかの一つの判断基準であり，法曹一元制度の根底である弁護士に対する国民の信頼を得るためにも，在野の代表としてふさわしい人物を最高裁裁判官に送り出さなければならない。

弁護士から選出される最高裁裁判官については，従来から日弁連がその候補者を推薦するシステムが採られているが，その推薦手続が不透明[1]であるとの指摘がある。確かに，在野の代表ともいえる弁護士選出の最高裁裁判官の候補者を日弁連が推薦する以上，その推薦手続が一般国民にもわかりやすく納得できるような透明かつ民主的なものでなければならないことは当然である。近年においては，日弁連も候補者の推薦を広く全国の単位会に求めたり，推薦委員会で候補者からのヒアリングを実施するなど，手続の改善に一定の前進があることは事実であるが，なお一層の民主的かつ開かれた推薦手続にするには，❶日弁連レベルでの公聴会制度の導入，❷推薦委員会による推薦理由の公開，❸推薦者の信任投票制度の導入などの，より抜本的な改革案の検討が必要であり，今後とも研究・提言をしていかなければならない。

また，これまで日弁連が再三にわたり提言してきた最高裁裁判官任命諮問委員会の導入については，今後とも検討されるべきである。

(6) 裁判官の市民的自由と司法の独立

裁判官は，裁判所の中立らしさ，公平らしさを守るため，意見表明とりわけ政治的意見を表明すべきではないとの見方が根強くある。

---

[1] 推薦手続が公開されてない，一部の単位会に既得権が生じている，人選の基準が官側に迎合しすぎているなどの批判がある。

そして，わが国では，官僚司法体制の下，最高裁人事当局の意見にしたがい，行政追随的な消極的態度を貫くことが「中立らしさ，公平らしさ」を守ることになると裁判官に信じられてきたと言っても過言ではない。

しかし，その結果，経済団体からも指摘があるように，裁判官は，過度に自己抑制的で自ら三権分立の権力均衡構造を崩し，国民の司法に対する信頼を揺るがす事態に至っている。

この事態は，多くの先進諸国が裁判官の市民的自由を保障し，むしろ裁判官に政治的意見も表明させ，それが故にその判断にあたっては，憲法と法のみに依拠した政治的意見に左右されない論理的判断を期待すべきとの考え方を採用していることとは極めて対照的である。

そして，近時，わが国でも裁判官の市民的自由が大きな関心を招く問題が生じた。1998（平成10）年4月開催の「盗聴法，組織的犯罪対策法に反対する集会」に，仙台地裁の寺西裁判官が出席し発言したことが裁判所法52条1号の「積極的な政治運動」に該当するとして仙台高等裁判所が懲戒の申立を行ったというものである。しかし，裁判官に対する過度な統制が司法に対する国民の信頼を揺るがすこととなることを考えれば，寺西裁判官に対し，一定の法律の制定が問題となっている集会に出席し，発言したことをもって懲戒を申し立てることには重大な懸念がある。

また，時機をあわせるように市民や弁護士の有志により裁判官の市民的自由をテーマとして「日独裁判官物語」が製作された。映画は，戦後同じように官僚司法制度を採用しながら市民的自由の点で大きな開きの生じた日本とドイツの現状を比較し，わが国の市民から「顔の見えない」裁判官の市民生活を明らかにし，市民に信頼される司法を考える契機としようとするものである。利用しやすく，親しみやすい司法とは何かを市民とともに考えていくためにも，この映画の上映運動を広げていくことは極めて有意義である。

われわれは，寺西問題や日独裁判官物語上映を契機として裁判官の市民的自由の重要性を認識し，真に市民のための司法を実現し，官僚司法制度に起因する司法の機能不全というべき状況を打開する運動を転開していかなければならない。

その後，1999（平成11）年9月には，日本裁判官ネットワークという裁判官の任意団体が組織され，裁判官が司法について直接市民に語るべき場を設ける等しており，徐々にではあるが，「顔が見える」司法への萌芽が感じられる。われわれは，この動きを支持し発展させていくべきである。

(7) 裁判官の任用・人事のあり方

裁判官の報酬は，官，職，号に応じて細分化されているとともに，任地に応じて支給さ

れる調整手当等の各種手当の支給により著しく複雑化されている。このようなシステムの結果，裁判官は任地・報酬により支配されていると言われるほどであり，裁判官の最大の関心事も任地であると指摘されている。このような状況下では，裁判官は最高裁人事当局の評価を畏れる余り過度に自己抑制をし，自由な会話すらできない。現状のキャリアシステムの下でも人事・報酬問題が裁判官の職権の独立に影響を及ぼさないよう様々な工夫をなし，裁判官が真に独立して職権を行使できるような裁判所を実現する必要がある。

(8) 判検交流問題

これまで裁判所と法務省との間では，裁判官と訟務検事や捜査・公判担当の検事を相互に移動する，いわゆる判検交流が行われてきている。

しかし，これは，一般的に裁判の中立公正を害するおそれがあるというだけでなく，行政や捜査機関に対する司法チェックのあり方について，強い疑問が投げかけられてきた。とりわけ，国の代理人を務めた訟務検事が行政訴訟の裁判官に転じたり，捜査公判の検事が刑事裁判官になった場合などには，そうした問題が顕在化し，国民の司法への不信を招くこととなる。

こうした判検交流については，その廃止を含めて見直されるべきである。

４）法曹養成制度の改革

> 入所前合格者に対する事前研修の一層の充実，義務化を伴う新規登録弁護士に対する新人研修の2000（平成12）年10月の実施，キャリアシステムを支える司法研修所教育の大転換を迫る，あるべき法科大学院構想の実現，そして丙案廃止の早期実現など，官製の法曹養成制度から弁護士・弁護士会が法曹養成の主たる担い手となる制度への改革を積極的に推進する。

(1) 岐路に立つ法曹養成制度

法曹養成制度のあり方は，司法制度の根幹にかかわる最重要課題である。法曹人口の増員はこれを可能にする法曹養成の制度設計が不可欠である。そして今日，司法制度改革審議会を舞台にその改革を迫られている官僚司法の温床となってきた司法研修所中心の現行法曹養成制度も，当然に大転換が図られようとしている。

すなわち，司法研修所の果たしてきた法曹養成の歴史的役割は高く評価されるものの，他方，法曹人口抑制の人為的コントロール装置として戦後一貫して「小さな司法」を維持し，裁判官の育成と特にその任用機能を中心に最高裁の手によって運営されてきた司法研修所制度に対し，これをどう抜本的に変革していくのか，言い換えれば最高裁・法務省の

手による官製の現行法曹養成制度を弁護士・弁護士会の手にいかに奪い，真の司法の民主化を実現していくかが，今まさに問われようとしている。

修習期間の1年半への短縮という苦渋の選択をした日弁連臨時総会（1997［平成9］年10月15日）において，日弁連は「弁護士と弁護士会がみずからの責任において法曹養成過程に対してより大きく寄与すること，そして，市民感覚に富み，社会的弱者の人権救済を司法の本質的使命と自覚する法曹の養成に力を尽くす」という基本理念を確認した。

そして，この理念を実現する具体的諸制度の実現こそが実践の第一歩である。

(2) 合格者に対する入所前研修（事前研修）

日弁連が臨時総会後の1997（平成9）年10月28日の三者協議で提案し，法務省・最高裁が「意義あるものと考えるので，さらに法曹三者の協力のあり方について検討していきたい」と述べた事前研修が，1998（平成10）年度より全国的に実施され，1999（平成11）年度は全国12ヶ所延べ1500名余の参加を得た。1997（平成9）年度に東京弁護士会が他会に先駆け試みに行った事前研修をベースに，全国の主な単位会，ブロックなどで特色のある研修が実施されるに至った。東京では三会，関弁連の共催で実施されている。

弁護士・弁護士会が主体的に行う法曹養成の確たる端緒としてその制度的意義は大きく，当面これを定着させなければならない。

(3) 研修弁護士制度と新規登録弁護士研修

研修弁護士制度は，司法修習終了後全員が相当期間，一定の制約を付しながらも基本的に弁護士と同様の権限をもって弁護士実務を行い，その期間中日弁連が定める一定の研修プログラムを履修するとするものであり，法曹一元の実現に向けた具体的内容をもつ画期的な提案として，上記臨時総会において決議された。

新規登録弁護士に対する研修制度（新人研修）は，研修弁護士制度の実現に至るまでの間，新規登録弁護士に対する研修を充実・強化して，研修弁護士制度の基盤を作る一方，弁護士の質的向上と公益性の陶冶を図ることを目的に，新規登録弁護士に対し「弁護士会が定める研修プログラムの履修を義務付け」かつ「雇用する弁護士に対し，かかる新人研修の履修に協力を義務付ける」制度として生まれた。

日弁連は，2000（平成12）年10月からの実施を目指して，研修プログラムのガイドラインを策定し，義務化するかどうかは各単位会の決議に委ねたものの，積極的な導入を呼びかけ，研修センターを立ち上げて大規模な研修を開催した。

東京三会は連絡会での鋭意検討を経て，2000（平成12）年10月同時実施を果たした。同制度は弁護士会会務の参加や当番・国選弁護士を義務付けるなど，弁護士会の活性化の起爆剤になり得る可能性があり，是非とも大事に育てていかなければならない。

第1部　司法と弁護士の改革

(4) 法科大学院（仮称）構想について

① 1998（平成10）年6月，自民党司法制度特別調査会がロースクール制度の検討の必要性を唱え，1999（平成11）年7月発足の司法制度改革審議会（司法審）は，これを論点の一つとしてとりあげることとした。

他方既に1997（平成9）年大学改革審議会は，大学の法学教育が法曹養成と乖離し機能していない危機的状況をロースクールを導入することによって改革することを提唱していた。これら一連の動きに呼応し，平成11年秋から12年にかけて，多数の大学がシンポジウムを開催し様々なロースクール構想を公表した。弁護士会でも，二弁・東弁などが積極論を展開してきた。

② 2000（平成12）年4月，司法審は，「大学学部教育・司法試験・司法修習などと連携を有する基幹的な高度専門教育機関（いわゆる法科大学院）の設置を検討する」とし，法科大学院を設置することを発表した。但し，その具体的検討については，留意事項として指針を示したうえで大学関係者を中心とする検討会に委ねた。検討会は同年9月，中間報告書を司法審に提出し，司法審はこれを受けて，10月，法科大学院を創設することを明確に宣言した[1]。

③ 東弁は，12年3月の常議員会において，法曹養成センター策定の中間意見書を採択し，法科大学院構想を積極的に推し進める立場をとった。われわれは，官僚司法の打破を目指す立場から，そして法曹人口を抑制する小さな司法を批判する立場から，現行の司法研修所教育を批判的に評価し，その抜本的改革の方法としての法科大学院構想を前向きにとらえ，あるべき制度設計に向けて積極的に提言し運動していかなければならない。確かにこの構想に対しては，当初からそしてその制度の骨格（注1）が明らかになりつつある

---

1) 法科大学院構想として現在提唱されている内容は様々であるが，検討会で考えられている大筋の骨格を整理すると以下のとおりである。
  ① 法科大学院は大学院レベルに設置するが，これに限らない。法学部教育は法的素養を中心とするリベラルアーツ教育とするか，更に法科大学院の前段の法律基礎教育まで行うかは大学の判断に委ねられる。
  ② 修業年限を原則3年とし，法学既習者に限り2年とする。
  ③ 入学者選抜は，基本理念である公平性・開放性・多様性を確保すべく設計する。統一の適性試験を行い，特に法学既習者用コース（2年型）を希望する者には，併せて法律科目試験を行う。
    また各大学は，小論文・面接等の試験を行うなどして独自に学部における学業成績や学業以外や社会人としての活動実績など総合的評価を行う。なお法学未修者枠を予め設定し，広く人材の選抜を図る。
  ④ 地域を配慮した全国的な適正配置を図り，夜間制，通信制（インターネット），連合大学院，独立大学院など多様な形態を可能とする。
  ⑤ 第三者評価機構により一定の教育水準に達していると認定された大学院にのみ，新司法試験の受験資格が認められる。第三者評価は，法科大学院・文部省・法曹三者・学識経験者からなる機構が行う。
  ⑥ 法科大学院修了を新司法試験の受験資格とする。但し，社会的に納得できる理由から法科大学院への入学が困難な者に対し，別途法曹資格取得の例外を認めることも検討する。なお，新司法試験は3回程度の受験回数制限を設ける。
  ⑦ 大学院では，実務上生起する問題の合理的解決を意識した法理論教育を中心とし，実務教育の導入部分を併せて実施する。新司法試験合格者に対し，法曹に要求される実務能力養成のために司法（実務）修習を実施する。
  ⑧ 奨学金・教育ローン・授業料免除制度等学生の財政援助，大学院の財政基盤の確立のための支援。

今日まで，反対説も根強いが，反対説のいずれもが法科大学院構想に代わり得る具体的対案を何ら示すことができていない以上，この構想に全面的に反対するだけでは，法曹養成の担い手であるべき弁護士会がその責務を放棄することになり，無責任のそしりを免れない。
　④　今後の主な課題は以下のとおりである。
　　・　弁護士会が主体的な担い手となる法曹養成制度の構築を図るために，第三者評価機構等での地位の確立，実務修習の運営主体，大学院内での実務指導（教授・講師の派遣のあり方，指導者養成），大学人の実務受入教育等の制度設計を実現すること
　　・　大学院が単なる法学部の復権の為の装置ではなく真に法曹養成のプロセス教育であるために，十分な実務導入教育を実践すべきとすること
　　・　法学既修者と未修習者の入学枠，囲い込みを防ぐための他大学と自大学の入学枠，巨大ロースクール化を避けるための定員上限枠などの制限が可能か。
　　・　実務庁修習を具体的にどう実施するか。法曹人口抑制の契機にならない方法はあるのか。また現行の司法研修所という器と組織が必要とされる場合，どのような役割を担うべきか。
　　・　全国適正配置を図るための各大学間の連合・連携構想の実現，一部有力大学の先行による閉鎖的な開校の回避の為の方策。
　　・　実施時期・経過期間と現行制度との関係。
　⑤　いずれにしろ法科大学院による法曹養成制度が実現することは避けられないのであって，今やあるべき制度の実現のための運動論に比重は移っているといっても過言ではない。われわれは，法曹一元を実現するために不可欠な弁護士の質と量を確保するという視点から，全力を尽くしてこの運動に取り組まなければならない。
　特に，既に各地でスタートしているように早急に地元大学関係者との協議を始め，カリキュラムの策定，教授陣の組成等具体的な構想を示す必要がある。弁護士会の手による教師の養成やテキスト等教材の提供などを図る組織の立ち上げも急がなければならない。そして基盤となる大幅な財政支援の実現を図るべく司法審に対し強く訴えていかなければならない。いずれにしろ，弁護士・弁護士会が主導的に活動していかなければ機能しないのがこの法科大学院構想であり，今まさに各大学から求められているところである。
　(5)　**丙案廃止の必要性**
　1997（平成9）年三者協議会における「司法試験制度と法曹養成制度に関する合意」に基づいて1998（平成10）年10月に設置された「法曹選抜及び養成の在り方に関する検討会」は，設置当初の大方の予想と期待を裏切り，交渉期限と定められていた2000（平成12）年

末を迎えようとしている。

　同検討会は，1997（平成9）年10月1日の三者協議会において法務省が「合格枠制については，日弁連から，公平・平等の観点から問題があること，平成8・9年度の司法試験論文式試験の結果を見ると短期間の受験での合格者が著しく増加するなど相当の改善効果が現れていること，平成10年度から司法試験合格者を1000人程度増加させることなどにかんがみ，これを平成9年度をもって廃止すべきであり，これができないとしても，平成10年度から制限枠の割合を減少させ，その上で，遅くとも平成12年度をもって廃止すべきであるとの意見が示された。法務省としては，これまでにも申し上げてきたとおり，司法試験受験生や大学関係者等社会に与える影響が重大であること等に照らし，平成9年度をもって合格枠制を廃止すべきであるとする点については，これを受け入れることはできないが，それ以外の点については，これを真摯に受け止めることと致したい。すなわち，法務省としては，遅くとも平成12年度をもって合格枠制を廃止するとの日弁連提案を含め，今後の司法試験の結果及び司法試験をめぐる動向を踏まえつつ，法曹養成・養成の在り方について広く検討するために速やかに協議を開始することはやぶさかではない」と述べ，最高裁もこれに賛同する旨意見表明をしたことをふまえて設置されたものである。

　ところが，その後の検討会の経緯は，このような検討会設置の経緯とは大きくかけ離れたものとして推移し，1999（平成11）年11月4日の検討会において法務省はついに，「現時点で平成13年度からの合格枠制廃止という結論には至らない」旨の意見表明を行うに至った。平成13年度からの廃止を法務省が否定したことは，上記検討会設置の経緯に照らせば，極めて深刻といわざるを得ない。

　2001（平成13）年度からの丙案廃止があやぶまれる厳しい情勢の中，2000（平成12年）10月19日，日弁連理事会は「司法試験『丙案』の廃止を求める決議」をあげ，司法制度改革審議会に対し，丙案問題を審議の対象とするよう要求すること，及び上記検討会において丙案廃止に向けた合意を成立させるという施策を実現するなど，丙案廃止に向け全力を尽くすことを決意する旨の決議をあげた。

　そして，司法制度改革審議会では，複数の委員から丙案廃止を求める意見が出されるなどし，2000（平成12）年11月20日の中間報告では，法科大学院及び新司法試験への移行措置の中で，「なお，司法試験におけるいわゆる合格枠制（丙案）の取扱いについても，移行措置期間内における現行司法試験の実施の在り方を検討する中で考慮すべきである。」と述べるに至った。

　他方，司法試験の最終合格者数は1997（平成9）年の三者合意を踏まえ，1999（平成11）年から1000人程度となっているが，2000（平成12）年司法試験では，994人が最終合格し

た。論文式試験合格者1025人のうち，丙案枠合格者は232人（通常枠793人），通常枠と丙案枠の順位差は677番となった。丙案枠の割合は従来の7分の2から1997（平成9）年三者合意を踏まえて9分の2に減少したにもかかわらず，794番程度の4年以上受験者が不合格となり，1470番程度の3年以内合格者が合格したことになり，丙案の不平等性はますます深刻である。

　現在，司法制度改革審議会において法科大学院を中核とする新たな法曹養成制度の創設が検討されているところ，法曹一元制を目指し，21世紀の「市民の司法」を担うにふさわしい専門的能力と高い職業倫理を身につけた法曹の養成を眼目とした新たな法曹養成制度の創設に際し，いわゆる法科大学院制度は，公平性・開放性・多様性を基本理念とすることが求められている。不平等制を帯有し，かつ司法試験予備校による受験技術教育を助長している丙案の存在が，上記理念と相いれないことは明らかである。

　東弁・日弁連は，検討会において平成13年度からの丙案廃止の合意ができるよう最後まで全力を尽くすべきである。

5）市民の司法参加

> 　市民の司法参加を図るため，現行の調停委員，司法委員制度を拡充していかなければならない。発展している裁判傍聴運動については，さらにより多くの市民が，より多様な裁判の傍聴に参加できるよう取組みを強めなければならないし，初等中等教育における司法教育を推進することも重要である。

(1) 司法委員制度の拡充

　司法委員制度は，1948（昭和23）年に戦後司法改革の一環として，民事事件に市民の協力を得て，裁判に市民の健全な良識を反映させることを目的として導入された制度である。また，司法委員に弁護士が多く採用されることにより，法曹一元や非常勤裁判官制度への橋渡しともなる制度である。しかしながら，現実の運用としては，これまでは大多数の場合，消費者金融関係事件の和解の補助としてしか扱われておらず，市民の司法参加制度としては十分に機能していないのが実際であった。

　しかし，新東京簡易裁判所においては，近時，「市民紛争事件」について司法委員を証人尋問にも立ち会わせて意見を聞いたり，事件の解決についても司法委員の見解を求め，また，簡易裁判所民事実務研究会などの席上において簡易裁判所の審理や司法委員のあり方について司法委員の意見を求めるといった試みがなされるようになり，まだごく一部ではあるが，ようやく本来の機能に即した運用がなされはじめている。今後，より一層の充

実が望まれる。

　また，地方裁判所における司法委員制度の採用については，現状のままでの採用は適切な運用が期待できず，医師・建築士などの専門家が司法委員に採用された場合に簡易鑑定ないし密室鑑定に陥る危険があるといった日弁連の反対もあり，今回の民事訴訟法改正に際しては見送られた。しかし，司法委員制度の利点を考えるならば，近い将来，これらの問題点を克服しフェアな手続を保障して，地方裁判所においても司法委員制度が採用されるべく検討するべきである。それにとどまらず，司法委員制度が実質的参審制度として機能しうるよう調査・研究を進めるとともに運用の改善を図っていくことにより，刑事事件や行政事件への導入をも検討していくべきである。

(2)　裁判傍聴運動

① 意義

　日弁連による司法改革宣言の採択を契機として，市民にとってより身近な司法の実現を目指した活動が，各方面で実践されている。裁判傍聴運動もその一環として始められ，現在では継続性のある活動として定着しつつある。

　裁判傍聴運動は，市民にまず現実の裁判に接してもらうという，身近な司法の実現にとって直接的かつ有効な活動であり，今後もその重要性は増すものと思われる。

② 実施状況

　2000（平成12）年も東弁は，中学生・高校生を対象とする恒例の春休み・夏休み裁判傍聴会に加えて，あらたに中高校生対象の冬休み傍聴会や司法試験合格者対象の傍聴会が開かれる。そのほか，学校などの個別申込みによる傍聴会も多数行われ，1999（平成11）年度には参加者の総数は1296名となり，その他にも応募者が多数あった。

③ 今後の課題

　東弁における裁判傍聴運動は，より多くの参加者を得るための努力を引き続き行っていく必要がある。そのためには，特に以下の点を検討する必要がある。

　まず，新聞社等マスコミとのパイプをうまく構築していくことは欠かせない。また，個別申込みによる裁判傍聴会については，その告知方法の検討が急務である。

　また，傍聴会を増やすためには，案内人の数及び質の確保が重要である。さらに，夏休み期間中などは，刑事裁判の数が減少するので，裁判所との協力を密にして，中身の濃い傍聴ができるように配慮すべきである。

(3)　初等中等教育における司法教育

　市民が，主体的に司法を利用し，参加するためには，市民自身が司法に関して十分な知識，理解を持つことが必要であり，かつ，それを得るための機会が与えられなければなら

ない。しかしながら，社会人となった後には，市民が司法に関する教育を受けることは難しく，それは，実際には初等中等教育における社会科（公民）教育の中で行われなければならない。

ところが，わが国の初等中等教育の中での司法に関する教育は十分とは言いがたい。1993（平成 5 ）年に東京弁護士会が発表した「司法はどう教えられているか」では，当時，使用されていた中学「公民」・高校「現代社会」の社会科教科書には，「法律扶助」「検察審査会」などという用語が全く存在しない。高校「現代社会」全26種の教科書中陪審について言及があったのはわずか 2 種類にとどまる。刑事訴訟の手続に関する説明において全く弁護人が登場しない教科書があるなど，その内容に不十分なところがあると指摘されている。

現役の社会科教員からの聴取によれば，年間カリキュラムにおいて「司法」の授業に割ける時間は通常 1 コマ程度であり，学校によっては公民専門の教員ではなく，歴史あるいは地理の専門の教員が変わって授業をしている例も珍しくないとのことである。

このように厳しい状況ではあるが，最近では，東弁などの提言もあって，教科書の内容に一定の改善が見られる。他方，東弁広報委員会が行っている生徒向けの裁判傍聴企画を始め，最近では各裁判所で各種学校の生徒の裁判傍聴は増加傾向にある。さらに，東弁，一弁では，中学校，高校へ弁護士が赴き，模擬裁判の指導をする企画が定着し，好評を博している。

また，最近，現場の教員，大学関係者，弁護士らが協同して，初等中等教育における法教育の改善改革を継続的に考える「全国法教育ネットワーク」という研究会が発足した[1]。初等中等教育で必要な法教育の核とはなにか，という根本的な問題も含めて，今後の研究の成果が期待される。

今後は，消費者教育の一環としての見地も含め，弁護士が生徒たちと直接接する機会を増やし，また，教科書内容の改善へ向け，継続的な研究，働きかけが必要である。

3　司法規模容量の拡大

1 ）司法予算の拡大

---

1 ）　全国法教育ネットワーク
　　　連絡先　〒162－0826
　　　東京都新宿区市ヶ谷船河原町6　キャナルサイド呉竹 2 階
　　　くれたけ法律事務所　弁護士鈴木啓文　気付
　　　電話：03-5229-5310　ＦＡＸ：03-5229-5302

> 時代の要請にふさわしく司法の機能を強化するためには，その裏付けとなる司法予算の飛躍的増加が不可欠である。国家予算中に占める裁判所予算の割合を大幅に増加させるとともに，法務省予算など司法関連予算の増額がなされるべきである。

(1) 司法予算の現状

わが国の国家予算に占める裁判所予算の割合は，1955（昭和30）年度の0.93％をピークに下降の一途を辿り，1999（平成11）年度予算では0.388％である。

大手都市銀行や証券会社の破綻にみられる深刻な経済不安，雇用不安が高まる今日，裁判所の権利救済機関としての役割が増大している。しかし，裁判官は超多忙であって審理の渋滞は慢性化しており，迅速，公正で納得のいく裁判は望めない。これでは国民の期待に応えることができない。

こうした事態に立ち至っているのは，最高裁自らが，裁判官の増員をはじめ司法の容量拡大のための裁判所予算の確保に積極的姿勢を示さないことに根本的な原因がある。裁判所は，三権の一翼を担う司法に相応しく裁判所経費を独立して国の予算に計上する独立の予算編成権を有している（財政法19条）。ところが，最高裁は，この権限を行使して予算の拡大に力を注ぐことをしてこなかった。

国民から期待される，迅速・公正で納得のいく司法を実現するためには，司法の人的物的充実が必要であり，そのためには，裁判所予算の拡大が不可欠である。

(2) 弁護士会の取組み

日弁連は，1992（平成4）年の司法改革宣言において，司法予算の拡大を求めた。そしてこの宣言に基づき，最高裁，法務省，国会，地方自治体など各種団体に司法予算の拡大の提言や要請活動を行ってきた。その結果，すでに8都道府県議会など多くの地方自治体が司法予算の拡大・裁判官増員の決議をおこなっている。

また，自民党の「確かな指針」や経団連意見書も司法予算の拡大の必要性に言及しているほか，司法制度改革審議会設置法を可決した際の両院の付帯決議でも司法予算を拡大することを政府に求めている。

司法関連予算（裁判所・法務省）の拡大は今や国民全体の確固たる世論となった。

(3) 拡大の目標

① 短期的目標

早急に裁判所予算を国の一般会計予算の1％以上の水準まで増大させ，これとともに，法務省予算など司法関連予算の増額がなされるべきである。

さらに，司法関連予算の9割が人件費でわずか1割が物件・施設費等である現状を改め，

後者の割合を25％程度まで増大させる必要がある。

そして，司法予算の増大により，
・裁判官を10年計画で500人以上増員させる。
・検事を5年間で200人以上増員させる。
・国費による被疑者弁護制度を実現させる。
・法律扶助予算の大幅増大。
・公設事務所に対する国庫補助の実現。
・廃止された地・家裁支部の復活を含む施設の増大。
・誰でもパソコンで裁判所等にアクセスできる電子情報設備の導入。
・国選弁護費用の大幅な増額。
を実現すべきである。

② 中期的目標
・法曹一元と陪審・参審を実現し，これを維持・発展させていくための予算が確保されるべきである。

法曹一元と陪審・参審を実現させることが，官僚司法から市民のための司法への根本的な変革となるものである。これを実現し，維持・発展させていくためには，司法のコスト増大は避けられず，それに伴う司法予算の大幅な増額が不可欠となる。したがって，かかる制度の財政的裏付けとなる予算の確保が必要である。

・司法過疎・偏在を一掃すべき予算が確保されるべきである。

全国的に均一な，市民に利用しやすい裁判所を作るため，裁判官数や地家裁支部・簡裁の見直し・再編・新設を行い，司法過疎・偏在を一掃すべきであり，そのための予算措置が講じられるべきである。

・司法行政情報の国民に対する全面開示が継続的になされるべきである。

司法の利用者である国民の声が，司法予算に反映されるようにするためには，国民に対し，司法行政情報が開示されることが当然の前提となる。

２）法曹人口の増員

> 法曹一元制度の実現及び「法の支配」を社会の隅々までいきわたらせ様々な分野・地域における法的需要を満たす必要性を自覚し，国民が必要とする弁護士，裁判官及び検察官の数を確保すべきである。更に，その増員に際しては，国民が必要とする法曹の質を維持することも重要であり，この増員と質とのバランスの上で，具体的な法

> 曹人口の確保を考えるべきである。司法制度改革審議会でとりまとめられた年間3000人程度の新規法曹の確保については，国民が必要と考えた数として最大限尊重し，具体的な増員方法及び法曹養成制度を鋭意検討していくべきである。

(1) 法曹人口問題に対する弁護士会の従来の対応

① 日弁連の司法改革宣言

1988（昭和63）年，法務省が設置した法曹基本問題懇談会は，司法試験合格者の大幅増員等について意見を発表し，以来法曹人口問題が会内外で広く論じられるに至った。

日弁連は，この間，司法改革宣言において，司法の人的物的規模容量の拡大や「全国津々浦々どこにでも身近な存在として弁護士や裁判所が存在し，適切で迅速な権利の実現に助力する体制の整備」をめざすことを国民に向け明らかにしてきた。

国会では，1990（平成2）年の司法試験法の一部改正に際し，法曹人口の少ないわが国の現状を指摘し，その適正な確保を求める付帯決議がなされた。

② 法曹養成制度等改革協議会（改革協）と日弁連の姿勢

1991（平成3）年6月から，法曹養成制度等改革協議会の審議が開始され，法曹人口問題は開始当初から大きな論点となった。

法友会は，1993（平成5）年7月開催の総会において，当面試験合格者数を年間1000名程度に増員することを検討すべきだとする宣言を採択した。

しかし，日弁連においては，弁護士人口増加については，積極・消極の両意見に分かれ，その後長期間にわたって議論が行われた。

日弁連執行部は，このような会内外の状況を踏まえ1994（平成6）年8月，「司法試験・法曹養成制度の抜本的改革大綱案」を提案した。この大綱は，司法の充実と容量の拡大のために，裁判官・検察官の増員を図り，あわせて弁護士人口も増加すべきだとし，その実現のために，現行統一修習制度を堅持しつつ合格者をさらに相当数増員する，法曹人口の増加は市民の司法への実効的で平等なアクセスを保障するための司法全般にわたる改革と併行して実施されるべきである等の基本的立場を明らかにするものであり，同年12月に開催された臨時総会において賛成多数で採択された。

しかし，大綱に反対する強力な主張があり，総会では，当面5年間は合格者は800名程度までとする関連決議が可決された。

日弁連は，この総会決議を踏まえ，改革協に対し，当面5年間は合格者を800名程度までとし，その間毎年裁判官150名程度，検察官100名程度を採用すること，統一修習制度の堅持充実をはかり，修習期間の短縮等は行わないこと，1996（平成8）年度からの丙案実

施を回避すること，等を骨子とする提案をした。

しかしながら，この提案は，改革協における多数の支持を集めるには至らず，改革協では，合格者1,500名，修習期間1年を含む大幅な修習期間短縮が多数意見としてとりまとめられることが必至の情勢となった。

このため日弁連執行部は，当面する困難な諸情勢にインパクトを与えようとする意図から，先の大綱の延長線上のものとして，関連決議の一部を修正し1999（平成11）年度からの合格者を1,000名とし，修習期間2年を堅持することを骨子とする新提案を行った。

この新提案は，1995（平成7）年11月の臨時総会において賛成多数で可決され，改革協に提案された。

しかし，日弁連の新提案は改革協において多数の賛同を得られず，1995（平成7）年11月改革協意見書が採択された。意見書の結論は両論併記となり，多数意見は，中期的に合格者を1,500人程度に増加させ，かつ，修習期間を大幅に短縮するというものであり，日弁連の新提案は少数意見にとどまった。

③ 改革協意見書に基づく法曹三者協議

改革協意見書の趣旨は尊重されねばならないこととなったため，これを踏まえ，1996（平成8）年7月から，「司法試験・法曹養成制度の抜本的改革」を議題として三者協議が開始され，法曹三者はそれぞれ意見表明を行い，その後の三者協議の焦点は，合格者1000名に関する修習期間の短縮を主とする司法修習制度のあり方に集中し，日弁連と最高裁・法務省の厳しい攻防が続いた。

他方，政府は，1997（平成9）年3月，「規制緩和推進計画の再改定について」を発表し，その中で「平成9年10月末までに，司法試験合格者の1,500人への増員について法曹三者協議の結論を得て，同年度中に1000人への増員について所要の措置を講ずる」とした。法務省は，かかるなかで，1997（平成9）年6月の三者協議で，合格者1,000人体制による修習実施の概ね3年後（2002〔平成14〕年）から1,500人体制問題について協議を開始する旨の提案を行った。

日弁連は，1997（平成9）年10月15日に開催された臨時総会において，1998（平成10）年度から司法試験合格者数を1,000人程度とすること，修習期間を1年半に短縮すること，研修弁護士制度や合格者に対する入所前研修の実施等新しい修習制度を創設すること等を骨子とする執行部提案を可決した。この提案は1,500名の問題については，「司法修習の受入れ体制などとともに，社会のニーズの動向（関連諸制度の整備状況を含む）などについて調査・検討を加え」，法務省提案と同時期に三者協議を開始するというものである。

1997（平成9）年10月28日の三者協議において，司法試験合格者を1998（平成10）年度

は800人程度に，1999（平成11）年度からは年間1,000人程度に増加させること，修習期間は１年６か月とすること，を骨子とする法曹三者の合意が成立した。

また，1,500名の問題については，今次の三者協議会終了後，社会の法的ニーズに関連する諸制度の整備状況及び法曹三者の人員の充足状況等をも参酌しつつ，調査及び検討を継続し，1999（平成11）年度から実施される新たな司法修習制度による３期目の司法修習終了後に，その結果をとりまとめた上で，三者協議会において協議することが合意された。

従前は新規法曹の数の問題が主として論じられ，その数が当時の司法研修所の容量と関連すると考えられてきた。その後，法曹人口増員問題とは，単なる数の問題ではなく，法曹の質を確保する問題もあることが改めて見直されることとなった。このことから，1998（平成10）年11月の日弁連理事会において，

「質量ともに社会のニーズにこたえられる弁護士を養成する体制を整備しなければなりません。そのために必要となる司法試験合格者数の確保について，不断に検討を加えていくことが必要です。」

との決議をするに至った。

④　司法制度改革審議会設置法の成立とその会議の開催と日弁連の姿勢

同設置法の成立過程では，「法曹の質と量の拡充など基本的施策は……特に利用者である国民の視点に立って多角的視点から検討すること」との参議院法務委員会の付帯決議がなされている。この司法制度改革審議会（司法審）の設置により，今までの法曹三者中心の司法改革から国民の視点に立った改革へと方向が定まった。司法審は，1999（平成11）年７月27日に第一回が開催され，現在まで会議が続いている。この会議が始まるにあたり，日弁連としては，日弁連の考えを反映するためには新たに司法審への意見表明を重要視することとなった。日弁連は，改めて司法改革に対する姿勢を明らかにするため，1999（平成11）年11月の日弁連理事会において，次のとおり決議した。

「市民が要望する良質な法的サービスの提供と法曹一元制度を実施するためには，弁護士の人口が相当数必要である。」

「法律扶助制度の改革，国費による被疑者弁護，公設事務所の設置，法律相談センターの拡充，裁判外紛争処理機関（A.D.R）への関与など，より多くの弁護士が積極的に公益的事業活動に参加することが必要である。」

「法の支配を社会の隅々まで貫徹させる観点からも，弁護士が社会のあらゆる分野と地域に進出することは極めて重要である。」

「このような見地から，日弁連は国民が必要とする弁護士の増加と質の確保を実現する。」

この決議に基き，日弁連としては，司法改革に対する姿勢を弁護士の総意とすべく，2000（平成12）年11月1日に総会を開催し，法曹人口に関する次の点を含む決議案を上程した。

　「法曹人口については，法曹一元制の実現を期して，憲法と世界人権宣言の基本理念による『法の支配』を社会の隅々にまでゆきわたらせ，社会のさまざまな分野・地域における法的需要を満たすために，国民が必要とする数を，質を維持しながら確保するように努める。」

　「法曹一元制を目指し，21世紀の『市民の司法』を担うにふさわしい専門的能力と高い職業倫理を身につけた弁護士の養成を眼目として，下記事項（省略）を骨子とする新たな法曹養成制度を創設し，大学院レベルの法律実務家養成専門機関（以下，「法科大学院（仮称）」という。）における教育と，その成果を試す新たな司法試験及びその後の実務修習を行うこととし，弁護士会は，これらに主体的かつ積極的に関与し，その円滑な運営に協力する。」

(2)　増員の具体像

①　従前の議論状況

　2000（平成12）年11月1日の日弁連総会で，新司法試験合格者を毎年3000名程度とすることを容認する決議がされるまでの増員の具体像に関する法友会の提言は以下のとおりである[1]。

　(a)　裁判官の増員については，司法機関の抜本的拡大の一環として，今後20年間に現在の2倍にあたる約4000名の裁判官を確保することを展望し，弁護士任官を含め毎年200名ずつの新規採用が行われることを提言し，その実現に向けて活動を進める必要がある。

　(b)　検察官の増員については，検事不在庁を解消し，司法的コントロールを充実させるために，検事実数を2000（平成12）年から2002（平成14）年までの3年間に計150名以上の増員をすることを提案する。

　(c)　弁護士の増員については，その目的を透明で公正なルールに基づき市民の権利を守る司法の役割を果たすためであるとし，弁護士人口を増加させることで司法制度の業務基盤整備を行うことこそが世論の支持を得る近道であり，その具体的な数については，司法試験合格者を1500名程度とすべきである。

②　2000（平成12）年11月1日の日弁連総会決議後の展望

　この決議においては，法曹養成制度としてロースクール構想が認められた。この制度は2003（平成15）年から開講され，2年間後に司法試験受験者が出現するようになると，近

---

[1]　これまでの経過については，2000（平成12）年度法友会政策要綱39頁ないし43頁参照。

い将来毎年3000名程度の法曹が誕生する可能性がある（なお，新司法試験の実施時期等により法曹誕生の時期及び数に違いが生じる）。

(a) 裁判官の増員

毎年3000名の新司法試験合格者が誕生するということは，従来法友会が議論の前提としていた毎年1500名程度の合格者という数を倍増させるものである。3000名の法曹資格者の大多数が弁護士になると思われるが，弁護士の増加が直ちに訴訟事件数の増加をもたらさないとしても，現状の裁判官不足が原因となっていると思われる記録の精査不足，各事案についての理解不足からくる訴訟指揮及び判決書の不適切さなどを解消するためには，早急に（今後10年間程度を目標として）現在の2倍にあたる約4000名の裁判官を確保するべきである。また，現在裁判官の任用について市民参加システムの構築，判事補制度の見直し，人事の透明性などが要求されており，裁判官の任用制度自体の変革が迫られている。この流れは大幅に増加する弁護士を裁判官の供給主体とする日本型法曹一元制度へと結実する可能性がある。そこで，今後われわれは，法曹一元制度が確実に定着し，市民の利用しやすい，また納得性の高い裁判が実現するために積極的に制度実現化のための運動を展開すべきである。

(b) 検察官の増員

検察官不足のために生じている告訴事件不受理の傾向や，勾留延長を慢性化させる取り調べなどを解消するために裁判官の増員と同様に今後10年間で少なくとも実務担当検察官を倍増すべきである。

(c) 弁護士の増員

弁護士数は，近い将来現在の約3倍である5万名となることが確実である。われわれは，弁護士人口が増加しただけで，今まで弁護士に依頼することの出来なかった者が依頼できるようにならないことを十分に知っている。そこで，われわれは弁護士とのアクセス障害や費用を支払うことの出来ない者がどのように弁護士に依頼をするかという今まで弁護士へのアクセス障害と言われてきた問題を早急に解決し，市民の利用しやすい司法の実現のために具体的な運動を展開すべきである。

また，弁護士数が増大することが明らかでありながら，その職域拡大の方策等は明らかでない。そこで，司法が隅々まで行き渡るためには，例えば，公共団体がどの程度の数の弁護士を必要としているか，その就任プロセスはどのようなものか，その報酬はいくらかなど職域として挙げられている事項について早急に実態を調査すべきである。そして，われわれは具体的な職域拡大について具体的に提言を行うべきである。

３）司法の人的物的拡充と利用しやすい裁判所施設

> 住民の利便を確保する見地から安易な裁判所の統廃合には反対し，裁判所施設の新増設を提言すべきである。
> また，裁判所施設の新増設には，予めその構想を明らかにし，利用者や弁護士会の意見を十分に聴することが必要である。
> 裁判の調書の作成については，逐語録調書が確実に増加し，かつ正確性が担保される体制が整備されるよう，粘り強く働きかけていかなければならない。

(1) 裁判所の統廃合と住民の利便

市民に身近で利用しやすい裁判所施設が存在することは，市民が権利を実現し，市民と司法の距離を縮める上で極めて重要である。

近年適正配置の名の下に，地家裁支部の統廃合や簡裁統廃合の政策が進められ，各地の自治体などから反対の声が上がったことは記憶に新しい。このような統廃合により裁判所がなくなった地域の住民の司法へのアクセスにどのような影響が生じているか，検証を行う必要がある。また，統廃合の対象となった裁判所を受け入れて存続する裁判所が，人的にも物的にも充実し，より利用しやすい施設となっているかについても併せて十分に検証を行わなければならない。

さらに，地域住民への司法サービスの充実の観点に立って，弁護士会側から，裁判所の新設を含む新たな裁判所の適正配置策を提言していく必要がある。

(2) 少額事件手続と身近な裁判所

民事訴訟法改正で少額事件手続が創設されることになった。これを取り扱う裁判機関については，区・市役所など公共施設の一角の利用などをはじめ，従来の裁判所のイメージにとらわれない発想で身近な司法を実現することを検討すべきである。

(3) 利用者の声を反映した裁判所施設を

裁判所庁舎の新設・改築，庁舎・法廷の構造と施設のあり方および運用方法について，裁判所が地元弁護士会や市民の声を十分聞きながら司法改革の精神に沿った改善を進めなければならない。従来の例では，施設の基本設計が変更ができない状態に至ってから，はじめて弁護士会に対しその構想が明らかにされることが多かった[1]。

今後は，裁判所庁舎の新改築につき，基本設計が固まる前に弁護士会に構想を開示して協議を行うことなどがルール化されるよう強く求めていかなければならない。また，弁護

---

1) 新東京簡裁の建築や東京区検の新庁舎とのドッキング問題，新しい司法研修所の建築などについて，こうした問題が指摘されてきたところである。

士会も，裁判ウオッチングなどの活動と連携し，裁判所施設が市民の声を反映した利用しやすいものとなるよう，提言を行っていく必要がある。

(4) 速記官問題

① 要領調書の問題性と速記官不足の現状

速記官の不足のために実施されている書記官による要領調書に関しては，要約・簡略化のために生じる重要部分の脱落や主観的・不適切な要約などの問題点が指摘され，市民の期待に応える適正な裁判を実現していくために逐語録調書の飛躍的な拡大が求められてきた。日弁連は，長年，速記官の大幅な増員を求めてきたが，最高裁はこれを実現せず，速記官の総数は全国で900名を切り，那覇地裁の他全国182支部で速記官が未配置となっている。

② 最高裁による民間委託による録音反訳調書方式の導入方針の提示

最高裁は，1995（平成7）年4月，速記官の人材確保の困難，速記タイプの製造困難等を理由に現行速記官制度の維持がいずれ困難になる一方，裁判所の逐語録需要は今後増加していくとし，速記官による速記方式に代えて民間委託による録音反訳方式の導入を検討し，速記官の養成の要否を含めた速記官制度の見直しを図ることを表明した。最高裁が速記官制度の維持ができないとする理由はにわかに肯定し難く，また速記官の発案によるコンピュータと連動した「はやとくん」の出現により速記調書作成も飛躍的に効率化している。

最高裁は，1996（平成8）年6月から12月までの間，全国9地裁本庁，6支部において，録音反訳方式での実験を行い，民間委託による録音反訳方式は裁判上利用することが可能であることが実証的に確認されたとし，1997（平成9）年1月，民間委託による録音反訳方式の実施と1998（平成10）年4月以降の速記官の養成停止の方針を決定した。

③ 日弁連の対応・指針

日弁連は，最高裁の実験について，正確性および秘密保持の点において疑問を呈する一方，書記官による要領調書の多くを逐語訳に転換していくことが重要であるとの認識を示し，1997（平成9）年2月，「民間委託の録音反訳方式の導入と速記官養成停止等に関する意見書」[1]を取りまとめた。

---

1) 要旨は次のとおりである。
 (a) 日弁連は，逐語録調書の作成を飛躍的に拡大するとともに，現行速記制度を維持しつつ，すべての裁判所，支部において，必要な逐語録調書の作成が可能な体制を早急に整えることが重要であると考える。
 (b) 民間委託による録音反訳方式の導入については，速記による供述録取を補充する措置と位置付け，録音反訳調書の正確性，必要な秘密保持，全体としての逐語録調書の確実な増加の確保および裁判所の費用による調書作成の保障などを条件として，前向きに対応すべきである。
 (c) 日弁連は，最高裁事務総局が明らかにした1998（平成10）年4月以降の速記官の養成を停止するとの方針案に反対する。

④　今後の取り組みについて

　最高裁は，日弁連からの申入れに対し，❶秘密保持について，委託先の厳選，守秘義務，録音テープの返還，フロッピーデータの消去等を盛り込んだ契約書を締結し，とくに秘密性の高い事件については，庁舎内反訳等の特段の配慮を検討する，❷逐語録調書の全国的な総量を現在の速記官立会時間総量の5割増しにすることを目標とし，これに向けて順次容量の拡大を図っていく，❸今後とも録音反訳の費用を当事者に負わせることはしない，❹より良い逐語録作成態勢を整備していくため日弁連との意見交換の機会をもつ，などを文書で回答している。

　日弁連，弁護士会は，今後とも反訳調書の正確性の確保を含め継続的に検証作業を行い，粘り強く日弁連の上記方針の実現を図っていく必要がある。

4　市民の司法と弁護士へのアクセス拡充

1）法律扶助制度の抜本的改革

> 　すべての市民に裁判を受ける権利を実質的に保障するためには，国の責任においてリーガル・エイドの充実を図ることが不可欠である。わが国においては，国選弁護制度や法律扶助協会の活動にその一端を見出すことができるが，公的制度としては極めて不充分である。
>
> 　わが国において，初の民事法律扶助法が2000（平成12）年度通常国会で成立し，同年10月1日から施行された。初年度国庫補助金予算は約21億7500万円と従前より着実な増加を見せた。しかしながら，われわれは民事についても給付制の導入，行政手続への扶助など対象事件の拡充，中間所得層にも対象を拡大して事業・予算規模を充実させ，更に，刑事事件・少年事件その他の補助金対象外事件等を包括的に手当のできる総合的扶助制度の実現に向けて積極的に取り組んでいかなければならない。

(1)　基本理念

　何人も裁判所において裁判を受ける権利を奪われないことは，法治国家の基本理念であり，絶対的原則である。そして，複雑・多様化した現代社会において，法の保障する権利を適切に行使し，裁判を受ける権利を実質的に保障するためには，権利実現に至るあらゆる過程において，法律専門家である弁護士の援助が得られる制度を構築することが必要不可欠である。

　しかしながら，わが国の現状は，経済的理由や社会的理由により弁護士の援助を受ける

ことができない市民が多数存在する。市民の裁判を受ける権利を確立して，国民のための司法を実現するには，何人も弁護士による充分な援助を受けることができる体制を整備する必要があるとともに，市民には，国に対し，憲法の理念に基づき，一定の要件の下に，法律援助を求めることのできる受給権があると考えられなければならない。

(2) わが国の現状

わが国における市民の裁判を受ける権利の実質的保障としての民事事件に対するリーガル・エイドは，1952（昭和27）年，日弁連が中心となって設立した財団法人法律扶助協会の事業として開始され，48年もの歴史を有している。

この間，法律扶助協会の活動分野は，狭義の訴訟，調停事件の扶助にとどまることなく，無料法律相談，少年保護事件付添扶助，刑事被疑者弁護援助，難民法律援助，精神障害者援助，中国残留孤児国籍取得支援，阪神・淡路大震災の震災援助事業などの広範な分野に及んでいる。

ところで，わが国の法律扶助は，民事扶助とその他の事業に大別できる。民事法律扶助には，裁判援助・裁判前援助・震災被災者法律援助（但し，震災援助は1999年度で打ち切り）があり，これらは国庫補助対象事業として実施されており，その事業費はおよそ23億1000万円である（1999年度実績）。法律扶助事業は，民事扶助の他に多くの国庫補助金対象外事業があるが，これらの事業規模は年々拡大している。こうした事業の財源としては，日弁連・弁護士会の補助金，弁護士寄付，篤志家寄付，贖罪寄付，自治体寄付，日本財団寄付等があり，これらの総計はおよそ14億9000万円に上る（1999年度実績）。

しかし，わが国の法律扶助事業は，こうした関係者の努力にもかかわらず，諸外国の同様な制度に比して著しく立ち遅れている。

欧米諸国では，1970年代に画期的な法律扶助改革がなされ，基本法の制定により大規模なリーガル・エイドが実施されている。とくに，イギリスでは，年間で，法的助言153万件，民事扶助36万件，刑事扶助48万件，当番弁護士99万件のリーガル・エイドが実施されており，その支出金の総計は約2743億円に上り，国庫の負担金は約2070億円となっている（1996年度）。

これに対して，日本では，1999（平成11）年度の実績で，無料法律相談等が4万1734件，民事法律扶助が13258件（裁判援助は12744件，裁判前援助は514件）などであり，法律扶助事業費は，30億3289万円，管理費が6億2699万円にとどまり，総支出額は43億6775万円である。このうち，国庫補助金は，わずか6億1016万円に過ぎず，欧米諸国に比較し，その規模は極端に低いものがある（各国の扶助制度の比較一覧は，1998（平成10）年3月23日付法律扶助制度研究会報告書の比較表参照）。なお，2000（平成12）年度の国庫補助金

は，民事法律扶助法の成立を受けて約21億7500万円となっており，この中には，これまで補助対象とならなかった管理運営費分（名目上は事務費補助金）として約3億円が含まれている。また，法務省は，2001（平成13）年度約26億2500万円の概算要求を行っている。

(3) 弁護士会・法友会の立法化に向けた取組み

これまで弁護士会は1952（昭和27）年に財団法人法律扶助協会を設立し，民間事業として法律扶助事業を約半紀にわたり実施してきた。国は1958（昭和33）年度以降裁判援助に対する補助金交付を開始し，1993（平成5）年から裁判前援助（法律相談，示談・交渉など）に対し補助金を交付しているが，いずれも極めて不充分であり，管理運営費への補助もなされていなかった。

かように法律扶助が貧弱な原因は，制度そのものの欠陥（償還制，中間所得層が対象外，弁護士費用の低額など）もさることながら，法律扶助事業に対する国の責務を明確にする根拠法がないため貧弱な事業資金しか準備できないことにあった。そこで，弁護士会は，法律扶助の抜本的改革を実現するため根拠法の制定に向けて全力を挙げるべく立法運動を開始した。

以下は，立法化実現までの日弁連・法友会の主な取り組みを概観する。

記

① 法律扶助の立法化推進決議（1987年　日弁連定時総会）
② 法律扶助制度の抜本的改革に関する組織体制等検討委員会の設置（1992年　日弁連）
③ 法律扶助制度の抜本的改革に関する決議（1993年5月28日　日弁連定時総会）
④ 日弁連・法律扶助制度改革推進本部設置（1993年7月12日）
⑤ 法友会・法律扶助の抜本的改革についての決議（1993年7月17日　総会）
⑥ 法友会・政策委員会内に法律援助制度改革問題検討チーム設置（1994年7月2日）
～①日本及び諸外国の法律扶助の実体の調査と研究，②法律扶助法（モデル案）の策定，③研究会のバックアップを活動目標として精力的な活動を開始
⑦ 法務省・日弁連・扶助協会の基本的了解事項（1994年10月17日）～法律扶助制度研究会の研究目的から刑事を除外し，刑事被疑者弁護については，当番弁護士制度協議会で論議することとなった
⑧ 法務省主催・法律扶助制度研究会（以下，「研究会」という。）発足（1994年11月7日）
⑨ 法友会・わが国におけるあるべき法律扶助法案を策定（1996年10月）
⑩ 日弁連・法律援助法要綱案発表（1996年10月15日）

第1部　司法と弁護士の改革

⑪　研究会において古川構想発表（1997年5月）〜運営主体を認可法人とする
⑫　研究会・最終報告書を法務大臣に提出（1998年3月23日）
⑬　法務省・日弁連にて法律扶助制度改革準備会を発足させる（1998年4月）〜報告書を受けて，法案，省令，業務規定の大枠について検討開始
⑭　自由民主党司法制度調査特別調査会，「21世紀の司法の確かな指針」を発表（1998年6月16日）〜司法制度全般の改革を提言し，諸外国に比べて著しく立ち後れている法律扶助制度の充実・強化として法制化と思い切った予算措置を提言
⑮　司法制度改革審議会設置法案国会成立（1999年5月）〜法案付帯決議の中で法律扶助法制定を含む制度の充実など政府に格段の配慮を求める
⑯　政府の司法制度改革審議会が活動開始（1999年7月27日）
⑰　自由民主党司法制度調査会の中に「国民の争訟解決を支援する小委員会（通称，杉浦小委員会）」設置（1999年11月17日）〜民事・刑事を含む総合的法律扶助制度の検討開始
⑱　司法制度改革審議会，「民事に関する法律扶助について」と題する会長談話（1999年11月24日）〜民事法律扶助法の早期制定を政府に要請
⑲　政府，民事扶助法案を通常国会に提出（2000年2月）
⑳　自由民主党杉浦小委員会「総合的法律扶助制度のグランドデザイン」を発表（2000年3月31日）〜民事・刑事を包括し，認可法人を運営主体とする総合的法律扶助制度構築に向けた抜本的改革を提言
㉑　民事法律扶助法（平成12年法律第55号）成立（2000年4月28日）
㉒　同　　法施行（2000年10月1日）

(4) 民事法律扶助法の成果

民事法律扶助法は，研究会報告書を前提とする立法化であったが，同法の施行による成果を具体的に列挙すると下記のとおりである。

記

① これまでの財団法人法律扶助協会による民間の一事業から，法律扶助事業の運営体制の整備及び全国的に均質な遂行のため必要な措置を講ずるなど公的事業として国の責務が法に明記された

② 日弁連及び弁護士会が法律扶助事業実施に関し，会員である弁護士による協力体制の充実を図るなど扶助事業の適正な運営確保及び健全な発展のために必要な支援をする責務や弁護士の扶助事業実施のために必要な協力をする責務が法に明記された

③　民事法律扶助法によりこれまでの扶助予算が予算補助から法に根拠をもつ法律予算となった
④　財団法人法律扶助協会が，民事法律扶助事業について指定法人として業務を行うこととなった
⑤　根拠が与えられたことにより，2000（平成12）年度から事業費で約3.5倍，総予算で21億7500万と着実な前進を見せた（もっとも扶助先進国との国際比較では貧弱である。なお，2001（平成13）年度の概算要求は，約26億2500万円）
⑥　これまで補助対象外であった管理運営費について事務費補助金として予算化された（当初半年間で約3億円）
⑦　国民の司法アクセスを飛躍的に前進させるものとして法律相談登録弁護士が全国に配置されることとなった（平成12年9月末現在全国約5,000名）
⑧　これまで法務大臣の個別承認を要した生活保護受給者の償還免除が原則的に指定法人限りで可能となり，また生活保護受給者及びこれに準ずる者に対する進行中償還が廃止された。

(5) 今後の課題

民事法律扶助の法制化に伴い今後の課題は，民事扶助の拡充と刑事・少年事件への公的弁護制度の早期実現である。具体的に列挙すると下記のとおりである。

記

①　民事法律扶助に関して，（イ）事業費の拡大・管理運営費の充実，（ロ）適正な弁護士報酬の設定，（ハ）原則給付制の実現，（ニ）扶助対象者の拡大を図ること
②　法律扶助制度充実の基礎として，公設事務所の設置・拡充などの弁護士偏在問題の解消に引き続き努力すること
③　刑事被疑者弁護援助・少年保護事件付添援助など法律扶助協会の自主事業について，公的弁護制度が早期に実現されること
④　刑事・少年事件について扶助形式となる場合でも運営主体は法律扶助協会とすること
⑤　公的弁護に関する運営主体の手続，審査及び監督等において，弁護人・付添人の職務の独立性・自主性を確保すること
⑥　刑事・少年事件の公的弁護制度実現までの間，国庫補助金による財政支援がなされること

以上の課題について，日弁連は，2000（平成12）年7月14日同趣旨の理事会決議を行っている。

司法制度改革審議会において現在問題となっているのは，公費による被疑者弁護制度の導入方式（国選弁護制度，法律扶助制度，公設弁護人事務所制度など）であり，またそれに伴い運営主体をどうするかという点である。

　刑事・少年事件に関する公的弁護においては，公権力の行使に対して被疑者・被告人の権利・利益を擁護し，国家刑罰権の行使をチェックするという本質からすれば，弁護人・付添人の職務の独立性・自主性を確保することに特段の配慮が必要である。この観点からすると運営主体は人事権が主務大臣に存在し，業務方法書も主務官庁が作成する認可法人より，主務大臣の認可にかかるとはいえ人事及び業務規程も自主性の幅が大きい指定法人の方が望ましい。

　運営主体の問題は，公的弁護制度導入にあたっては大きな課題となることが予想される。我々は，民事法律扶助への公的資金導入にあたり当初認可法人構想で法務省・最高裁・日弁連・扶助協会の四者が一致していたにも拘わらず，自主事業の存続について意見が対立し，混乱の末，指定法人を運営主体とすることで決着したという経験に鑑み，予めの調査・研究と会内論議を怠ってはならない。

　また，弁護活動の水準の確保については，弁護士自治に委ねられた問題として弁護士会が責任をもって行うべきことであり，運営主体，ましてや国が策定すべきものではない。その意味で，現在議論されている「刑事弁護ガイドライン」（仮称）については，規定方式，効力についても慎重に検討すべきではあるが，弁護士会は一定の弁護活動の準則を作成する必要がある。

(6)　司法制度改革審議会の状況

　2000（平成12）年9月26日開催の第32回審議会においては，公的費用による被疑者弁護制度について制度導入の意義・必要性を改めて確認したうえ，導入のための具体的制度の在り方について下記のとおり注目すべきとりまとめを行っている。

記

① 　被疑者段階と被告人段階とを通じ一貫した弁護体制を整備すること
② 　運営主体やその組織構成，運営主体に対する監督などの検討に当たっては，公的資金を投入するにふさわしいものとするとともに，個々の弁護活動の自主性・独立性が損なわれないようにすること
③ 　弁護士会は，弁護活動の質の確保について重大な責務を負うことを自覚し，主体的にその態勢を整備すること
④ 　全国的に充実した弁護活動を提供し得るような態勢を整備すること
⑤ 　障害者や少年など特に助力を必要とする者に対し格別の配慮を払うべきこと

2）国費による被疑者弁護制度の創設といわゆる刑事弁護ガイドライン問題

> 　国費による被疑者弁護制度は，現行刑事訴訟法制定の過程において，既に実現すべき課題として捉えられていたにもかかわらず，50年もの間放置され，現在に至っている。これを実現することは，われわれ法曹に課せられた責務である。
> 　制度実現を目前にして，特別会費徴収期間の延長と増額により当番弁護士等緊急財政基金の充実をはかるとともに，刑事弁護の質を確保するための仕組みを作り，刑事弁護の独立性・自主性を保障する具体的な仕組みを作るという弁護士自治をめぐる2つの問題を，10年にわたる当番弁護士制度実践の成果をかけて，何としても克服していかなければならない。

(1) 戦後司法改革と被疑者国選弁護制度

　被疑者国選弁護制度は，現行刑訴法の制定過程での「改正要綱」において，既に実現すべき課題として捉えられており，その後の立法化作業の中でも，第3次案まで維持されたが[1]，第4次案の段階で削除され，現行法に至った。この削除の理由は必ずしも明らかにはなっていないが，弁護人を弁護士に限定した場合には，弁護士数の面から被疑者国選に対応し得なかったことも1つの要因であったことは容易に推察される。

　すなわち，被疑者国選弁護制度など国費による被疑者弁護制度とは，既に50年前にその必要性が法曹共通の認識になっていたにもかかわらず，弁護士数の不足などの事情から導入が見送られた制度なのであって，これを実現することは，われわれ法曹に課せられた責務である。

　そして，当番弁護士制度とは，この50年にわたる放置をわれわれ弁護士にも一半の責任あるものと捉え，国費による被疑者弁護制度の実現を明確に視野に入れ，自主的財源をもって，先駆的に，部分的ではあるが，実現したものである。

(2) 当番弁護士制度の到達点と課題

　当番弁護士制度は，全弁護士の半数近くにあたる当番弁護士[2]によって担われている。かつて，「刑事弁護離れ」が指摘されたが，当番弁護士制度は，多くの弁護士に，捜査弁

---

1) 1946（昭和21）年10月23日，臨時法制調査会が可決した刑事訴訟法改正要綱は，「勾留中の被疑者であって，貧困その他の理由により弁護人を選任することのできないもののためには，官選弁護人を附するものとすること」と定め，裁判所は，申請により，弁護士の中より官選弁護人を選任するが，「被疑者のためには，前項の規定（弁護士の中から選任する旨の規定）によることが困難な場合に限り，司法官試補及び裁判所書記の中からも弁護人を選任することができるものとすること」と定めていた。
2) 7780名（2000（平成12）年5月1日現在）で全弁護士の44％にあたる。

護の領域での活動を促し，われわれは，捜査弁護の確かな手応えを自らのものとしてきた。この手応えこそが弁護士・弁護士会にとってのかけがえのない財産であり，国費による被疑者弁護制度が実現すると確信する根拠でもある。

　未実施地域をかかえていた旭川，釧路の二会は，1998（平成10）年に全地域実施を実現し，当番弁護士制度は名実ともに全国の全地域において確立された。また，いわゆる「委員会派遣制度」については，39単位会で実施されるにいたっている。出動件数は，順調に増加し，2000（平成12）年には，当面の到達目標とされていた逮捕件数の30％を超えることが確実である[3]。また，受任件数も着実に増加してはいるものの，受任率（出動件数に対する受任件数の割合）は，1992（平成4）年の47.73％から順次低下している[4]。出動件数の増加に伴い，依頼意思の希薄な申し込みも増えたという要素もあろうが，負担を軽減するための弁護士側の受任手控え，いわば「隠れた受任拒否」という要素も拭いきれない。特別会費徴収期間の3年間延長と月額2200円への増額によって「当番弁護士等緊急財政基金」の充実が図られ，被疑者弁護援助制度の利用件数も着実に増加している[5]。

　このような現状にある当番弁護士制度を被疑者国選制度へ橋渡ししていくには，次の諸課題に取組み，当番弁護士制度を一層整備・発展させていく必要がある。

　①　受付件数のさらなる拡大を図るとともに，受任件数につき当面の到達目標を受付件数の3割に設定するなど，量的な拡大

　②　大都市近県を含めた地域間協力の具体化

　③　当番弁護士報酬の原則的定額化や当番日における出動の負担を軽減するための工夫，被疑者弁護援助制度告知の徹底をはかるとともにその裏付けとしての扶助財源の充実を図るなど受任率向上のための方策の実施

　④　委員会派遣制度の全国実施

　⑤　日本型公設弁護人事務所構想などの具体化とその実現

　⑥　人質司法といわれる現状に対する対応など当番弁護士の弁護活動の充実・強化

(3) **国費による被疑者弁護制度に関する議論の状況**

　①　被疑者国選弁護制度試案の策定

日弁連は，約3年にわたる議論を経て，1997（平成9）年に，「被疑者国選弁護制度試案」をとりまとめ，対応能力の問題を自主的に克服することを宣言し，被疑者国選弁護制

---

[3] 1999（平成11）年の出動件数は3万271件であり，1999（平成11）年の逮捕者数（11万4092件）の26.53％，勾留請求件数（10万5394件）の28.72％にあたる。名古屋及び宮崎県の約48％をはじめとして既に逮捕者数の30％を超えている単位会が17会ある。
[4] 1999（平成11）年の受任件数は6493件であり，受任率は22.6％である。
[5] 1999（平成11）年における援助制度利用件数は3564件で，受任件数の54.9％を占める。

度の実現は，日弁連の政策となった。

「試案」は，主として早期の実現可能性の観点から「国選」を選択するとともに，「公選」論による批判を踏まえ，現行の被告人国選弁護制度における国選弁護報酬などの改革案をも同時に提唱している。

また，国選弁護人選任請求権を有する被疑者の範囲について，「試案」は，憲法の保障の観点から，「身体拘束されたすべての被疑者」に保障することを最終目標（2010〔平成22〕年実施）として設定しつつ，現実的な弁護士会側の対応能力との関係から，2000（平成12）年以降，これを段階的に実施していくことを提案している。

さらに，当番弁護士制度については，上記の最終目標に至る過程において存続すべきことは当然として，これが実現した後においても，資力はありながら弁護士を知らない被疑者に弁護人を紹介するなど私選弁護制度の補完制度として，あるいは国費による被疑者弁護制度の補完制度として，位置付けられ，存続すべきものとされている。

日弁連が「試案」を公式に提起したことの意義は大きいといわなければならない。

② 「刑事被疑者弁護に関する意見交換会」の開催

かような機運を受けて，1998（平成10）年8月から，日弁連・法務省・最高裁の法曹三者による「刑事被疑者弁護に関する意見交換会」が開催されるに至った。

意見交換会では，従来，国費による被疑者弁護制度を法制化する上での諸問題について意見交換がなされてきたが[6]，1999（平成11）年10月12日の第12回において，法務省は，「これまで被疑者段階の公的弁護制度を巡って種々の議論がなされてきたが，この間の当番弁護士制度の運用の実情等を踏まえ，公的被疑者弁護制度に関する現実的な検討が必要な段階に来ているものと考える」と述べ，また，最高裁も「現行の当番弁護士制度等を発展させた被害者弁護の公的援助制度についても，前向きの議論を深めていくことに意義を認めることができる」とし，国費による被疑者弁護制度の必要性については法曹三者で大筋の合意が得られる状況となった。

しかし，その後の意見交換において，法務省は，制度導入にあたっての論点として，❶迅速な裁判の実現，❷弁護活動の在り方，❸弁護士偏在の解消の3点を指摘し，とりわけ❷については，制度運営主体による弁護活動にかかわる準則の策定・運用が認められるべきことを主張した。これに対し，日弁連は，いかなる制度構想をとる場合であっても，弁護活動の水準と適正の確保につき基本的責務を負うのは弁護士会であり，弁護活動の自主性・独立性が損なわれるようなことがあってはならないことを主張した。

---

6) 当番弁護士制度の到達点，被疑者弁護の役割と活動内容，弁護活動の内容やあり方，諸外国の法制度などについての意見交換がなされてきた。

第1部　司法と弁護士の改革

こうして，国費による被疑者弁護制度の必要性については意見の一致をみたものの，弁護活動の自主性・独立性の保障をめぐって意見が大きく対立するに至り，議論は司法制度改革協議会の場に移された。

③　司法制度改革審議会での議論

　司法制度改革審議会は，1999（平成11）年12月の「論点整理」において，刑事司法の公正さの確保という点から，「弁護人の援助を受ける権利を実効的に担保する」ことの格別の重要性を指摘した上で，「被疑者については，弁護士会の当番弁護士制度や法律扶助協会の任意の扶助事業によってその空白を埋めるべく努力されてきたが，そのような形での対処には自ずと限界がある」とし，「少年事件をも視野に入れつつ，被疑者・被告人に対する公的弁護制度の整備とその条件につき幅広く検討することが必要である」と述べ，国費による被疑者弁護制度導入の方向を打ち出した。

　ところが，同審議会の水原委員は，2000（平成12）年4月25日のレポートにおいて，先に指摘した法務省の主張に沿う形で，「弁護活動が期待される水準に達していなかったり，あるいは，その内容に行き過ぎがあって国民の正義感情に反するようなものであれば，これに税金を投入することについて国民の理解を得ることは容易でない」とし，「被疑者弁護制度に公的資金を導入するに当たっては，それに見合うだけの弁護活動の水準が確保されるとともに，弁護活動の適正さが確保されることが必要」と主張した。また，法務省は，2000（平成12）年7月25日のヒアリングにおいて，「運営主体において，公的刑事弁護に対し適用される適正刑事弁護のガイドラインを制定するとともに，その実効性確保のため，不適正な弁護活動の内容に応じた制裁措置を講じるものとすることが検討されるべきである」と述べた。

　他方，同審議会の高木委員は，2000（平成12）年7月11日のレポートにおいて，国費による被疑者弁護制度の「導入に当たっての具体的な制度内容をどうするかについては，いろいろな案が考えうるが，公的な制度であることや『国民感情』を理由に過度に弁護人の活動に規制を加えたり，介入したりすることは戒めなければならない。」と述べ，水原レポートを真っ向から批判した。また，日弁連は，先に述べたヒアリングにおいて，「国費による弁護制度の場合，被疑者・被告人に，弁護人の選択権がなく，また解任権も認められていない実情からすれば，弁護活動の水準を確保することが必要」であることを指摘した上，「弁護活動の水準確保は，個々の弁護士の努力とともに，組織としての弁護士会の責務である。刑事弁護の役割は，国家刑罰権発動の対象とされた者の防御にあることから，弁護活動の内容については『国家からの独立』が不可欠であり，その水準の確保についての組織的担保も，組織として自治が認められている弁護士会が担うべきである」と述べた。

かようなレポートやヒアリングを経て，2000（平成12）年8月4日に，国民の期待に応える刑事司法の在り方をめぐっての集中審議がなされたが，大方の意見は，公的弁護制度においても弁護活動の自主性・独立性が保障されるべきであり，弁護活動の質の確保は弁護士会が担うのが適当であるとの意見が大多数を占めた。

　こうして，同年11月20日の中間答申においては，公的費用による被疑者弁護制度導入のための具体的制度の在り方につき，次の5点を考え方の基本とすべきことが示された。

　①　被疑者段階と被告人段階とを通じ一貫した弁護体制を整備すること
　②　運営主体やその組織構成，運営主体に対する監督などの検討に当たっては，公的資金を投入するにふさわしいものとするとともに，個々の弁護活動の自主性・独立性が損なわれないようにすること
　③　弁護士会は，弁護活動の質の確保について重大な責務を負うことを自覚し，主体的にその態勢を整備すること
　④　全国的に充実した弁護活動を提供し得るような態勢を整備すること
　⑤　障害者や少年など特に助力を必要とする者に対し格別の配慮を払うべきこと

　こうして，運営主体による弁護活動の内容にかかわる準則の策定とその運用をめぐる日弁連と法務省の意見の対立に対しては，司法制度改革審議会によって基本的決着がつけられた。すなわち，弁護士会が自律的・自主的に弁護活動の質の確保についての責務を果す限り，国は金を出しても口は出さないとの枠組みが形作られたのである。

(4)　当番弁護士制度を支える財政の問題

　日弁連は，1995（平成7）年6月，特別会費[7]を財源とする当番弁護士等緊急財政基金を設立し，全国の弁護士会が当番弁護士制度を着実に運営していく上での財政的裏付け措置を採った。この基金は，当番弁護士出動件数の増加への対応を可能にし，丸8年に及ぶ全国の当番弁護士活動の実績を背景に，国費による被疑者弁護制度実現の課題は今日急速にその気運が高まっており，既にその実現を目前にしている状況にある。

　しかし，本基金の財源となる特別会費の徴収期間の期限が切れる2001（平成13）年5月までの間に，国費による被疑者弁護制度が実施される状況にまでは至っていない。その法制化に至るまでには，運営主体やその組織構成，運営主体に対する監督などの制度設計の課題，弁護活動の質の確保や全国的に充実した弁護活動を提供し得るような態勢の整備など弁護士会が主体的，自律的に担うべき課題に取組む必要があり，なお一定の期間を要すると見込まれる。

　7）　特別会費の徴収期間は，当初1998（平成10）年5月までの3年間であったが，3年間延長され，2001（平成13）年5月までとされている。また，その月額は，当初1500円であったが，その後2200円に増額されている。

このような費用は本来なら国が負担すべきものであり，特別会費にのみ依存すべきではないことは元よりであるが，現状ではこれに代わる実効的な財源を確保することは極めて困難であり，ここまで築きあげてきた当番弁護士制度を後退させることなく，当番弁護士制度を維持発展させ，国費による被疑者国選制度に橋渡ししていくには，特別会費徴収期間をさらに3年間延長するとともに，必要資金に見合う増額を行い，これによって当番弁護士制度等を支える当面の財政基盤を確保することが何としても必要である。

(5)　いわゆる刑事弁護ガイドライン問題

　日弁連刑事弁護センターは，2000（平成12）年6月10日，「被疑者・被告人が弁護人の援助を受ける権利を実効的に保障する」目的で，刑事弁護ガイドライン（仮称）を策定することを決議し，その内容につき，「国家権力による介入の口実を与えるものであってはならず，刑事弁護を発展させるものでなければならない」との大枠を示して，全単位会及び関連委員会での討議を求め，その集約を踏まえたより具体的な方針につき検討がなされている状況にある。

　この刑事弁護ガイドラインは，刑事弁護の質的向上のために，同センターが検討を進めてきたものであるが，国費による被疑者弁護制度の実現とも関わりをもつものであり，また，その性格によっては，われわれの弁護活動を規律するものともなるのであって，全会的な討議を経て，合意を形成することが是非とも必要である。

　本年は，当番弁護士制度の全国実施以来，10年目にあたる。全国の弁護士と弁護士会は，国費による被疑者弁護制度が存在しない現状を制度そのものの欠陥ととらえ，正に被疑者が弁護人の援助を受ける権利を実効的に保障するために，当番弁護士制度を創設し，その定着と発展に努め，当番弁護士の出動数が逮捕者数の3割に及び，さらに以前にも増して増加する勢いにあり，また，公判段階においても，国選弁護の割合は，7割を超えている実情にある。

　このように公的弁護制度とこれに発展すべき当番弁護士制度は，着実な量的拡大を遂げ，被疑者・被告人が弁護人の援助を受ける機会が飛躍的に拡大しているものの，他方で，「接見をしない」，「被告人は否認しているのに弁護人が罪状認否で公訴事実を認めた」などのいわば手抜き弁護の事例が少なからず存在することが指摘されている。かような弁護を放置したのでは，弁護人の援助を受ける機会は保障されはしたものの，無益であるどころか有害という結果になりかねない。

　われわれは，当番弁護士を創設したのと同様の視点，すなわち，被疑者・被告人が弁護人の援助を受ける権利を実効的に保障するとの視点に立って，刑事弁護の水準確保とその質の向上に取組む必要がある。とりわけ，被疑者・被告人に，弁護人の選択権がなく，ま

た解任権も認められていない公的弁護の実情からすれば，弁護士自治を与えられた弁護士会がそのための責務を果さなければならない。司法制度改革審議会は，その中間報告で「弁護士会は，弁護活動の質の確保について重大な責務を負うことを自覚し，主体的にその態勢を整備すること」を指摘したが，元より当然のことであり，この責務を果しえないのであれば弁護士自治そのものの意義が問われることにもなりかねない。

他方，刑事弁護は，被疑者・被告人の権利擁護のためには，時として国家権力との，あるいは国民の正義感情との対立を厭わないことをその基本的任務とするものであり，かかる任務を全うするために弁護士自治が保障されているのである。国費による被疑者弁護制度がどのような枠組みのものとなるにせよ，その活動の水準や適正の確保は，弁護士会が自律的に担うべきであり，刑事弁護人の職務の独立性・自主性がいささかなりとも損なわれることがあってはならない。

かような刑事弁護に対する介入を阻止するためにも，また，国費による被疑者弁護制度の実現を目前にして，被疑者弁護にあたる弁護人がいかなる活動をなすのかを国民に示していくためにも，弁護士会が自律的に，刑事弁護の水準と適正を確保するための指針を定める必要がある。

刑事弁護ガイドラインの問題を検討するにあたっては，以上述べた視座を議論の共通の前提として確認しつつ，司法制度改革審議会の中間報告に対する評価につき検討を深め認識を共有することを通じて，合意を形成していくべきである。

(6) 国費による被疑者弁護制度実現への展望

以上述べたように，国費による被疑者弁護制度実現にむけての展望が急速に拓けつつあるものの，刑事弁護の質を確保するため如何なる仕組みを作るのか，そして刑事弁護の独立性・自主性を保障する具体的な仕組みをどう作るのかという新たな問題に直面している。

この2つの問題は，それ自体が表裏の関係にあり，弁護士自治の真価が問われているのであって，10年にわたる当番弁護士制度実践の成果をかけて，何としても克服していかなければならない。

また，従来ともすれば，これらの議論は会内での議論に終始してきたが，市民とともに考えることが重要である。当番弁護士を支援し，国費による被疑者弁護制度の実現をめざして全国各地で活動する「当番弁護士を支援する市民の会」[8]と連携しながら，この問題を直接市民に問いかけ，共に考える中で，合意形成を図っていく必要がある。

---

8) 札幌，埼玉，東京，京都，大阪，岡山，広島，福岡，大分，北陸，奈良の11の地域で発足している。

３）公設事務所の設置

> 弁護士過疎・偏在問題は，法律事務を独占している弁護士・弁護士会の責務として，積極的対策を講じなければならない課題である。
>
> 日弁連は，2000（平成12）年１月から「ひまわり基金」を設置して，当面５年間にわたる財政的支援を行うことを決議しており，2001（平成13）年５月には０～１地域に法律相談センターの設置を認める予定である。しかしながら，弁護士過疎・偏在問題は，地域住民の法的ニーズに国としてどのように対処すべきかという問題であり，将来的には，公的資金が導入されなければならない。
>
> 弁護士事務所法人化との関連では，弁護士過疎・偏在対策にとって積極的意義を持つ複数事務所の設置を認めるべきである。

(1) 弁護士過疎・偏在の現状と原因

わが国の地方裁判所本庁及び支部は，全国に253ヵ所存在するが，その内，弁護士が管轄地域内に１人もいないかもしくは１人しかいないいわゆる０～１地域は，73ヶ所ある。

日弁連は，1996（平成８）年の名古屋宣言において，2001（平成13）年３月までに全国各地域での法律相談体制の確立を言明し，以来全国各地に法律相談センターの設置の活動を行ってきた。現在，253ヶ所の本庁・支部のうち，センター未開設は36ヶ所であるが，18ヶ所で設置を検討中であり，検討がなされていない０～１地域は18ヶ所となった。

この未開設地域についても早急に設置を要請し，2001（平成13）年５月までにすべての０～１地域にセンターの設置を予定している。

(2) 過疎・偏在対策の必要性

1964（昭和39）年に発表された臨時司法制度調査会意見書は，法曹一元制度を一つの望ましい制度としながらも，基盤となる諸条件は，いまだ整備されていないとして棚上げしたが，未整備の条件の一つとして指摘されたのが弁護士偏在問題であった。しかしながら，当時から比べると法曹人口は約2.5倍になったにもかかわらず，前述のとおり０～１地域は，いまだに全国に73ヶ所も存在する。このことは，弁護士の人口を増やすのみでは，過疎・偏在の問題の解決できないことを示す[1]。

もちろん，弁護士人口の増加傾向の中で，日弁連の司法改革宣言に伴う法律相談センターの全国展開，小規模単位会助成制度，弁護士過疎地域登録援助制度（弁護士Ｊターン制度）など，徐々にではあるが，０～１地域が解消していることも事実である。

---

[1] 最近の弁護士人口増との関係でみると，1989（平成元）年から，10年間で，弁護士数は，3059名増加したが，会員50名前後以下の小規模単位会（17会）の増加は僅か51名で圧倒的に大都市の弁護士が増加したにとどまる。

しかしながら，1999（平成11）年民事法律扶助法制定を見込んで，大幅増額した事業費の概算要求がなされ，国費による被疑者弁護制度について法務省がその意義を肯定するなど，全国誰でもどこでもこれら法的サービスの享受を可能とするには，早急に過疎・偏在問題の解決が急務である。1999（平成11）年7月から開始された司法制度改革審議会は，この問題を審議すべき論点として取り上げ，その方策として大幅な法曹人口の増加をあげている。

(3) 弁護士会の取組み

① 公設事務所設置検討ワーキンググループの設置

1999（平成11）年2月，日弁連は，公設事務所設置検討ワーキンググループ（W・G）を設置して，具体的施策の検討を開始した。

当初，このW・G設置は，日弁連創立50周年記念事業実行委員会からパイロット事業として公設事務所の設置が答申されたことに始まるが，その後中・長期的構想として公設事務所の設置についても検討することになった。現在，全国各地域で公設事務所の設置の可能性を各単位会の協力を得て打診しているが，その中で石見（島根県）は設置済みであり，対馬（長崎県）及び旭川弁護士会管轄地域内に設置が検討されている。

② 東弁からの司法改革支援金

公設事務所設置の検討が開始される中で，人材確保と並び設置に伴う財政問題が解決すべき最も大きな課題となっている。1999（平成11）年5月東京弁護士会は，将来全国各地に公設事務所が設置されることに伴う日弁連の財政支出の原資として，1億円を支出する旨決議を行ったが，この決議が過疎・偏在解消に向けて全国単位会や国民世論に与えた影響は少なくない。

③ 「日弁連ひまわり基金」の設置

弁護士過疎・偏在問題は，単に弁護士が偏在し，地域的な過疎が存在するという単純な問題ではなく，地域住民の法的ニーズに均等に対処すべき国として取り組むべき課題であり，将来的には公的資金の導入が図られるべき問題である。弁護士会としては，その目標実現に向けて強力に運動を展開していくべきであるが，それまでは，法律事務を独占している弁護士・弁護士会の責務として，自らの負担により活動を展開しなければならない。

かかる認識の下，1999（平成11）年12月，日弁連は，臨時総会を開催して，「日弁連ひまわり基金[2]」の設置を承認し，過疎対策に新たな取組みを開始した。

④ 基金により展開する事業

---

2) 基金は2000（平成12）年1月から5年間，会員1人当たり月額1000円（合計約10億9800万円），東京弁護士会からの支援金1億円及び日弁連創立50周年記念事業特別会計からの繰入金約3500万円を基本財源としている。

ひまわり基金により展開を予定する事業は，次の5つである。

ⓐ　法律相談センター事業

新たに開設する相談センターに対して，年間150万円を限度とする支援を行うと共に，これまで支援の無かった各単位会単独開設型についても年間100万円を限度として運営費を援助する。

ⓑ　テレビ電話相談設置費用援助

5年間で新たに設置する法律相談センターを含めた全法律相談センター，同拡充型公設事務所を対象とし，その内離島などの遠隔地であるために弁護士の常時派遣が困難であることからテレビ電話会議システムを導入しようとするところに対して，5年間で10ヶ所，1ヶ所50万円限度での設備費援助を行う。

ⓒ　法律相談センター拡充型公設事務所[3]

既に設置されている相談センターを機能強化して拡充型の公設事務所としたり，或いは今後当初より設置するセンターをそのような機能アップしたものとするためには，新規開設に準じた開設費と，運営経費の援助が必要とされる。各年2000万円の予算の範囲内でこのための援助を行い，運営費を追加援助して5年間で現在ある150ヶ所のセンターの内20ないし30ヶ所のセンターを拡充型公設事務所とする。

ⓓ　弁護士会組織整備型（箱型）公設事務所[4]

原則として過去に弁護士事務所が存在し，将来自立して弁護士定着が可能と思われるところに展開する。この形態の公設事務所についてはこの5年間でパイロット事業として開設する3ヶ所を含めて合計10ヶ所に設置する。

仮に箱型として開設された公設事務所については，定着可能性の有無を検証しつつ，場合によっては相談センター拡充型に変更することも視野に入れるものとしている。

ⓔ　定着支援

自立して定着が可能な過疎地域に弁護士が法律事務所を開設し，一定の公益的事件を義務として受任する場合に，資金貸付をはじめとする様々な形態で財政支援を行うものである。

公設事務所を承継して個人事務所を開設する場合，当初より弁護士不在の地域に個人事務所を開設する場合の双方を含むものとする。

3）　現在法律相談センターは少なくとも週1回以上法律相談を行うことを前提としているが，この回数を増加させ，さらに事件受任の体制をより強化し，当番弁護士，国選，扶助，破産管財業務など公益的事件を受任し得るようにして機能を箱型公設事務所に近づけた形態の公設事務所がある。

4）　法律相談センター拡充型公設事務所を機能アップし，日弁連・弁護士会が事務所施設を準備し，そこに常駐する弁護士を迎える形の事務所である。

その資金として5年間，各年2000万円の範囲で支援を実施する。

(4) 公設事務所構想の問題点

公設事務所については，前述のとおり
- 弁護士会組織整備型（箱型）公設事務所
- 法律相談センター拡充型公設事務所
- 定着資金支援型公設事務所

が想定されているが，弁護士法上次の問題点がある。

① 日弁連・弁護士会の目的（弁護士法31条，45条）との関係

法律事務の独占が認められている弁護士は，いつでもどこでも市民の法的ニーズに答える責務があるが，弁護士過疎地域において，市民が弁護士に相談し，依頼しうるための体制として公設事務所を整備することは，日弁連・弁護士会の責務である。したがって，個々の弁護士が公益的活動（法律扶助，法律相談，国選弁護，被疑者弁護等）を含めて，これまで法的サービスを十分に享受できなかった市民にこれを行うための場所を日弁連・弁護士会が賃借し，その活動支援を行うことは，会の目的に沿うものである。

② 弁護士法20条との関係

日弁連・弁護士会が公設事務所のための事務所を賃借することが，弁護士法20条に違反するかどうかという議論であるが，同法は，個々の弁護士が，法律事務所の開設を行うことを前提としており，公設事務所を賃借する当事者と法律事務所の設立主体とは，分けて考えられる。公設事務所の開設主体はあくまでそこで弁護士活動を行う弁護士であり，日弁連・弁護士会が公設事務所の開設主体となるものではない。従って，日弁連・弁護士会が，公設事務所のための場所を借りるための賃貸借契約の当事者となることは弁護士法第20条に違反するものではない。

③ 公設事務所と複数事務所の問題

これは，弁護士が公設事務所を設置するため，第二事務所を過疎地域に設置できるかという問題である。特に，現在日弁連と法務省との間で意見交換が進行している弁護士法人化問題の中で法人化になれば，当然複数化は承認されるべきという見解と，弁護士個人では認められていない複数化が，法人化すれば承認されるというのは，弁護士法20条の潜脱になるという見解がある。

弁護士法20条3項が複数事務所を禁止する趣旨は，ⓐ弁護士間の過当競争を防止し，弁護士の品位を保持すること，ⓑ非弁護士の温床となることを防止すること，ⓒ弁護士会の指導監督権を確保することとされている。

しかしながら，過疎地域にはⓐは妥当しないし，公設事務所を開設する弁護士が従たる

事務所（支所）の所在する弁護士会に入会のうえ，常駐して業務を担当し，当該弁護士会の指導・監督に服することになれば，ⓑⓒの立法趣旨にも違反しない。却って，そのような条件（当該弁護士会への入会，常駐）を充足する限度で，複数事務所を認めることは，弁護士過疎・偏在対策にとって積極的意義を有するものと言うべきである。

(5) 今後の課題

今後，日弁連は弁護士過疎問題にどのように主体的に関与し，全体像をどのように構築するのか明確にする必要がある。

また，東弁などの大規模単位会は自らの費用負担で過疎地に弁護士を派遣するか，過疎地にとどまらず，弁護士へのアクセス障害を除去するために，弁護士会は，都市型法律事務所を設置するかなどについて早急に結論をださなければならない。

4）権利保護保険

> 権利保護保険は，事件解決に必要な経済的側面を補填する制度の一つとして，重要かつ必要な制度である。しかし，現状は問題点も抱えており，この問題点を市民の利便性の観点から解決しながら，制度の発展を図るべきである。

(1) 権利保護保険の内容と必要性

権利保護保険とは，市民が法的な紛争に遭遇した場合に，それを解決するために必要な費用を保険金として支払うというものである。従って，この保険の利用者は，保険料を支払うことが必要であるが，現実に法的紛争に巻き込まれたときに必要となる費用と比べて低廉な保険料支払いでまかなえる点に長所がある。

現在の法体系の中で法的紛争を解決するために要する費用は，社会生活の中では多額な出費であることは事実であろうし，費用をかければ良い解決方法を見い出しやすいということも現実である。すなわち，市民の立場からは，解決のための費用をどのように用意するかが大きな問題となるのであり，この問題を解決する一つの方法として，権利保護保険の必要性が肯定される。

(2) 外国及び国内の状況

この保険を検討していた日弁連業務対策委員会内の検討グループで参考とした例としてドイツやアメリカ等の保険があるが，その国の紛争解決方法に合わせた保険制度とする必要がある。ドイツは，弁護士費用自体が法廷出廷一回いくら，書面作成でいくらというような弁護士報酬制度を前提としており，アメリカでは，共済制度に近い制度となっている。日本においては，日本の法体系，紛争解決方法に合わせた保険制度を考えなくてはならない。

日本国内においては，現在，株主代表訴訟向け保険，ＰＬ保険，そして自動車損害賠償保険の内容の一つとして，弁護士費用を保険金として支払う損害保険が存在している。しかし，これら特殊な分野における法的紛争以外については，弁護士費用を含めた紛争解決費用を支払うことのできる保険は存在せず，現状の法律扶助制度を考慮しても，わが国全体として社会の中間層における訴訟費用の負担の問題を抱えている状況と思われる。

(3) 日弁連の動き

　日弁連としては，以上の国内状況を考え，❶弁護士費用を含めた紛争解決費用を保険で支払える制度に対する社会的要請を満足させる必要があること，❷費用負担の問題が解消しても紛争解決ができるわけではなく，その費用負担の問題と具体的な事件を弁護士が受任する仕組みが関連しなくては妥当な紛争解決とはならないこと，を念頭に置き，損害保

---

1) 損害保険会社と協定した権利保護保険の内容
　　日弁連が協定をした権利保護保険の内容は，損害保険会社が契約する市民に法的紛争が惹起した場合に，報告を受けた保険会社は，当該市民が依頼すべき弁護士を捜すことができない等の場合に弁護士会に弁護士紹介の手続きをとり，弁護士会が担当弁護士を選任し，事件の担当を決め，その後，市民が弁護士に支払った法律相談料，弁護士費用を市民から保険会社に請求する，または，保険会社から直接弁護士に費用が支払われる，という制度である。

2) 損害保険会社と日弁連の協定，システム等の問題点
① 権利保護保険の内容はあくまで保険会社の商品開発の問題であり，全体として保険会社の開発姿勢に依拠しなくてはならない。このことは，解決費用としてどのような事件の費用に限定されるかは全て保険契約の内容の問題となることを意味し，その保険の内容が，市民にとって利便性のあるものとなるか否かは，保険会社間での自由競争原理での発展を望まざるを得ない。
② 日弁連と損保会社との協定書は，弁護士会が，保険会社及び保険契約者に対して「適正な弁護士」を紹介する努力義務を負っている。適正ではない弁護士の紹介である場合には，弁護士会に何らかの責任を負担しなくてはならないものかが問題となる。弁護士会の弁護士紹介は，あくまで単なる紹介であるべきであり，弁護士会が適正な弁護士を紹介する義務を負うことには問題がある。
　　ただ，被保険者が，この制度上弁護士会に期待することは，当該事件処理に「適正な」弁護士の紹介であることは間違いなく，この問題は制度そのものの存続にかかわる問題となることが予想される。この場合は，保険会社の方が今までの経験上適正な弁護士を捜すのに長けており，将来的には，保険会社が事実上弁護士の紹介を行うようになる可能性を秘めている。弁護士会として，義務を負うことは妥当ではないにしても，この適正な弁護士を確保する対策をいかにして確保できるかは重要な問題となるはずである。
③ 保険金として支払われる弁護士報酬の額の妥当性は，どこでの判断を拘束力あるものとするのかが不明である。将来的に保険会社の判断が報酬額の妥当性を左右しかねない。
④ 損害保険である以上，保険事故がなくては保険金が支払われない。従って，はじめの段階で，保険事故か否かを判断するのは，保険会社であり，その判断の妥当性を担保する手段がどのように採られるかが問題である。
⑤ 現在の弁護士会の法律相談，事件受任の場合の報酬は，ボランティアを前提とした報酬額となっている傾向があり，弁護士会が関与することによりその傾向が引き継がれるとすれば，ボランティアとする必要のない事件までも低額報酬で受任しなくてはならない不当なことが生じうる。
⑥ 保険商品の内容，販売方法，運営方法については，日弁連も協議に加わることが予定されているが，これがどれだけの実効性を有するのか，この協議内容は保険会社にとっての販売戦略上相当重要と思われ，本当の意味での協議ができるかは疑問である。
⑦ 保険で支払われる解決費用に，今後拡大されることが予想される裁判外紛争処理機関での費用がどの範囲で含まれるかも問題である。各弁護士会で，その機関の費用が異なっている点も問題とされるであろう。
⑧ 保険契約者は，自然人を予定しているのが現状であるが，中小企業等の法人こそこの保険の必要性が高いのではないだろうか。
⑨ 事件内容については，通常秘密性を保持することが依頼者から期待されているが，この制度上は，保険会社，日弁連及び単位会のセンターにおいて事件内容の確認，経過報告書の提出が義務づけられており，この点の秘密保持に関する配慮が少ないように思われる。

険会社との協議を約2年間続けてきた。

その結果として，1999（平成11）年11月に日弁連理事会のこの制度創設の承認を経て，2000（平成12）年7月に日弁連と損害保険会社との間で協定が締結[1]され，日弁連理事会の決議により弁護士会内のシステム構築を目指している段階にある。

(4) この制度の問題点と育成

一般的な法的紛争解決費用に関する保険制度はわが国で初めての制度であり，弁護士としても，紛争解決に必要な経済的側面を補填する重要な制度として将来的な発展を応援すべきであるが，制度の持つ問題点[2]も意識し十分に議論したうえで，この制度が市民にとって真に利便性のある制度となるよう育て上げていくべきである。

5）法律相談センターの拡充

> 市民の法的ニーズの増大と多様化に対応するため，東京での各会の法律相談事業の一本化，法律相談の専門化，夜間・休日相談の充実など法律相談センターの拡充に取り組むべきである。
>
> また，弁護士過疎地域における法的需要に対応するためにも，01地域での法律相談センターのさらなる設置に努めるべきである。

(1) 法律相談センターの重要性

近時，社会が複雑化，高度化，国際化するにつれて，市民の権利意識が高まり，その法的ニーズが増大し，かつ多様化している。法的援助を求める市民に対しては，まず，弁護士に法律相談をできるようにすることが必要である。しかし，悩める市民にとって弁護士は未だ身近な存在ではなく，どこに行けば知り合えるのか，果たして力になってもらえるのか，費用はどのくらいかかるのかなど，不安・困惑を抱くことが多い。

そこで，いつでも，どこでも，誰でも容易に，適切な法律相談が受けられ，また必要とあらばいつでも弁護士の斡旋を受けられるよう法律相談事業を充実させることが，弁護士会にとって重要な課題となる。

法律相談事業を充実させるには，弁護士会が会館の内外を問わず，法律相談の「場」すなわち「法律相談センター」を設け，そこで一般の法律相談ばかりでなく，専門分野についても相談に応じられる態勢を整備する必要がある。また，一般の相談の中でも，離婚・相続など市民からの相談件数の多い分野につき，口頭による助言にとどまらず，書式類を備え置き，書類の作成についても指導するなど，総合的かつより専門的な助言ができる態勢をつくるべきである。さらに，最も重要なこととして，市民に法律相談事業の内容，す

なわち弁護士会が用意する法的サービスのメニューと費用につき，わかりやすく広報することが必要である。

(2) 過疎地対策としての法律相談センター

日弁連は，1996（平成 8 ）年 5 月の定期総会で「弁護士過疎地域における法律相談体制の確立に関する宣言」を採択した。

弁護士の行う法律相談は，司法改革の観点からも重要であるところ，1993（平成 5 ）年11月に弁護士過疎地域の状況を示す「01マップ」が報告されたのを契機に，1995（平成 7 ）年 9 月，01地域対策のパイロット事業として，日弁連が主体となった初の常設相談所「石見法律相談センター」が開設され，その成果を踏まえて，5 年以内に弁護士過疎地域における常設法律相談所の開設運動を推進することを当面の最大の活動方針としたのである。これを受けて，日弁連委員会は，アクション・プログラムを策定し，地域弁護士会連合会（ブロック）および管内弁護士会の法律相談事業担当者との地域協議会を開催し，従来から進めている厚生省・郵政省・社会福祉協議会等の，ひろく市民の相談事業に関わる諸団体との連携の強化を図り，また，電話・テレビ・パソコン等の通信システム等を利用した法律相談の可能性について試験をするなど，具体的な実践活動を機動的に遂行する方針を確定した。

その結果，1999（平成11）年中には，高知県を除く地方裁判所本庁所在地すべてに法律相談センターが設置された。

また，2000（平成12）年 4 月現在，01地域に設置された法律相談センターは40ヶ所に上っている（この中には，週 1 回の開催には至っていないが，弁護士会が主体となって法律相談センターを開設したものも含まれる）。

01地域の法律相談センターの運営状況は各単位会や地域の実情により様々であり，とくに財政面で大きな問題を抱えているのも事実である。そのために，日弁連は，一定の基準を満たした法律相談センターに財政援助をしたり，場合によっては人的な援助を検討して少しでも総会宣言及びアクション・プログラムが実現するよう活動している。

日弁連では，交通手段も考慮して今後積極的に取り組む必要がある地域は，23程度と想定しているが，法律相談センターの設置が困難な地域が存在する。

われわれは，日弁連委員会の今後の動向に大いに注目し，弁護士過疎地域における法律相談センターの設置にむけて，人的にも財政的にも積極的に協力していくべきである。

(3) 東京での法律相談センターの現状と課題

① 会館内相談と会館外相談

東弁では，市民からの法律相談と弁護士の斡旋を行うための法律相談センターが設置さ

れ，会館の内外で法律相談を実施している。霞ヶ関の会館内相談においては，一般相談のほかに消費者問題，労働事件等につき，事案の特殊性・機動的対応等の要請から特別相談を実施し，また，民事介入暴力センター，子どもの人権救済センター，外国人人権救済センター等で法律相談・事件斡旋を行っている。集団的被害者救済が求められる案件については，関係委員会が中心となって一斉相談が実施されることもある。

新会館における法律相談事業については，東京三会と法律扶助協会東京都支部との総合受付が設けられ，東弁および二弁は事務局も合同し，Ａカウンターとして協同して法律相談を実施している。

多摩地区においては，多摩弁護士会館に「東京三会八王子支部法律相談センター」が開設され，盛況を博している。

また，会館外相談としては，クレサラ相談を専門に取扱う相談センターとして，1998（平成10）年9月に「四谷法律相談センター」を，1999（平成11）年9月に「神田法律相談センター」を，それぞれ開設したほか，新宿に夜間相談専門の「新宿法律相談センター」を設けた（これらはいずれも東京三会の共催である）。

さらに，弁護士の紹介を必要とする市民に対しては，弁護士斡旋制度，東弁の直受制度，顧問弁護士の紹介制度がその受け皿となっている。

②　相談活動の充実のために

新会館における法律相談は，旧会館に比べ市民が利用し易くなったこともあって，相談件数が大幅に増加し，2000（平成12）年度は相談件数がＡカウンターで1日50件に達するほど盛況であった。また，クレサラ相談については，四谷法律相談センターと神田法律相談センターで合計14,000件（月平均1,200件）を超える相談があり，市民のニーズが大きい。

そのため，相談担当者，相談場所，事務局体制等の点で早くも満杯状態になっており，今後市民の利用に支障が生じないよう体制作りに努力する必要がある。また，特別相談や専門相談をどう進展させるべきかについて議論を煮つめるとともに，会計処理も含めて各会とも協議のうえ，三会が共同歩調で法律相談事業を発展させていかなければならない。

具体的には，相談担当者の増員と研修制度を通じた相談担当者の質の向上を図るとともに，会館外の各ターミナル駅周辺に弁護士会が主宰する常設の法律相談センターを設置することや，勤務者等のための夜間休日相談の充実，予約制度の導入の検討等取り組むべき課題は多い。

③　自治体の法律相談等との連携

区役所等の相談室では，常時無料法律相談が行われており，地域に密着し市民が訪問しやすい相談の場として重要な役割を担っている。しかし，これら自治体が行う法律相談は

行政サービスとしての限界があり，直接受任が制度として禁止されているなど，紛争解決機能まで果たしえないことが指摘されている。

　市民と弁護士・弁護士会とのアクセスの窓口を拡げる観点から，自治体の行う法律相談についても，積極的かつ主体的に弁護士会が関与していくことの意義は大きい。しかし，東京都においては，中央区，葛飾区及び大田区以外，自治体の行う法律相談に弁護士会は関与できていない。

　東京三会は，長年にわたり中央区方式（弁護士会が相談担当者を派遣するシステム）が他の自治体でも実施されるよう区および地区法曹会と話し合ってきたが，1996（平成8）年から，葛飾弁護士倶楽部の協力を得て，東京三会が直接葛飾区の法律相談を担当することになった。また相談担当弁護士による直接受任制度についても，2000（平成12）年4月から葛飾区において導入された。これらの合意は，三会の立場からすれば中央区方式に比べやや後退した感は否めないが，地区法曹会がこれまで長年にわたり区民サービスに寄与してきた経緯を正当に評価したものであり，今後他区との協議においてモデルケースとなることが期待されている。

　また，区の法律相談担当職員と交流するために，東弁は，1993（平成5）年以降毎年1回10月の法の日週間に，区の施設を利用して一斉無料法律相談を行い，一定の成果を上げてきており，最近では年に1度三会と区の法律相談担当職員との懇談会が友好的に持たれ，自治体法律相談の実態等につき意義のある意見交換がなされている。

　三会は，葛飾区に続き，他の自治体においても弁護士会が関与して法律相談及び担当者による直受制度が実施できるよう今後も努力を続ける必要があり，少なくとも2003（平成15）年までには，5区程度の自治体の法律相談を弁護士会が担えるよう働きかけていくべきである。

6）情報提供としての弁護士業務広告

> 　2000（平成12）年10月1日に施行された弁護士業務広告規程の解釈・運用の指針づくりに十分注意を払い，広告自由化による長所をそこなうことのない弊害防止策を検討すべきである。また，インターネットを媒体とする場合の運用指針作りについても努力すべきである。

(1)　広告自由化に至る経緯

　日弁連では，1955（昭和30）年の弁護士倫理[1]及び1969（昭和44）年の理事会決議[2]において，弁護士の広告を原則禁止とし，一定の場合にのみ例外として認めるという規制を

していた。この扱いについては，利用者としての市民への情報開示という視点が欠落しているとの批判があり，日弁連は1987（昭和62）年3月14日の総会において，新たに弁護士の業務広告規程[3]を制定した。しかし，この規程も規制色が強く，市民の弁護士へのアクセスに関し障害になるとの批判を免れなかった。

このように，広告規制に対しては従来から批判がなされていたが，その反面，広告が弊害防止の観点から一定の制約を受けることも当然であり，広告自由化の要請と弊害防止の要請をどのように調整するかが議論されてきた。

その結果，2000（平成12）年3月24日の日弁連総会において，新たに広告を原則自由とする「弁護士の業務広告に関する規程」「外国特別会員の業務広告に関する規程」が制定され，同年10月1日から施行されている。

(2) 新広告規程の概要

新規程は，広告が原則自由であることを前提として，禁止される広告の基準[4]，広告の際にしてはいけないこと[5]及び広告の際にしなければいけないこと[6]等について定めている。また，新規程の解釈が分かれることも予想されたため，日弁連会長が，解釈及び運用について理事会の承認を得て指針[7]を定めることができることとされた。

したがって，現実の運用においては，この指針での解釈が問題となるものと思われ，こ

---

1) 弁護士倫理8条は，「弁護士は，学位又は専門のほか自己の前歴その他宣伝にわたる事項を名刺，看板に記載してはならない」としていた。しかし，この解釈として，広告禁止なのか，例示された一部のみの禁止なのかについての議論が生じることになった。
2) 弁護士倫理の解釈に争いがあったため，日弁連において，理事会決議として，日弁連としての解釈を決議した。内容は，広告は原則禁止とし，弁護士会会長の許可のある場合，業界内の儀礼的広告にあたる場合を例外とした。
3) 広告は原則禁止とし，7種類の広告媒体（名刺等，看板，挨拶状，事務所報，同窓会等の会報・名簿，電話帳，新聞雑誌等の定期刊行物）に特定の広告事項（氏名・住所，自宅の電話，事務所の名称・所在地，所属弁護士会，弁護士登録年，生年月日・性別・出身地，学位，他の資格，取扱業務，執務時間，報酬規定に定める法律相談料，外国法事務弁護士との特定共同事業）のみを広告することを例外として認めた。
4) 禁止される広告の基準と表示できない広告事項を定めている。
　(1) 禁止される広告の基準は次のとおりである。
　　①事実に合致していない広告，②誤導又は誤認のおそれのある広告，③誇大又は過度な期待を抱かせる広告，④特定の弁護士若しくは外国法事務弁護士又は法律事務所若しくは外国法事務弁護士事務所と比較した広告，⑤法令又は本会若しくは所属弁護士会の会則及び会規に違反する広告，⑥弁護士の品位又は信用をそこなうおそれのある広告
　(2) 表示できない広告事項は次のとおりである。ただし，例外はある。
　　①訴訟の勝訴率，②顧問先又は依頼者，③受任中の事件，④過去に取扱又は関与した事件
5) 広告の際にしてはいけないこと，とは次のとおりである。ただし，例外はある。
　①訪問又は電話による広告，②特定の事件の当事者及び利害関係者で面識のない者に対する郵便等の方法による勧誘，③広告対象者に対する社会的儀礼の範囲を超えた有価物等の供与，④弁護士以外の者に弁護士の業務広告と評価される広告
6) 広告の際にしなければならないこと，とは次のとおりである。
　①広告中に弁護士の氏名及び所属弁護士会を表示すること，②面識のない者に対し直接配布する広告物については封筒の外側又は広告物の表に広告であることを表示すること
　なお，広告物に関する記録（日時，場所，送付先等）は3年間の保存義務がある。
7) 「弁護士及び外国特別会員の業務広告に関する運用指針」が，2000（平成12）年5月8日の理事会の承認により，定められている。

の指針をどのような内容に定めるか，その内容をどのように時代に合わせて変更していくかが今後最大の問題となると予想される。当会としても，今後この問題に十分注意を払っていく必要がある。

(3) 今後の課題

広告が原則自由となった現在，自由化された広告による弊害[8]をどのように除去すべきかが問題となるが，広告の自由化による長所が失われることのないよう慎重な検討が必要である。

また，今回の新規程中の弊害除去に関する規定は，主として従来の広告媒体を念頭においているため，新しい媒体であるインターネットを利用した広告についてもそのまま適用できるかという問題もある。

したがって，今後は，広告事例等の積み重ねの中で，広告調査委員会において広告自由化による長所をなくすことのない弊害防止策を検討していくとともに，インターネットを媒体とする場合の運用指針作りについても努力すべきである。

7）市民に身近な弁護士会

> 市民にとって身近で，利用しやすく，納得できる司法を実現するためには司法と市民との架橋の役割をもつ弁護士が，「開かれた弁護士会」を目指して市民との接点を拡大する必要がある。
>
> 司法改革の推進は，市民とともに取り組むことが必要不可欠であり，そのためには，市民モニター制度，講師派遣，市民窓口，24時間ファックス情報サービスを充実・発展させるとともに，インターネットのホームページによる広報活動を推進し，あらゆる機会を通じて市民の弁護士・弁護士会に対するアクセスを容易にして司法に関する正確な情報を提供し，弁護士会の諸活動に対する市民の理解を得ていかなければならない。また，市民とともに司法改革を推進するためには，市民ネットワークの構築が必要である。

(1) 市民モニター制度

東弁は，1991（平成3）年9月より市民モニター制度を発足させた。この制度の目的は，

---

8) 広告自由化の弊害として現在一番問題視されているのは，債務整理等に関する事件屋との提携問題である。いわゆる提携弁護士として懲戒又は刑事罰を受ける会員が増加傾向にある状況において，広告の自由化をすると，実質的には事件屋が広告を出すことも考えられ，その広告により被害を受ける消費者が増加する可能性があることが問題なのである。これを調査する機関としての広告調査委員会が東弁においても発足しているが，一委員会の能力は限られているのであり，全ての会員が，自戒するとともに，監視的な目で注意を払う必要がある。

市民にモニターを委嘱し，弁護士会の活動や司法問題に関する意見や感想を求め，弁護士会の活動に市民の声を反映させるとともに，弁護士・弁護士会に対する市民の理解を求めるものである。

モニターの任期は1年で，毎年30名が，性別，職業，年齢等のバランスを取りながら選任され，任期中，刑事・民事の各裁判の傍聴，東弁理事者との懇談会，法律事務所見学，常議員会見学，法律扶助協会見学等，弁護士の活動の一端を見聞してもらうとともに，年2回程度，会の方で設定したテーマについてレポートを提出してもらっている。

モニターの弁護士に対する印象はさまざまであるが，弁護士に対する物理的（どこで誰に依頼したらよいか），経済的（報酬額が分からない，高い），心理的（弁護士は近づきにくい）なアクセス障害のどれかを多くのモニターが感じている。なお，幸いモニターになることにより少なくともこの心理的なアクセス障害については解消されているようである。

弁護士会の活動に市民の声を反映させるというモニター制度の持つ意義は大きなものがあり，東弁の活動としても定着してきた。しかしながら，未だ東弁全体としてはモニター制度を十分に活用しているとは言い難く，モニターレポートで指摘された諸事項を会活動に反映させる方法を具体的に探るとともに，市民のニーズに応じたモニター制度の運用も検討する必要がある。

(2) 講師派遣

複雑・多様化した現代社会において，市民が司法を身近な存在として受け入れ，各種の法情報に対し関心を持ってもらうためには，弁護士・弁護士会が市民や各種団体に対し積極的に法情報を提供していくことが必要である。

東弁では，広報委員会を中心に，公立学校や公的団体ばかりでなく，私的な非営利団体（ＰＴＡ，自治会など）や，私的な営利団体（企業など）に，希望するテーマで講座開催の要請があった場合に，「出前法律講座」との名称で講師派遣を積極的に行っている。

また，学生や生徒に対する司法教育の観点から，弁護士が自ら学校に出かけ模擬裁判などを行う「学校へ行こう」という企画も，もともと法友全期会でスタートしたものであるが，今や，弁護士会の企画としてすっかり定着した。

これらの活動は，司法や弁護士・弁護士会を身近な利用しやすい存在として受け入れてもらうために必要不可欠なものであり，拡充・強化を図るべきである。

(3) 市民窓口の設置

市民窓口は，市民の弁護士に対する苦情，意見，要望を弁護士が汲み上げ，これに適正に対処するための制度である。弁護士会が法律相談に限らず，広く市民に対する窓口を持つことは，市民に信頼される弁護士会を築く上で重要であり，第15回日弁連シンポ（1994

〔平成6〕年9月）で問題提起されてから，各地の弁護士会においてこの制度の実施に向けた取組みがなされている。東弁においても，苦情窓口を1994（平成6）年1月から試行的に設置し，その後，制度規約等の整備を図り1996（平成8）年4月からは40名の担当弁護士により，市民窓口として正式な活動を開始している。

2000（平成12）年4月から「市民窓口委員会」も発足し，市民窓口担当者が処理した電話相談案件の集計調査をもとに，今後弁護士会が市民から寄せられる様々な苦情・要望にどのように対応すべきかが検討されている。

市民窓口の現時点での活動内容は，市民から寄せられる苦情に対し，役員経験者等が対応して，紛議・懲戒問題となるべき事案かどうかの選別・説得等を行う対応が中心であるが，将来的には，市民と弁護士会をつなぐ総合的な窓口として，幅広い活動が期待される。

(4) ホームページ開設と弁護士情報提供制度

市民が法律問題を弁護士に相談するためのアクセス手段としては，法律相談センターが存在する。

しかし，1995（平成7）年に東弁の「司法の改革を考える市民会議」が主催したシンポジウム「弁護士はどこに」においても，①市民にとって必要な弁護士がどこにいるのか，②弁護士をどのように探したらいいのか，③問題の分野を専門的に取り扱う弁護士が分からない，ということが主要なテーマとして議論されていた。

こうした問題を解決するため，弁護士会では，ファックス情報出力サービス（「ちょっと弁護士さん」）や，新たにインターネットのホームページによる，いわゆるニューメディアを利用した新しい広報手段を相次いで採用してきた。各地の弁護士会でも次々とホームページを開設しているが，ホームページによる広報はインターネット人口の急増と相まって今後とも拡充していく必要がある。

他方で，ホームページによる弁護士会の広報にとどまらず，個別の弁護士の情報が欲しいとの市民のニーズに応える形で，2000（平成12）年10月1日から「弁護士情報提供制度」が開始された。この制度は，弁護士会が，ファックス情報出力サービスとインターネットにより，会員の情報を広報する制度である。

市民は，インターネット等で弁護士会のホームページにアクセスのうえ，例えば「千代田区に事務所があり，離婚事件を取り扱っている，男性の弁護士」という条件を入力して検索すれば，これに該当する弁護士一覧が表示される，というような利用が可能となる予定である。

このように，弁護士情報提供制度は，市民のアクセス障害を解消するために弁護士会が行う広報手段の切り札となることが期待されている。この制度は，弁護士の広告とは異な

るが，提供される内容は弁護士個人の情報である点で，両者の関係は極めて密接する。理想的な運用形態は，市民が自己の相談したい弁護士を選択する際に，まず，情報提供制度である程度の情報を得て，その後各弁護士の個別広告（ホームページ等）を見て，自己と相性が良さそうな弁護士を探すという順序を経て，市民が弁護士にアクセスするという方法である。このようなシステムが円滑に運用できれば，弁護士と市民との距離が近くなり，弁護士・弁護士会に対するアクセス障害もかなり解消されることが期待できる。

　他方で，情報提供制度はいくつかの問題点を孕んだままのスタートとなっており，以下の点は，今後早急に再検討されるべきである。❶情報提供制度は，基本的に弁護士各自の登録申出事項を掲載することとされており，登録希望のない弁護士については，氏名と事務所の名称及び所在地しか掲載されない。このため，登録希望が少ないと制度自体の存亡に関わる。❷情報提供制度登録のためには，弁護士各自が1億円以上の弁護士賠償責任保険に加入する必要があるため，高額の賠償保険に加入してでも登録させるだけのインセンティブが必要である。❸「取扱分野」の表記は弁護士の自己申告によるため，必ずしもそれらが得意分野，専門分野であるとは限らず，誇大・虚偽表示となる可能性を否定できない。

　弁護士のアクセス障害を解消する責任は弁護士会にあるのだから，弁護士会が主導的に弁護士情報提供制度を運営するとともに、この制度を今後とも育てていくためには，弁護士各自の協力が不可欠である。弁護士会による啓蒙・普及活動がなされなければならない。

(5)　市民ネットワークの構築にむけて

　東弁は，1992（平成4）年11月，司法の現状や問題点について市民とともに議論し、あるべき司法に向けて市民とともに司法改革に取り組むことを目的として，「司法の改革に関する市民会議」を発足させた。この市民会議には，新聞公募による1,100名余の応募者の中から選ばれた130名余の市民が参加し，東弁内の「司法改革推進協議会」のバックアップの下で，司法に関する諸問題について活発に取り組んだ。

　とくに，「弁護士はどこに」，「もっと知りたい裁判のこと」をテーマにした2度の市民シンポの開催，「リーガルネットワーク」の発行，「継続的法廷傍聴」の取組み，裁判所施設の調査，日弁連司法シンポへの積極的な参加と意見発表，4部会を中心とした様々な司法問題へのアプローチなど，注目を集めた活動があった。

　その後，1998（平成10）年11月の日弁連理事会で承認された「司法改革ビジョン」について理解を得ることや，設置が確実となった司法制度改革審議会に対して市民各層の司法改革への要望を集約して反映していくことを目的として，東弁の司法改革推進センターは1999（平成11）年2月に，消費者団体，労働団体，経営者団体，公害環境問題団体などさ

第1　司法制度の改革

まざまな団体のメンバーや旧市民会議のメンバーの参加を得て,「東京各界懇談会」を発足させた。

　この組織の発足にあたって,緩やかなつながりをもったネットワークとし,市民にとって使いやすい司法を実現すべく,立場を越えて今後も継続して活動してゆくことが確認された。

　東京各界懇談会のその後の継続的な活動は,1999（平成11）年11月20日の市民シンポジウム「今,なぜ,司法改革なの？」の開催に結実し,これからも「市民の司法」,「市民のための司法」の実現のための運動に意義あるエネルギーを注入してくれるものと期待される。

　東弁の司法改革推進センターでは,大学の若手研究者との司法改革に関する懇談会も断続的に開催しているが,今後も東京各界懇談会を中心に,市民と弁護士会の意義ある連帯を一層推進していくべきである。

第2　弁護士業務の改革

◇弁護士業務の質量両面での充実と改革に，取り組む。
◇市民の権利保障の観点から，法律事務の独占にふさわしい高度の専門知識と倫理規範の涵養に努めるとともに，市民の利用の視点から隣接諸業種との協力関係を確立整備する。
◇弁護士の活動領域が，市民生活，企業活動，国際活動，立法，行政等のあらゆる分野に及ぶよう弁護士会として積極的な施策を講じ，営業制限のあり方などを検討する。
◇倫理研修や公益活動の強化，非弁提携の根絶，綱紀懲戒制度の適正運営，弁護士預り金（カルパ）制度の導入検討など弁護士不祥事の防止に全力をあげる。
◇法律事務所法人化構想の実現を図る。
◇弁護士業務妨害には弁護士会をあげてその根絶に取り組む。
◇社会のニーズにいかに応えていくべきかを基礎におきつつ，わが国の弁護士全体の問題として，国際社会におけるわが国の弁護士制度のあり方につき，中長期的な観点から検討を深める。

1　法的ニーズの拡大に対する対応

1）弁護士業務改革の今日的意義

　弁護士業務の改革は，司法改革の中心的課題の一つである。何よりも，憲法に保障された「裁判を受ける権利」が，実質的に保障されるためには，その前段階で，「何人も等しくいつでもどこでも法律専門家に相談できる体制」が整備される必要がある。弁護士人口の増加，弁護士へのアクセス障害の解消，弁護士業務の質の向上，法律事務所の体制整備などを通じて，全国津々浦々でより広い分野での法的サービスの提供を可能とする施策をとるべきである。
　また，市民生活，諸団体の運営，企業活動，立法・行政事務等の分野にも弁護士の活動領域を拡げていくべきである。

(1) 司法改革の推進と業務改革の意義

　司法には，人権保障と最終的な紛争解決の役割があり，弁護士は基本的人権の擁護と社会正義の実現を使命としている。そこで，弁護士は，人権擁護の活動にとどまらず，「社会正義の実現」のために訴訟前の紛争解決機能，紛争予防機能，民主的規範からの逸脱に対する抑制機能，行政等に対する監査，監督機能等を生かし，国民の期待に応えていかなければならない。

　日弁連は，1998（平成10）年に「司法改革ビジョン」を発表し，市民に身近な，開かれた，利用しやすい司法を目指すことを明らかにしたが，その中で「弁護士の自己改革」についても宣言した。それは，市民をはじめ利用者の側に視座をおいた業務改革をなすとの決意をもあわせ表明したものである。

　弁護士業務の改革は，第一に弁護士の活動を，全国津々浦々に，そしてより広い分野に拡げ，社会のあらゆる領域から不正と不公平を駆逐し，「公正なルール」に基づく社会へと転換させ，弁護士の使命＝社会正義の実現をはかることである。そのためには，アクセス障害の解消，より積極的なアクセスポイントの創出が必要である。❶法律相談センターの充実，❷公設事務所の創設，❸隣接業種との提携の促進と法27条の検討，❹広告規制の緩和，❺権利保護保険とリーガルアクセスセンターの創設等は，いずれもこの課題と関連しその目的の実現を目指すものである。これらの課題に対する日弁連の取り組みの詳細はそれぞれのテーマで詳述するとして，この一年間の大きな前進は，❶2000（平成12）年3月24日の日弁連総会決議による同年10月1日からの弁護士広告の解禁，❷日弁連と保険会社の合意による平成12年10月1日からの権利保護保険制度の開始と，リーガルアクセスセンターの開設（略称ＬＡＣ）である。

　第二に，多様なニーズに応え得る質の高い弁護士を輩出する必要がある。❶各種研修制度の充実，❷法務研究財団の活動，❸非弁提携弁護士の取締りなどは，この課題である。

　第三に，業務の根拠となる法律事務所の人的物的体制を整備することである。市民にとって利用しやすく良質な法的サービスの提供を可能とするため，法律事務所の設置，法律業務のあり方に対する弁護士法上の規制の根拠を，原点に還って今一度検討することが必要である。❶法律事務所の法人化，❷隣接業種との共同事務所，❸事務所の複数化容認の検討は，いずれもこの問題である。

(2) 弁護士の活動の様々な分野への拡大

　日弁連が容認した将来の弁護士人口の増加にあわせ，法律相談，裁判業務，人権擁護の活動など，弁護士の基本的業務の充実拡大を引続き追求する。のみならず，あらゆる場面で，弁護士は市民の暮らしの良きアドバイザー（社会生活上の医師）として活動分野を飛

躍的に増大させる必要がある。

　さらに諸団体の運営への積極的関与，中小零細企業に対する法的援助の諸方策が必要である。大企業の監査や，企業内弁護士としての適正な業務執行・法令の遵守の確保，立法事務や行政事務，準司法手続への弁護士の一層の参加・関与が求められている。これらの活動には，弁護士の専門的知識技能と共に，その倫理性，公平・公正さ，独立性などが期待されており，弁護士の規制のあり方の再検討と，新たな活動に対応した倫理・行動規範の確立が必要であり，以下の活動や検討が求められている。

　① 市民の暮らしと弁護士

　価値観の多様化と権利意識の変化は広範な市民生活の分野での弁護士の関与を求めている。

　住環境における権利関係の複雑化と権利意識の向上にともなう区分所有法や借地借家法，近隣問題等に関する相談，消費者の立場からの食品の安全性や，霊感商法など不当な商法による被害の相談，消費者破産，また，子ども，離婚，相続等についての相談，高齢化社会の財産管理の問題など市民個人の法律相談の需要は急増している。開業医（ホームドクター）と同様ホームロイヤーと呼ばれる人を全国津々浦々に配すことを目標としなければならない。

　② 市民の公益活動や団体活動と弁護士

　市民が，様々な目的により団体を組織し，公益的な活動を行うことは有意義である。法人格を与えられたＮＰＯ，ＮＧＯ等の活動においても，公益性を有し公正な弁護士の関与が期待されている。

　また，各種業界団体や，公的な財団などにも外部監査委員が存することの意義が見直されよう。不当な天下りや，不明瞭な予算支出をチェックできる能力のある弁護士を，積極的にこれらの団体へ関与させるための活動を行うべきである。

　③ 中小零細企業の法務・コンサルタント業務

　中小零細企業においては，自己の力で顧問弁護士をもつことが困難な場合が多い。零細企業にとって，弁護士への依頼の困難さは，一般の市民と同様である。したがって，中小零細企業が弁護士に相談できるようなアクセス手段を保障することが重要である。中小零細企業の団体が，弁護士グループと提携し，弁護士を斡旋することは有意義である。各種紹介制度については，法27条の規制があるが，その適用範囲を明確にする工夫が必要であろう。また，弁護士会としても，中小零細企業へのリーガルサービスを公的に提供する制度を検討する必要があろう。

④　大企業の法務と監査

近年多発した不祥事から明らかなように，大企業においては，法律に依拠した運営が軽視されてきた。公認会計士の監査や監査役制度も実質的に機能しておらず，企業監査制度の根本的改革が必要である。同時に，チェック能力のある弁護士の育成と，その監査役への登用の道が開かれねばならない。

また，規制緩和により，企業の方針決定において，今後は法的観点からの検討が大きな比重を占めてくる。企業の一部でコンプライアンス（法的統制）ということが盛んに議論され始めたことは，経済社会における法化現象と見ることができる。

弁護士会においても，後述のように，営業許可基準の緩和や，企業内弁護士の倫理規定の整備とともに，弁護士が企業内で働きやすい環境を整備するための諸制度（専門職制度の整備や事務所との契約による派遣制度など）の検討が必要である。

⑤　立法事務，行政事務等への積極的関与

立法機関，行政機関の事務についても積極的に関与すべきである。弁護士の専門知識と，培われてきた公平性・独立性等は，まさに現在，公的機関においても求められている。

行政機関については弁護士の関与は少ない。しかし今後は，弁護士の資格と登録を維持しながら内部において活動する道を積極的に模索するべきである。また，労働委員会等の委員に就任している例は相当数存在するが，より一層の関与をはかるべきである。法30条の兼職禁止規定の検討はそのためにも必要である。

２）弁護士の法律事務の独占

> 司法制度改革審議会では，信頼性の高い能力担保制度を講ずることを前提に，隣接法律専門職種に，一定の範囲の法律事務の取扱いを認める方向で議論が進行している。こうした動向を踏まえて，日弁連は理事会において，「弁護士法72条問題に関する基本指針」を採択し，この問題についての基本的な対応方針を確定した。同基本指針では，司法書士に対し簡裁の通常民事訴訟につき業として補佐人を務めることを容認する等，隣接法律専門職種に一定の要件のもとに一定の範囲で法律事務を取り扱うことを認めることとしているが，今後は，同基本指針に沿って会内意見を集約したうえ，同審議会の理解を求めて積極的に働きかけていく必要がある。
>
> サービサー法の成立に伴い，弁護士は債権回収過程の適正確保のため積極的に関わっていかなければならない。

(1) 司法制度改革審議会における議論の状況

司法制度改革審議会（以下「審議会」という）は、弁護士制度改革の一環として法律事務独占の見直し問題を取り上げており、2000（平成12）年7月7日、隣接法律専門職種の関係団体（日本司法書士会連合会、弁理士会、日本税理士会連合会、日本行政書士会連合会、全国社会保険労務士会連合会）からのヒヤリングを実施した。また、同年8月7日から9日までの3日間の集中審議2日目に「弁護士のあり方」について審議し、その中で北村敬子委員（中央大学商学部長）が「隣接法律専門職種の関わりについて」と題するレポートを行った（以下「北村レポート」という）。そして、同月29日、日弁連の久保井会長が「弁護士のあり方」についてプレゼンテーションを行い、その中で、日弁連は、司法書士に対し簡裁の通常民事訴訟につき業として補佐人を務めることを容認する等、後記のとおり、隣接法律専門職種に一定の範囲で法律事務を取り扱うことを容認する方針を有していることを明らかにした。審議会は同年11月中に中間報告をまとめ、隣接法律専門職種に能力の担保を前提に一定の範囲で法律事務の取扱を認める方向で議論が進行している。

(2) 日弁連の対応

日弁連のこれまでの基本的なスタンスは、❶弁護士による法律事務の独占は国民の利益に資するものであり、今後も基本的に維持されるべきである、❷弁護士過疎、専門化の未発達等、弁護士がその責務を充分に果たしていないとの指摘に対しては、弁護士人口の大幅な増加、専門性の強化、法律相談センター・公設法律事務所の設置等、弁護士会が公約している諸施策を推進、発展させ、あるいは隣接法律専門職種との協力、協働の体制を構築することで解決していく、というもので、隣接法律専門職種による法律事務への関与については消極的な立場を採っていた。しかし、前記久保井会長による「弁護士のあり方」についてと題するプレゼンテーションでは、上記の基本的なスタンスは維持しつつも、従来の立場を一部変更し、弁護士の増員等によって国民の需要に応える態勢ができるまでの過渡的措置として、司法書士に対し簡裁の通常民事訴訟につき業として補佐人を務めることを容認する等、隣接法律専門職種に一定の要件のもとに一定の範囲で法律事務を取り扱うことを認める方針を有していることを明らかにした。

上記方針は、「弁護士法72条問題に関する基本指針」（以下「基本指針」という）として、2000（平成12）年7月13日、日弁連理事会に付議され、同理事会は、数回にわたる討議を重ねたうえ、同年9月13日、これを承認した。これにより、この問題は日弁連内部においては一応の決着をみたことになる。

(3) 検討の視点

弁護士会における議論の到達点として、以下の事項を指摘することができるであろう

（基本指針に同旨の内容が盛り込まれている）。そして，これらの点は審議会における議論においても大方の理解を得ているものと思われる（北村レポートにも同旨の内容が記載されている）。

① 弁護士による法律事務独占は，国民の権利擁護に不可欠であり，基本的に維持されるべきである。

② 弁護士による法律事務の独占を維持するからには，弁護士は国民各層の法的ニーズに対し良質のサービスを満遍なく提供する責務を果たすべく，弁護士制度の改革に積極的に取り組む必要がある。

③ その一方で，国民の司法へのアクセスを容易にするとの観点から隣接法律専門職種による法律事務への関与が有用であるか否かを検討する必要がある。

④ その場合，活用を期待される隣接法律専門職種の業務内容や業務の実情，業務の専門性，人口や地域の配置状況等の実態を把握し，その活用が可能であるか否かを検討する必要がある。

⑤ また，その際には，国民が安心して彼らに依頼することができるように，それぞれが提供する法的サービスが良質のものとなるよう制度的担保を確保することができるか否かも検討する必要がある。

(4) 司法書士への部分開放の是非

基本指針は，簡易裁判所の通常民事訴訟につき業として補佐人を務めること及び補佐人を務め得る範囲の事案に関する法律相談をなす権限を容認する（但し，裁判外の示談代理権の付与は，補佐人を務め得る範囲の事案についても相当でない）としている。

補佐人となる権限を認めた理由について，基本指針は，「簡易裁判所の審理の充実・促進につながると共に，司法書士が簡易裁判所の本人訴訟につき書類の作成をなすとか法廷に出頭し傍聴席から裁判官と次回準備内容の打ち合わせをなしたりしてこれを援助していることがみられる現状にも合致する措置である。また，現状における弁護士の地域的過疎や少額事案に対する弁護士の事実的過疎に対しても有用・有効な方策であるといえる。」としている。

また，法律相談権限につき上記の範囲に限定した理由について，基本指針は，「複雑な判断を要する事案や困難であっても法的に可能な手段を最大限に駆使することによって救済の途が開かれ得るような事案につき，必ずしも迅速・適切な法的判断が下されない可能性があるからである。」としている。

因みに，北村レポートでは，簡裁における民事訴訟，調停・和解の代理権を，一定の要件を満たす司法書士（試験や研修を行うことにより充分な能力を保有した者）に認めても

よいのではないか，また，訴訟に関与し得る範囲の事案につき，法律相談，示談・契約代理を認めてもよいのではないか，としている。

　昨年度の政策要綱では，司法書士は，制度上，他人の事件に介在することを予定しておらず，他人の事件に関与することを認めることは制度的にミスマッチであると言わざるを得ない，それ故，代理権を認める等，他人の事件に関与することとなる権限を付与すべきか否かについては現在のところ，消極に傾かざるを得ないとし，他方，法律相談業務については，直ちに他人の事件に介在することにはならないことに加え，弁護士へのアクセス障害が現存している事実や司法書士が市民に身近な法律家としての役割を果たしている現状に鑑み，開放する方向で検討されてしかるべきものと思われるとしたが，審議会での議論の状況や会内意見の状況（一般的法律相談権限を認めることに異論が多い）を踏まえると，基本方針は現実的かつ穏当な対応と言ってよいであろう。

(5) 弁理士への部分開放の是非

　2000（平成12）年4月18日，弁理士法が改正され，その一部を除き，2001（平成13）年1月6日から施行されることになっている。改正法は特許権等の工業所有権に関する出願等の手続の代理を中心とする弁理士の業務範囲を以下のように拡大した。

① 　工業所有権等に関するライセンス契約等の仲介・代理，コンサルティング業務
② 　海賊版等不正商品の輸入について，税関への輸入差止申立代理
③ 　工業所有権仲裁センター等の専門的仲裁機関における工業所有権に関する事件の仲裁手続きの代理
④ 　仲裁手続きに付随して行われる和解手続きの代理

　改正前の弁理士法でも，審決取消訴訟の代理を行うことができ，また，裁判所の許可がなくても特許等の侵害訴訟の補佐人となることができた。

　基本指針は，特許等に関わる訴訟について，弁護士とともに共同訴訟代理人を務めること及びこの範囲の事案に関する法律相談をなす権限を，また，裁判外における示談交渉については，上記範囲の事案につき弁護士と共同代理をなす権限を認めた（単独での代理は認めない。）。因みに，北村レポートも同意見である。

　弁理士は，制度上，出願等行政手続きの一部を担う職能であり，紛争の解決といった司法的役割を担うには，試験制度，倫理，自治等国民の利益を守る制度的担保が充分とは言えず，単独の代理権を認めることは妥当ではないが，知的財産権の分野において，弁護士が充分に対応できていない実情があり，利用者のために利便性の向上を図る必要があることを考えると，基本指針が認めた範囲でこれを許容することは支持し得ると考える（昨年度政策要綱では代理権につき消極説を採ったが，変更すべきである）。

(6) 税理士への部分開放の是非

　税理士は，他人の求めに応じ，税務代理，税務書類の作成，税務相談，会計業務を行うことを業としている（税理士法2条）。

　基本指針は，税務訴訟について，「訴訟が提起された税務に関する処分につき，裁判所の許可を得ずに訴訟代理人と共に裁判所に出頭して陳述する権利をいう」とする限りの出廷陳述権限を容認した。弁護士が代理人としてついているときは認めるが，本人訴訟のときは認めないとする趣旨である。因みに，北村レポートも同意見である。

　弁護士における税務知識，会計知識が十分でないことを考慮すると，上記限度で税理士に訴訟に関与する権限を認めることは妥当であると考える（昨年度政策要綱では消極説を採ったが，変更すべきである）。なお，基本指針は，本人訴訟の場合，税理士が訴訟を実質的に単独で担うような結果を招来することは国民の権利擁護に重大な損害を及ぼしかねないとして出廷陳述権を否定しているが，妥当である。

(7) 権限付与の要件等

　基本指針は，隣接法律専門職種に上記のような権限を付与するには，❶それぞれの士業法の改正によってこれを行うものとすること，❷現時において当該士業にある者全てにこれを認めるのではなく，各士業毎に当該その取扱権限を認めるにふさわしいか否かにつき，公正な第三者機関による資格内試験を実施し，これに合格した者に一定の研修を課し，試験・研修を修了した者のみに認めることを条件とする，としている。法的サービスの質を確保するには必要な条件である。

(8) サービサー問題

① サービサー法の成立，施行

　民間サービサー制度の創設を内容とする債権管理回収業に関する特別措置法（以下「法」という）が1998（平成10）年10月12日に成立し，1999（平成11）年2月1日同法施行令および施行規則とともに施行された。

　このうち，法2条2項は，サービサーが行う債権回収業の定義として「弁護士以外の者が委託を受けて法律事件に関する特定金銭債権の管理及び回収を行う営業または他人から譲り受けて訴訟，調停，和解その他の手段によって管理及び回収を行う営業をいう」としているので，弁護士法72条，73条の禁止がこの法律の適用領域では例外的に容認されることとなった。

② 弁護士法72条，73条の趣旨の徹底

　債権回収という行為の性質上，適切な規則がなければ，一般的には債務者にとって過酷な取立て等が行われる懸念がある。そこで法は，サービサーの営業を法務大臣の許可にか

からせるほか，暴力団員等の参入排除等の措置や，弁護士の関与によるサービサーの業務の適正化の措置に加えて，行為規制に関する詳細な規定が設けられた（法17条，18条等）。これに違反したサービサーに対しては，違反の内容に応じて刑事罰あるいは許可取消等の行政処分を科すものとされている。

加えて，この法律では，サービサーの業務の委託および債権譲渡の制限に関する以下のような規定も設けられており（法第19条参照），過酷な取立て等が行われないような十全の配慮がなされているところである。

ⓐ　債権の管理または回収を他のサービサーおよび弁護士以外の者に委託することの禁止

ⓑ　暴力団員等への債権譲渡の禁止

法が規定している営業許可の要件，取扱業務の制限，行為規制等は，すべてわが国における債権回収の現場の実情と弁護士法の立法趣旨をふまえ，サービサー業に暴力団等反社会的勢力が参入したり，違法，不当な取立行為が横行したりしないように慎重な仕組みを用意したものと理解すべきである。

③　今後の課題

サービサー業は，法によって例外的に容認されたものであるので，法による許可を得ないで，譲渡または委託を受けて他人の債権の回収を業として行った者が弁護士法違反になることはもちろんである。従来民法上の組合を結成して，他人の債権取立を業として行うなど，弁護士法違反すれすれの行為を行う者もみられた。これらの行為は弁護士法に違反する可能性が高く，依然として未解決の課題である。法による許可を得る道があるにもかかわらず，こうした弁護士法72条，73条違反の可能性の高い事案に対しては，弁護士会として厳しい対応で臨むことが必要である。

３）弁護士の兼職・業務等の制限

> 弁護士の公職との兼職禁止及び営利業務等の各禁止規定は，弁護士の職務の独立性を保護法益とするものであるが，弁護士に対する多様な社会のニーズに対応するため，見直しをすべきである。将来的には，公職兼職，営業業務等の現在の許可制を届け出制に改正し，弁護士の独立性保護の規定を明文化すべきである。

現代社会が多様化，国際化していく中で，法が果たす役割が広がってきている。特に，商業活動，消費者活動等は，経済活動が，国際化していく中で，国際的な標準が問題とならざるを得ず，消費者の保護も単に国内に止まっていたのでは不十分になりつつある。国

内においても，経済活動が多様化し，市民の価値観も多様化していく中で，最低限の遵守事項としての法の要請を無視しては，経済活動，市民生活さえ不安定とならざるを得ない状況が多くなってきている。このような社会に対応して，企業，市民からの法的サービスの需要は確実に高まってきている。このような社会の変化に基づく需要に弁護士も応えていかなければならないというのが，現代の弁護士に課せられた使命である。このような観点から，現在の弁護士の活動に課せられている制限の正当性について改めて検討しなければならない状況が生まれている。

(1) これまでの弁護士法30条の解釈と運用

弁護士法30条の構造が，1項と2項で弁護士が公権力側で報酬を得て常時勤務することを禁じ，3項で営利を目的とする事業について関与することを原則として禁止し，許可がある場合にその禁止を解除するという内容になっている。このような弁護士業務の規制が何を保護法益としているかについては解釈上議論がある。ただ，同様の規定は，旧旧弁護士法[1]，旧弁護士法[2] にもあり，現在の弁護士法はこれらの規定をそのまま受け継いでいる。この歴史を重ねて考えると，基本的には，この規定の保護法益に関する解釈は，弁護士は公権力から距離を置くことにより職務の独立性を維持するものであるとの思想，商業又は営利事業は弁護士の品位と信用を害するという思想に基づいたものと理解される[3]。

---

1) 旧旧弁護士法（1893〔明治26〕年制定）6条1項で報酬ある公務の兼職を禁止し（帝国議会議員，府県会常置委員，官庁からの特命職務を除外），2項で商業を営むことを禁止（許可あれば除外）していた。
　　この公務兼職禁止，商業禁止の規定の根元は，1876（明治9）年制定の代言人規則3条での代言人の免許を与えない者を列挙し，その中に4号「官職ある者但准官吏たる者も亦同」，5号「諸官員華士族及び商家其他一般の雇人たる者但雇主承諾の証書ある者は此限りにあらず」と規定していたことにある。
　　1880（明治13）年には代言人規則が改正されたが，その4条は免許を得ることができない者を列挙し，その中の5号は「官吏准官吏及び公私の雇人」と規定していた（日弁連『弁護士百年』）。
2) 旧弁護士法（1933〔昭和8〕年制定）27条1項は報酬ある公務の兼職を禁止し（帝国議会議員，地方議会議員，官公署からの特命職務を除外），2項は商業その他の営利を目的とする業務を営むこと及びこれを営むものの使用人，これを営む法人の業務執行社員，取締役，使用人になることを禁止（許可あれば除外）していた。
3) 旧旧弁護士法について，長島毅著『弁護士法』では，「理屈から言えば職業に貴賎はないはずである。しかし，一般人の感情は理屈では推して行かれぬ。一般人が嫌悪し軽蔑するような職業を営むことは勢い弁護士の品位を傷つけることになる。」と解説している。旧弁護士法の金子要人著『改正弁護士法精義』においても同様の解説である（飯島澄雄「弁護士の営業許可」自由と正義35巻2号）。
4) 1965（昭和40）年，東京三会は，営業許可等取扱研究委員会を設置し，同年に次の業種については原則として営業許可をしないことを決め，これを1966（昭和41）年，日弁連会長に申し入れ，日弁連会長は全国の単位会に対して，この申し入れを会務処理の参考として通達した。
　① 風俗営業等取締法第1条の風俗営業
　② 古物営業法第1条の古物商
　③ 質屋営業法第1条の質屋
　④ 出資の受入，預り金及び金利等の取締等に関する法律の第7条及び第9条の貸金業
　⑤ 個人及び資本金5000万円以下あるいは証券取引所に上場されていない法人で営む宅地建物取引業法第2条の宅地建物取引業
　⑥ 公衆浴場（個室を設けるもの），興行場，旅館，飲食店，遊技場及びこれらに準ずる営業
　⑦ 生命保険，損害保険の勧誘又はその代理業
　⑧ 前各項の営業の使用人

次に運用についてであるが，この弁護士法の許可規定は，法律上許可に関して何らの基準を定めていないため，各弁護士会において一致した運用がなされていない状況であった。そこで1965（昭和40）年，東京の三弁護士会が，現在ほぼ全国で基準となっている営業許可の取扱基準[4]を定めたのである。現状は，全国的にこの基準を基本として運用されているが，社会の実状に合わないため，基準を緩和して運用しているのが実状であろう。この実状から，東京弁護士会では2000（平成12）年3月にこの基準を緩和する方向での改正をした[5]。

(2) 弁護士の業務制限の保護法益と業務制限のあり方

社会の需要を考えると，弁護士は制限無くあらゆる分野においてその法的な知識，思考を浸透させ，社会全体が法を守るシステムを構築すべきである。政府等の行政分野はもちろん，立法作業についても同様である。特に，総会屋問題を始めとする様々な問題を抱えるわが国において，企業活動の分野でこのようなシステムを構築する必要性は極めて高いものといえる。この社会の必要性の観点からすれば，弁護士の業務制限が，弁護士の活動領域を阻害して，社会の需要に応えていない現状にあることを認識すべきであろう。

そして，弁護士の業務制限を考える上では，このような社会の必要性と弁護士の営業制限をする保護法益とのバランスの問題が重要である。

弁護士の業務制限をする保護法益とは，ひっきょう弁護士の職務の独立性にあると解釈すべきである。上記の通り，歴史的には，職務の独立性と弁護士の品位維持という趣旨があるといわれているが，品位保持と公務を行うこと及び営業行為を行うこととは直接はつながらない議論である。法律で認められている公務にしろ営業にしろ適法であっても，弁護士の品位維持に問題がある場合があるという発想自体が，現代社会に受け入れられるものとは思われない。しかも，弁護士の品位保持とは，弁護士がどのような職務を追行する上においても必要とされるものであり，単に現在制限をされている業務を行う際にのみ守るべきものでもない。基本的には，弁護士各人は常に品位を保持しつつ業務を行うべきあり，各弁護士の個々の業務について弁護士の品位を欠く行為があるときには，弁護士会の懲戒問題とされることにより，弁護士会の監督を働かせ，その要請を実現させるべきものである。結論として，弁護士の品位保持を公務，営業等の場合のみに問題とする規定は，合理性がない。

したがって，ここでは，弁護士の品位保持を除いた保護法益としての弁護士の独立性を

---

5) 東京弁護士会では，2000（平成12）年3月に規則を改正し，上記の脚注4の原則不許可業種を①，③及び④に限定し，その他の業種については，原則許可するとの方針に変更をした。しかし，これについても業種による差別的取扱は平等の観点から問題がある旨指摘する議論がある。

守るためにどのような制度を採るべきかが，将来的な業務制限の問題とされるべきである。弁護士の独立性については，一般的に弁護士が一定の組織に帰属することにより，侵害の可能性が高まるのではないかとの疑問があるからである。

　しかし，その侵害の可能性は，業種による区別はあり得ないであろう。また，組織に帰属しない弁護士といえども，その経済的基盤は，依頼者にあるのであって，よって立つ経済的基盤となる依頼者の違いにより弁護士の独立性が侵害される危険性を判断することは不可能であろう。つまり，弁護士の独立性という保護法益に対する侵害の程度を，組織に帰属しない弁護士と帰属している弁護士という基準で判断することは極めて困難である。

　このように考える限り，弁護士の独立性を維持するために，弁護士が，公務に就く場合，営業を行う場合に特別に許可制を採ることは，合理的な理由が少なく，弁護士の職業選択の自由に反しているおそれがある。

　ただ，現状の企業，公共団体等が弁護士の職務の独立性の意義を十分理解しているかについては，今までの資料[6]からは疑問なしとは言えない。このことから，現時点では，上記の如く弁護士の独立性を社会に理解して貰うために制限規定を設ける意味があり，その意味では，弁護士がどのような職務を行うかは原則自由とし，弁護士会の監視を受ける可能性だけは残している届け出制に変更することで十分だというべきである。当該弁護士及び企業，公共団体等が，届け出制を通して弁護士会とのつながりを持つことにより，関係者にとって法化社会に向けたよりよい環境を作ることができると考えられるからである。そこで，弁護士会としては，この届け出制を利用して，企業，公共団体等に弁護士の職務，弁護士の独立性を守ることの利益は弁護士の利用者にあることの理解を得る努力をしていくべきである。

　以上からして，弁護士法の弁護士業務に関する規制は，以下のとおり，法改正されるべきであり，各単位弁護士会としては，この法改正があったときには，その届け出制による届け出の内容等を規則等により作成する必要がある。そして，届け出制となった場合には，届け出後の管理・監督のあり方として，その後の報告を義務づけるなどの方法論を議論すべきであろう。弁護士そして弁護士会としては，このような改正を通じ，行政，立法，各種団体（行政の外郭団体，企業，消費者団体等）においてあまねく弁護士が活動できる下地を作り，社会の需要に応えるべきである。

　＜改正案＞

（公職兼職及び営業行為）

6）　東京弁護士会業務改革委員会では，1999（平成11）年に企業内弁護士，地方公共団体での弁護士の必要性等に関する調査をした。

第30条　弁護士が，報酬ある公職を兼ねるときは，事前に所属弁護士会にその公職の組織の概要及び内容等を届け出なければならない。ただし，特別の事情により，事前の届け出が困難である場合は，兼職後速やかに届け出なければならない。

　2　弁護士が，営利を目的とする業務を営み，若くはこれを営む者の使用人となり，又は営利を目的とする法人の業務執行社員，取締役若くは使用人となるときは，事前に所属弁護士会にその法人の概要及び業務の内容等を届け出なければならない。ただし，特別の事情により，事前の届け出が困難である場合は，業務開始後又は法人への就任若くは就職後速やかに届け出なければならない。

　3　前2項の場合，国，地方公共団体，若しくは法人は，弁護士としての判断の独立性を侵害する就労条件，委任条件等を定めてはならない。

4）法律事務所の多様化と隣接業種との協働

> 　多様なニーズに対応するため，隣接業種との協働は不可欠である。その協力関係を構築するため，関係諸団体との積極的協議を進めるべきである。また隣接業種との共同事務所のあり方について，現在認められている「経費共同」事務所を超えて「収入共同」事務所を認めるか否か積極的な検討を行うべきである。さらに一定の条件のもとで，複数事務所の設置容認を検討すべきである。

(1)　総合的法律・経済関係事務所

　弁護士が，司法書士，税理士，弁理士等の隣接業種と協働して業務を遂行することは，業際分野の処理能力の向上等，有用なことであり，その協働を一歩進めた隣接業種との共同事務所は，ワンストップサービスとして依頼者の側からみても有用である。

　また，政府は，「現行法上も，弁護士，公認会計士，税理士，弁理士等の専門資格者が一つの事務所を共用し，一定の協力関係の下に依頼者のニーズに応じたサービスを提供することは基本的に可能[1]」であるとしている。この見解は，1997（平成9）年の日弁連の第10回業対シンポジウムでの結論と同様，経費共同事務所は認め，弁護士法72条・27条の関係で，隣接業種との収入共同事務所は認めていないというのが一般的な理解である。

　現在の問題は，さらに進んで収入共同事務所を立法論として認めるか否かという点である。ワンストップサービスの問題だけであれば，経費共同でも対応できるのであるが，より効率性・統一性の高い経営形態である収入共同＝パートナーシップをあえて認めない理

---

1)　1999（平成11）年5月6日付法務大臣官房司法制度調査部長房村精一名で日弁連事務総長に宛て，「総合的法律・経済関係事務所の開設に関する考え方」が示された。同様の文書は各官庁から，各資格団体に送付されている。

由は薄い。ただし，共同事務所における倫理規範の確立等整備すべき課題もある。また仮に収入共同を認める場合の，立法上の手法も検討する必要がある。たとえば，外国法事務弁護士と同様に特定共同事業という方法も考えられるが，その場合の隣接業種の範囲なども慎重に検討する必要があるであろう。また，国際的には，巨大会計事務所によるリーガルサービス部門への進出という情勢への対応として，公認会計士とのＭＤＰは区別して検討する必要がある。

(2) 法律事務所の複数化

現在，弁護士法20条は複数事務所の設置を禁止している。

その立法趣旨は，❶弁護士間の過当競争の防止と，弁護士の品位の保持，❷非弁活動の温床の防止，❸弁護士会の指導連絡監督権の確保の３点にあるといわれている。

しかるに，政府の規制緩和３カ年計画をはじめとして，弁護士間の競争制限規定を撤廃しようという動きや，弁護士偏在の解消策として複数化を容認する意見がある。

現在は，立法当時と背景事情が異なり，過当競争の防止という弁護士側の論拠は薄弱化しており，かえって，競争の過度の規制は，依頼者の側から，弁護士業務の適正な発展のための創意・工夫を喪失させているとの批判がある。また弁護士が，一定時間，支事務所に在所することが可能であれば，その時間は法律相談等の業務が可能であるから，複数事務所の容認は，アクセスポイントを増加させ，日弁連の掲げる司法改革の理念に沿うものということができる。非弁の問題は別途手だてを尽くすべきであり，弁護士会の指導・連絡は，技術的に解決することが可能である。以上より，いかなる条件が満たされれば複数事務所の設置を認めることができるかについて，検討を開始すべきである。

2　弁護士業務の質の向上

１）弁護士研修制度の充実

> 弁護士の増加や活動分野の拡がりにともない，業務の質的向上がますます重要な課題となっており，さらに新規登録弁護士研修が実施され，弁護士研修の充実・拡充が求められている。弁護士会は，日弁連や法務研究財団の研修事業と連携をとりつつ，新規登録弁護士研修から専門研修まで各種研修プログラムを充実させ，多数の会員が継続的に研修に参加できる体制を整備していく必要がある。

(1) 弁護士研修の意義

弁護士は法律専門職として高い識見を持ち，すべての法律分野に精通していなければな

らない。さらに，多様化する社会のニーズに応えていくためには，弁護士自身の不断の研鑽が不可欠である。弁護士会は弁護士研修制度を整備・拡充して会員の研鑽を援助し，新しい時代にふさわしい弁護士を育成する義務がある。

東京弁護士会の研修制度は，参加が会則上の義務である倫理研修のほか，新入会員研修・春及び秋の研修講座・専門講座の3種類研修プログラムと15の法律研究部の活動を柱として質・量ともに近年充実した内容となってきているが，さらに以下の課題に取り組むべきである。

(2) 新人研修の充実

新入会員に対しては，新入会員研修として実務型民事保全，国選弁護，当番弁護，少年事件，外国人事件などの実務研修と小人数討論方式による倫理研修を実施してきたが，2000（平成12）年10月からは日弁連の「新規登録弁護士研修ガイドライン」に基き，会則上義務化された新規登録弁護研修が実施されている。二日間にわたる日弁連主催の集合研修が行われた後，東京弁護士会主催の新入会員研修が行われ，新人研修はより充実してきた。今後は，日弁連と連携しつつ，さらに効果的な新人研修プログラムの編成に努めるべきである。

(3) 専門研修の充実

専門講座を春季及び秋季にそれぞれ1回ずつ実施して成果をあげている（土曜日実施・3単位・合計6時間）。昨年度より研修講座と同様に有料化を実施し，多様化する会員のニーズに応える体制をとっているが，さらに講座予約制の導入を検討すべきである。より魅力ある専門研修とするためには，今までの研修テーマ・出席人数などを分析し，または広く会員の意見を募って，的確なテーマを選定したうえで，会内外から優れた講師を招聘するようにすべきである。また，法務研究財団の実施する専門家養成コースへの参加を積極的に奨励するなどして，学者・研究者・隣接専門職・企業法務従事者との交流を深めて，会員各自専門分野におけるスキルの向上に努めるべきである。

(4) 倫理研修の充実

会則上義務となった倫理研修は，期別小グループによる討論形式により実施され一定の成果をあげているが，会員の高度の倫理感を培うために倫理事例の研究と研修資料の作成蓄積に努めるなど，よりよい倫理研修をめざす具体的施策をすすめるべきである。

(5) 法律研究部活動との連携

研修制度の充実発展のため，弁護士研修センター運営委員会と各法律研究部の連携をはかり，法律研究部の研究活動を適宜伝えるほか，法律研究部による定期的な研修会の開催，「法律実務研究（紀要）」の配布方法など，研究成果の会員への還元のための具体的施策を

検討すべきである。

(6) 東京三会の提携

新会館竣工以来，東京三会による合同研修会が試みられ，破産管財人実務研修会の実施などの一定の成果をあげているが，今後それぞれの単位会の特性を生かしつつも足並みを揃え，裁判所・法務省等から優れた講師を招聘した継続的実務研修を実施するため，合同研修につき三会で継続的に協議をすすめるべきである。

(7) 今後の研修制度の課題

弁護士数の増加により，弁護士の自己研鑽が相対的に希薄化していく可能性がある。新規登録弁護士研修制度は，これからの倫理研修及び実務研修のあり方を考えるうえでの試金石である。

弁護士が法律専門職としてふさわしい能力と識見を維持拡充するためには，各弁護士の継続的な自己研鑽が不可欠である。弁護士会は，新規登録弁護士研修の実施内容やそれに対する意見などを分析し，同研修のみならず一般会員の研修の充実のための有益な資料とし，より良い研修制度の確立に努めるべきである。また，会員が利用しやすくするため，日弁連・単位会・法務研究財団等がそれぞれ実施する研修の情報を一本化し，研修情報を提供するなどの具体的施策を検討すべきである。

2）日弁連法務研究財団

> 財団の事業の発展のために，多くの会員が財団の研究・研修・情報の活動に主体的積極的に参加し，その財政を支え，組織強化に努めるべきである。また，弁護士以外の各界にも財団への参加を呼びかけていくべきである。

(1) 財団設立の目的・経過

（財）日弁連法務研究財団[1]（以下「財団」と言う。）は，法及び司法制度の総合的研究・法律実務研究・法情報の収集と提供を目的とする財団法人である。21世紀の我が国においても，法問題は，その複雑多様さを増し，高度化・国際化しており，財団の重要性はますます高まっている。

(2) 財団の組織

財団では一般会員・特別会員・名誉会員の会員制度を設け[2]，弁護士に限らず研究者や

---

[1] 1993（平成5）年に日弁連理事会内に調査研究を行うワーキンググループが設置され，1994（平成6）年に設立準備委員会に引き継がれ，1997（平成9）年5月に設立実行委員会が設置され，1998（平成10）年5月に，弁護士に限定せず，広く法律実務に携わる者，研究者のための研究・研修・情報収集の目的で財団法人法務研究財団が設立された。

各種の法律実務家を会員として迎えている。

　財団の運営は，理事・評議員によるが，業務に関する企画運営については，企画運営委員会で決めている[3]。

(3)　2000（平成12）年度までの財団の活動

①　研修の状況

　日常的な法律業務の処理に必要な知識と経験の修得を目的とする「法務一般研修」（「一般研修」を改称），特定の分野における高度な専門知識・経験の修得を目的とする「専門家養成コース」を設けて財団設立以来研修会を主催している。平成12年まで以下の研修を実施しいずれも好評を博した。

　法務一般研修として，「法化社会と法律家の役割」，「コーポレートガバナンスと法律実務」，「多様化する法律実務」，「改正民事訴訟法下での紛争処理業務」，「専門家責任」，「消費者破産」。専門家養成研修として，「不正競争防止法の実務」，「独占禁止法の実務」。

②　研究の状況

　法及び司法制度の総合的研究を学者・研究者・隣接専門職の参加を得て，実施している。設立から平成12年現在までの研究は以下のとおりである。

　「アメリカにおけるNo－Action　Letter制度について」，「地方自治体における外部監査」，「高度情報通信社会における公示制度の役割」，「少額紛争解決システムの研究」，「弁護士の専門技術に関する総合的研究」，「消費者破産の実態」，「求刑と量刑に関する研究」，「21世紀の刑事制裁」，「カルパ制度の研究」，「国連刑事司法活動の研究」（日弁連からの受託研究），「21世紀における日本の民事訴訟のあり方についての研究」，「人格権侵害の救済に関する総合的研究」，「会社法制からみた紛争の解決・回避について」，「知的財産権と競争法・国際比較」，「標識法における混同概念」，「地域におけるリーガルネットワークの構築へ向けた理論的・実践的研究」，「弁護士会仲裁の国際化：包括紛争処理システムの構築」，「電子商取引の国際的側面に関する総合研究」。

③　法学検定試験の実施

　平成12年度には，初の試みとして，第1回法学検定試験を実施した。

　弁護士会は後継者としての法曹の教育・養成についてエネルギーを注ぐのと同時に，国民の法的素養の涵養にも努めるべきである。これからの法化社会は，法的問題を処理する専門家の能力の向上だけではうまく機能しない。専門家に依頼する個々の人間がそれなりの法的素養を備えることが重要である。

---

2) 会員数は，2000（平成12）年6月末の集計で，一般会員3263人，特別会員17法人であり，毎年会員数は増加の傾向にある。
3) 実務的には，理事及び部会長，事務局弁護士で構成される常務会で発議し，まとめて全体委員会の承認を得ている。

そのような観点から、「専門家になることを目的としない」「法的素養の程度を測る」制度として法学検定試験は有益である。弁護士ないし弁護士会が財団を通じてこの法学検定試験を支援していくことは一般市民の法的感覚を養い、法化社会の構成員の能力の底上げに資すること大である。

④ 次世代法曹教育に関する調査研究フォーラムについて

現在、司法制度改革審議会は日本の司法のあり方を集中的、精力的に審議しているが、法曹養成教育制度のあり方はその重要な検討項目となっている。また、日弁連でも法科大学院構想が議論されている。更に、各大学法学部または大学院法学研究科では、それぞれ独自に、法曹養成システムとしての大学院教育のあり方を検討し、学制改革案をそれぞれ提案している。財団は、21世紀に望まれる次世代の法曹を養成するために、これらの論議が、法曹教育の現状と問題点を的確に把握した上で、もっとも適切かつ効果的にして、実現可能な構想を生み出すことに役立つように、広く情報交換の場を設けるとともに、必要な基礎的調査研究を行うことを目的として、平成12年1月、次世代法曹教育に関する調査研究プロジェクトを策定した[4]。

⑤ 紀要・叢書刊行の予定について

財団は刊行物としては、実施済みの研修講義レジュメを販売している他、①の議論の成果物を叢書の第1巻として、また②の研究の成果物としての紀要が刊行される[5]。

⑥ 財団のウエッブページとメーリングリストについて

財団では、財団の活動を財団会員のみならず、広く国民に報告する目的で、ウエッブページを公開している（URL http://www.jlf.or.jp/）。

また、財団会員用のサービスとしてメーリングリスト[6]を設定し、議論を深めている。

⑦ JLFニュースの発刊

財団では、会員向けの広報として、JLFニュースを発刊している。昨年までの不定期刊から、本年から年4回の発刊となり、内容も単なる研修等のイベントのお知らせから、そのまま役に立つ情報の提供へと充実しつつある。

(4) 今後の弁護士会と財団とのかかわりについて

より複雑な現代社会の紛争を予防し、また早期に解決していくためには、我が国の社会

---

4) 2000（平成12）年は3月から7月まで合計5回のフォーラムを開催し、個人の資格ではあるが裁判所・法務省・文部省からの参加、各大学法学部の参加、司法研修所弁護教官経験者を中心とする弁護士の忌憚のない意見交換がなされた。この成果は、叢書として出版された。

5) 本年は、「地方自治体における外部監査」「少額紛争解決システムの研究」「消費者破産の実態」が、発表される。

6) 参加者は、財団の会員に限られる。新堂理事長をはじめとする研究者も参加しており、弁護士の研鑽の場となる。問い合わせ先　財団事務局電子メール jlf@jlf.or.jp、電話：03-3500-3656

のシステム自体に「法による解決」がしみこんでいく必要がある。21世紀の法曹は，社会システムの法化のために何をすべきかを常に考え，行動していくべきである。その答えをみつけるための道筋の一つとして，財団への参加が考えられる。

そこで，弁護士会は，今後も次の二面において，財団の活動を支援していくべきである。

その第一は，弁護士の会員参加への協力である。財団が国民のための法務シンクタンクとして根付くために，弁護士会以外の各界からの参加者を募っていくことが必要になるが，その前提として，まず，我々弁護士が，財団に会員として参加し，その財政基盤を安定させていく必要がある。

第二は，財団事務局への人材の提供である。既に述べたとおり，財団は，設立から二年間で，多岐にわたる活動をしているが，その企画・活動の大半は，弁護士事務局員に支えられているといっても過言ではない。東弁でも数名を事務局員として推薦しているが，今後も，多数の人材を供給し，組織の充実と活性化を常に計っていく必要がある。

財団は，21世紀における法曹の研究・研修・情報提供の核となる可能性を秘めている。われわれは，この財団を育てていくための努力を惜しんではならない。

３）弁護士の公益活動（プロボノ活動）の促進

> 公益活動は弁護士の基本的責務である。また，日弁連が総力をあげて取り組む司法改革を実現するには，公益活動の充実が不可欠である。そのため，弁護士全員が公益活動に参加するための方策を講ずるとともに，「公平な貢献」，「公平な負担」の観点から，弁護士の役務提供・資金提供の公平化を図る具体的な方策を検討すべきである。

(1) 公益活動の意義

弁護士会の委員会その他の会務，会の法律相談，国選弁護，当番弁護士，法律扶助事件等の公共的利益に奉仕する無償もしくは低廉な対価による弁護士の諸活動は，弁護士の「公益活動」と総称することができる。

公益活動は，弁護士の基本的責務というべきであり，その根拠は次のとおりである。

① 弁護士という職業は「プロフェッション」（専門職）である。プロフェッションの特質は，公共奉仕の精神にある。公益活動に従事することは，弁護士の職務に内在する本質的な職責というべきである。

② 弁護士法１条の使命達成のためには，弁護士の公益活動が不可欠の前提となる。

③ 全ての弁護士は，弁護士自治を担い，支える義務を負うものであり，それゆえに弁護士自治を支える公益活動は，弁護士の基本的な義務というべきである。

④　法律事務を独占する弁護士は，全ての市民のあらゆる司法的救済にあたる責務を負っている。市民の司法的救済を十全に図るためには，国の司法政策・制度の完備とともに，弁護士の公益活動が不可欠である。

⑤　弁護士倫理（同59条，60条）は，日弁連，弁護士会連合会，所属弁護士会，官公庁等からの委嘱に対し，弁護士が原則的に委託事項を遂行する義務を負うことを定める。これは，弁護士が一般的に公益活動を行う責務があることを前提とするものである。

⑥　弁護士は，その所属する弁護士会の構成員として，会の運営に参加・寄与することは権利であるとともに義務である。

(2)　**公益活動をめぐる現状と課題**

市民のための司法改革は，いかに司法的救済の拡充を図るかにかかっており，そのためには法律事務を独占する弁護士が公益活動に参画することが求められている。東弁は，司法改革の推進，弁護士自治の確保のため，1995（平成7）年4月，公益活動への積極的参加を求める会長声明を出し，さらに，1998（平成10）年6月，公益活動に従事することを義務化する会規を制定した。これにより会員の公益活動がさらに活発化することが期待される。しかし，会規を設けただけで事足りるものではない。当然のことを規定したといえる会規を会員が継続的に実践していくことが求められている。

公益活動の維持・発展という目標のため，弁護士が無償の役務提供（非金銭的貢献）を行うことは当然のこととして，資金提供（金銭的貢献）をも行わざるをえない実情にある。多数の会員を抱える大単位会にあっては，役務提供の有無・程度について，必然的に会員間でかなりの格差が生じており，公益活動における「公平な貢献」，「公平な負担」の観点から，役務提供と資金提供の問題を検討する必要がある。

また，大単位会と小単位会では，当番弁護士，国選弁護等の活動について，会員間の負担割合が大きく異なるとの指摘がある。大単位会は，小単位会の要請により単位会を超えた協力をするなど，地域的な負担の公平化についても検討する必要がある。

(3)　**公益活動への一層の参加を促進するために**

①　弁護士に対する市民の信頼を増大し，かつ，弁護士の使命を全うするため，公益活動に積極的に従事し，会則を実践することの呼びかけとその方策を検討する。

②　多くの弁護士とりわけ若手会員の公益活動への参加を容易にするため，委員会のあり方を工夫し，また，経営弁護士は勤務弁護士の公益活動参加に協力する。

③　公益活動における「公平な貢献」，「公平な負担」の観点から，全ての会員について，役務提供と資金提供バランスを考慮した上で，役務・資金提供の公平化を図る具体的な方策を検討すべきである。

４）弁護士不祥事問題の予防と対策

- 法曹養成段階における倫理教育に積極的・主導的に関与し，また倫理研修の徹底を図る。
- 綱紀問題を懸念される会員に対する会指導の積極化を図る。
- 業務上預り金口座の設置・届出及び会請求時の開示の義務化。
- 弁護士預り金口座（カルパ）制度の導入を具体的に検討する。
- 懲戒制度の一層の強化を図る。
- 非弁提携弁護士を根絶する。
- 依頼者救済基金の設置により弁護士非行被害者を救済する。

(1) 弁護士非行の深刻化

近年，日弁連における懲戒件数のうち，退会命令，除名という重大事案が増加している。昨今の目に余る弁護士不祥事の多発は，国民の弁護士・弁護士会に対する信頼，弁護士会の自浄能力に対する信頼を失わせるものであり，弁護士自治が根本から崩れかねない深刻な状況が現出していると言っても過言ではない。

司法制度改革審議会も，その中間報告の中で，弁護士倫理の強化と弁護士自治に関して，国民と司法の接点を担う弁護士の職務の質を確保・向上させることは，弁護士の職務の質に対する国民の信頼を強化し，ひいては司法（法曹）全体に対する国民の信頼を確固たるものにするために必要である等とした上で，弁護士倫理，倫理教育，苦情処理，綱紀・懲戒手続など，弁護士の職務の質に関する指導・監督その他の事務に係る弁護士会の自律的権能が実効的かつ厳正に行使されねばならず，このことは弁護士会の国民に対する責務である旨指摘している。

弁護士会は，市民の利益を擁護するための弁護士自治を強固にし，法曹一元等の司法改革諸課題を実現するための大前提として，弁護士会の自浄能力に対する市民の信頼を確保すべく一層努力しなければならず，弁護士不祥事に対する具体的かつ実効的な対策を早急に実行に移すべきである。

(2) 予防と対策の視点

① 弁護士非行を予防する。

弁護士会は，非行予防のための施策を実行する（法曹養成段階における倫理教育への積極的・主導的関与及び登録後の倫理研修の徹底，綱紀問題を懸念される会員に対する会による助言・指導の強化等）。

特に，実害の大きい金銭不祥事の予防ないし拡大防止策を早急に策定する（業務上預り金口座の設置・届出及び会請求時の開示の義務化，カルパ制度の導入検討等）。

② 非行弁護士から依頼者，市民の権利を守る。

非行弁護士による侵害行為が発生した場合は，これに対する迅速かつ適正な措置が図られなければならない（懲戒制度の強化・迅速化・透明化，非弁提携弁護士の根絶，依頼者救済基金等）。

(3) 法曹養成及び継続教育における倫理教育の徹底

東弁では，1995（平成7）年7月，倫理研修規則が施行され（ただし，制裁規定はない），また日弁連においても，1997（平成9）年，倫理研修規程及び同規則が制定された。

東弁における倫理研修の出席率は，現在のところ非常に高い割合を達成しているが，義務化の実効性を高めるために，可能な限り全員参加を達成していかなければならない。今後の出席率の状況によっては，義務違反者の氏名公表，裁判所その他官公署等への推薦において義務違反の事実を考慮するといった制裁措置について，その基準，告知・聴聞手続を含めての検討が必要である。

また，法科大学院を中心とする新たな法曹養成制度においては，倫理教育が特に重視されなければならない。弁護士会，日弁連は，法科大学院における「法曹倫理科目」についてカリキュラム案の策定や教材の作成を行う等，新たな法曹養成制度における倫理教育に積極的・主導的に関与すべきである。

(4) 綱紀問題を懸念される会員に対する会指導の強化

東弁では，弁護士業務等に関する市民窓口における苦情の収集等を通じ，綱紀問題が懸念される会員への助言・指導がなされている。しかし，指導等といっても，弁護士法31条，東弁会則3条等といった一般的規定に根拠を有するに過ぎず，その実効性は余り大きくない。そこで，前兆段階すなわち大事に至らない段階で非行を断ち切るために，会による指導の積極化を図るべきである。

会指導の強化を図るに際しては，会による助言・指導を実際に担当することになる理事者の権限と責務及び会員の受忍義務を明確化する必要がある。

(5) 業務上預り金口座の設置・届出及び会請求時の開示の義務化

日弁連の近年の懲戒処分の事件類型を分類すると，預り金の不返還・領得の件数が最も多くなっている。そこで，預り金と自己財産との混合を禁止し，もって預り金不返還・領得による非行を防止するため，業務上預り金口座の設置及び届出を会員に義務付ける会規を設けるべきである。また，これをより実効性のあるものにするため，弁護士会は，●弁護士につき懲戒事由があると思料するとき及び弁護士に対する懲戒請求又は紛議調停の申

立てがなされたとき，●預り金品の取扱いをめぐる苦情等の申し出が弁護士会になされ，相当の理由があると認められるときなどは，弁護士に対し，預り金品の保管及び明細について照会することができ，その場合弁護士は速やかに回答する義務を負う旨の規定を併せ置くべきである。

　この制度については，実効性，事務量・コストが膨大なこと及び依頼者のプライバシー保護等の点から反対する見解もある。しかし，会請求時の開示義務化により相当程度の実効性を確保でき，また弁護士不祥事を防止し，もって弁護士自治を守るためにはある程度の事務量・コストの増大はやむを得ず，さらには開示を求める場合を上記のように限定すること及び開示方法の工夫により，他の依頼者のプライバシーに対する侵害を回避できる（預り金品に関する紛争が生じている当該依頼者に関してはプライバシーの問題はそもそも生じない）から，これらの批判は妥当しない。

　東弁では，1998（平成10）年5月の定時総会において，業務上預り金の取扱に関する会規が制定された。同会規では，一定の場合に預り金をその保管のみを目的とする口座に入金して保管しなければならないこと並びに会からの預り金に関する照会及び回答義務が定められている。回答義務不履行の効果としては，会規違反として弁護士会の秩序を害する行為があったものとして，懲戒処分を受けることがあるものと解され（弁護士56条1項），同会規は預り金の横領による非行の防止に寄与することが期待できる。

　今後，同会規によって預り金の横領の発生防止という所期の目的を達成するためには，運用基準の策定（どの程度の資料をもって会からの照会に対する「回答」とするか等），広報による会員への周知徹底並びに東弁及び他会での運用状況等をみながら同会規の改善を図ること等が必要になると思われる。

(6) 弁護士預り金口座（カルパ）の導入検討

　フランスでは，裁判等を通じて授受される金銭の決済について，各弁護士が弁護士会の管理のもとに設けられた弁護士預り金口座（カルパ）を通じて行うことを義務付けている。この制度の下では，判決や裁判上の和解等により相手方からこの口座に振り込まれた金銭は，一定期間この口座に保管された後に依頼者の手に渡ることになる。なお裁判外交渉による示談金については，経由は任意的である。この制度により，重大な非行の典型である，相手方から受領した金銭を横領する形での非行を防止することができる。

　日弁連，弁護士会レベルにおける本制度の実現に先立って，委員会レベルで実験を行うこと（東弁司法改革推進センター内のカルパ部会において，実在する預り金につき「仮想カルパ口座」で決済するという実験の実施並びに制度・手続モデル案の検討を行い，その結果を同センターに報告している），任意団体たる会派レベルで，弁護士個人と依頼者個

人との間の「『カルパ口座』に関する契約」の集積からなる「会派カルパ口座」を創設して既成事実を積み上げることも，制度実現へ向けた有効な手法のひとつと考えられる（ちなみにフランスのカルパも，少数の有志による「カルパ口座」創設〔1957年〕がその起源である）。

(7) 懲戒制度自体の強化

懲戒手続は，弁護士自治の根幹をなすものであり，日弁連，弁護士会は，その一層の実効化・迅速化・透明化のための適正な運用や制度改善に日々取り組むとともに，同様の見地に立ちつつ，国民の手続への参加の拡充に関しても検討を行うべきである。以下若干の各論につき述べる。

① 弁護士法63条，同64条解釈変更の徹底実施

1999（平成11）年9月1日，日弁連は，懲戒「手続」が結了するまで登録換え又は登録取消しの請求をすることができないものとする弁護士法第63条並びに懲戒事由のあったときから3年を経過したときには懲戒の手続を開始することができないとする同64条につき，「手続」に審査手続のみならず綱紀委員会の調査手続を含むものとするとの解釈変更を実施したが，この解釈変更は懲戒手続の厳正な運用に資するものであり，その徹底実施が強く望まれる。ただし，上記解釈変更は，濫申立ての場合において，被申立人に重大な拘束ないし不利益を強いるものであるから（例えば，法63条の解釈を上記のように変更した場合，登録換え等が濫申立てにより妨害されることも起こり得る），綱紀委員会の調査手続の一層の迅速化，簡易却下制度の導入等，濫申立てへの対応策も併せて図るべきである。

② 被害拡大防止のための方策

被害拡大防止・市民に対する情報公開等の見地からの一定の場合における処分手続の公表，会立件の活用等については，一部の弁護士会において会則の改正等の方策が実施されつつあるが，全国の弁護士会において早急に検討・実施されるべき課題である。

③ 懲戒の程度の理由・根拠の公表

懲戒処分の公表（「自由と正義」誌上）における「処分の理由の要旨」には，懲戒に相当する事実の要旨のみが記載されているが，処分の公正さ・処分内容につき市民の一層の理解を得るために，懲戒の程度の理由ないし根拠を含めた懲戒の理由を公表することについても検討すべきである。

④ 手続への市民参加の拡充

綱紀・懲戒手続においては，綱紀・懲戒委員会の参与員・委員として学識経験者が関与しているが，市民の意思の反映，手続の透明性確保の見地から，上記制度の充実等手続への市民参加の拡充についても検討すべきである。

(8) 非弁提携弁護士の根絶

　上記市民窓口等には，多重債務事件に関し，いわゆる整理屋・紹介屋との提携が疑われる弁護士について，弁護士との連絡がつかない，事件処理の報告が無い，弁護士から指示された金銭を送っているが返済・充当の状況が不明等の苦情が多数寄せられている。

　このような事態を放置すれば，弁護士会に対する市民の強い批判を招くことになるから，当該会員に対する懲戒処分の強化等により，一刻も早く非弁提携弁護士を根絶しなければならない。

　東弁も，非弁提携弁護士対策本部を設置してその根絶に向けた本格的な活動を行っているが，そのようななかで，1998（平成10）年8月になされた，報酬を得る目的で，事件周旋を業とする疑いのある者との継続的な関係に基づき事件の周旋を受けたこと及び弁護士が行うべき事務を事務職員に行わせたことをもっていずれも弁護士としての品位を失う非行に該ると認定した懲戒処分の議決は，従来の議決例から一歩踏み込んだものとして高く評価できる。今後は，非弁提携弁護士の根絶に向けて，非弁提携行為の認定等に関する研究，非弁提携が疑われる弁護士についての調査を行うこと等の活動を強化すべきであり，その意味で，東弁が設置した非弁提携弁護士対策協議会内の法規チーム，同調査チーム及び会長の指導・監督権限の代行者として調査等を行う調査員のさらなる活用が強く望まれる。

　また，非弁提携弁護士の根絶のためには，懲戒処分の強化と並行して，多重債務者の法律相談や任意整理・破産申立ての受任弁護士の紹介を行う受け皿を早急に整備しなければならない。具体策としては，多重債務者が多数の相談場所で相談を受けることができ，かつ相談担当弁護士が直接受任できるよう，弁護士会が自治体等の法律相談に関与する体制の構築を早急に進めることや，多重債務者の法律相談や任意整理・破産申立てを受任する弁護士の紹介を行う，いわゆる「クレサラ相談」専門の法律相談センターの設置が挙げられる。

　東京三会が1998（平成10）年9月1日に開設した全国初の「クレサラ相談」専門の相談センターである「四谷法律相談センター」及び次いで1999（平成11）年9月1日に開設された「神田法律相談センター」は，受け皿の一環としての機能を果たしているが，今後も，担当弁護士の増加等，専門相談センターのさらなる拡充・強化が望まれる。

　日弁連においても，弁護士業務広告原則自由化の際の会則・会規改正に伴う付帯決議第4項（多重債務者に関する非弁提携行為による被害防止の必要性に鑑み，日弁連は直ちにその根絶に向けて最大限の努力を尽くすことを再確認し，また非弁提携に関わる弁護士法違反の広告を排除するとともに，綱紀保持のため全力を挙げて取り組む）に基づき，2000

(平成12) 年4月，多重債務者に関する非弁提携問題についての調査，情報収集及び非弁提携行為根絶のための方策につき日弁連として取り得る対策の立案等を行う「非弁提携問題対策ワーキンググループ」が設置された。同年10月1日の広告原則自由化以降，非弁提携弁護士と思われる者が広告を行っている例が少なからず見られる現状並びに非弁提携弁護士から「顧客は広告に誘引されたものである」との弁解が出されて非行と認定し難くなることも考えられることに鑑みれば，日弁連レベルにおける実効的な方策の立案はまさに緊急かつ喫緊の課題と言わねばならない。

(9) **依頼者救済基金の設置**

弁護士非行の被害者救済のための基金を設置する。ただし，設置に先立って，悪質事例の損害填補のため基金より給付することに関して会員のコンセンサスを得る必要があり，また，基金枯渇を防止するため，給付額に一定の限度を設けること等も検討すべきである。

(10) **その他**

その他，委員会等が会員の非行を探知した場合の会宛通知の活用，紛議調停手続の活性化，特定入会審査のための弁護士会間共助の運用強化，弁護士賠償責任保険の加入推奨及び加入義務化，弁護士会による同保険への加入等についても早急に検討・実行し，弁護士非行の予防策及び被害救済策のさらなる実効化を図るべきである。

3　業務の整備強化

1）法律事務所の法人化

> 社会の変化に対応して多様化する法的ニーズに的確に応えるため，法律事務所法人制度を立法化し，国民，弁護士に対し，法人化法律事務所を選択する途を開くべきである。内閣は，1997（平成9）年3月に立法化を検討する旨の閣議決定（規制緩和促進計画）をしており，日弁連は，1998（平成10）年12月の理事会の決議を経て，現在，法務省と法案の具体的要綱案について意見交換を進めている。今後の日程は，2001（平成13）年2月に日弁連総会の決議を経て，2001（平成13）年春頃の通常国会に法案が上程される予定である。
>
> われわれは，この問題が現実的かつ切迫した問題であることを認識し，弁護士自治に立脚した法律事務所法人化構想の実現を目指し，法案作成に主導的に関わらなければならない。

(1) 法律事務所法人化の必要と司法改革の視点

司法改革の視点に立つとき，法律事務所の法人化は，❶法律事務所の組織強化策として，❷弁護士任官の供給源として，❸弁護士過疎の解消策として，❹公益活動の牽引力として，❺さらに弁護士人口増加に伴う条件整備の一つとして，有効な制度である。司法改革の諸施策の一環という意味においても取り組まなければならない課題である。

(2) 法律事務所法人化のメリット

法律事務所を法人化することによる具体的メリットは以下のとおりである。

① 法的主体性・継続性が確保されることにより，ⓐ事務所をめぐるリース，銀行借入，雇用契約，財産保有等の法律関係が明瞭になる。ⓑ弁護士の老病死による業務中断が解消され，その結果，遺言執行事件や長期大型事件を安心して依頼できるようになるので依頼者の保護・利便性に厚くなる。ⓒ事務所と弁護士の責任が明確になるので，依頼者の保護が図られる。ⓓ弁護士の死亡，退職の際，社員権の譲渡，退職金等の制度により後継者との清算が円滑に行われる。ⓔ雇用関係が明確になるので，従業員が定着する。ⓕ個人と法人との会計処理が峻別され，経営の近代化が図られる。

② 税務上，社会保険上のメリットを享受できる。

③ 上記①，②の結果として，経営基盤が安定し，専門分野を含め総合的で良質な法的サービスの提供が可能となり，弁護士任官等の公益事業に参画する余裕が生まれる。

(3) この間の取組みと経過

① 法律事務所法人化の提言

法友会は，1993（平成5）年3月の総会において「法律事務所法人化問題についての意見書」を採択し，東京弁護士会に対し，法律事務所の法人化を推進すべき旨建議した。

法友会の右建議が契機となり，東弁は，「法律事務所法人化問題協議会」における協議を経たうえ，1995（平成7）年3月の常議員会で「法律事務所法人化促進に関する意見書」を採択したうえで，会長名で，日弁連会長宛建議をした。

② 日弁連の基本方針

日弁連は，1998（平成10）年12月，理事会において，ⓐ❶弁護士の独立性が保証され，弁護士自治が侵害されない制度内容であること❷弁護士のみが社員であること，を原則とする法律事務所法人の立法化に取り組むこと，ⓑ日弁連は，この問題につき，法人化問題協議会意見書を参考資料として，法務省と意見交換をすること，を基本方針として採択した。従たる事務所の採用については，小単位会から根強い反対意見があったが，2000（平成12）年6月の理事会で弁護士の常駐と従たる事務所の所属弁護士会の監督を条件に承認された。

③　法務省との意見交換とワーキンググループ

政府は，1997（平成9）年3月規制緩和推進計画の閣議決定をしたが，その中に法律事務所の法人化があげられた。

日弁連と法務省は，1999（平成11）年1月より既に多数回意見交換会を持ち，率直な意見を交換して，相互の理解を深めながら現在法案の要綱骨子の詰めの段階に入っている。

日弁連内の組織としては，執行部を中心とする意見交換グループとそれをバックアップする法人化問題ワーキンググループがあたっている。

④　今後のスケジュール

日弁連が，法務省との意見交換会で形成された法案要綱について，2001（平成13）年2月に日弁連総会の決議を経て，法案の細部を意見交換によって詰めた後，法務省が予算措置を講じる等して，2001（平成13）年3月通常国会に上程する予定とされている。

(4)　検討中の要綱骨子案

現在，日弁連と法務省の実務者レベルで，以下の要綱骨子が検討されている。

①　法人の成立

準則主義（設立登記をすることによって成立する）とする。

平成12年4月，弁理士法改正により，特許業務法人が法制化されたが，同法人は準則主義である。今後法制化されるであろう税理士法人，司法書士法人等専門士法人のリーディングケースになる。

従来の認可モデルの場合は，認可権行使主体を日弁連，法務省のいずれにするかにより弁護士自治に関する難問があったが，準則主義を採用することにより解消された。

②　名称

法人は，名称中に弁護士法人という文字を使用しなければならない。

③　設立

弁護士のみが，弁護士法人を設立することができる

④　入会

弁護士法人は，主たる事務所の所属弁護士会及び日弁連の会員となる。

⑤　構成弁護士

社員は，弁護士でなければならない。

法人は使用人たる弁護士を雇用することができる。

⑥　社員の対外的責任

　ⓐ　法人は全債務について責任を負う。

　ⓑ　各社員は，法人がその債務を完済することができないときに連帯して弁済する責

を負う（合名会社構成）。
　　ⓒ　委任事務処理の不履行により生じた法人の債務について法人が完済できないときは，指定社員（担当社員）のみが連帯責任を負う（合名会社構成の例外）。それ以外の債務については，全社員が無限連帯責任を負う。
　　ⓓ　非指定社員でも委任事務処理に関与した社員は一定要件の下に指定社員と同一責任を負う。
⑦　構成弁護士の競業避止義務
　社員又は勤務弁護士は，自己又は第三者のために弁護士業務を行ってはならない。
⑧　従たる事務所
　従たる事務所には，弁護士を常駐させなければならない。
　従たる事務所は，従たる事務所の所在地を管轄する弁護士会の監督を受ける。
⑨　法人の職務の範囲
　　ⓐ　本来の弁護士業務（弁護士法3条業務）及びその付帯業務以外は，原則として禁止する。
　　ⓑ　民事訴訟代理人，刑事弁護人，付添人等の自然人たる弁護士に限定された事務については，構成弁護士をしてこれを行わせる事務の委託をうけることが法人の業務となる。
⑩　法律事務の遂行方法
　自然人たる弁護士に限定された事務の委託を受ける場合は，構成弁護士に行わせる事務の委託を受けることになる。
⑪　法人の機関
　　ⓐ　社員の過半数をもって意思決定することとし，社員総会は必須機関としない。
　　ⓑ　社員は原則として，各自，代表権・執行権を持つ。
　　ⓒ　指定社員に指定されることによって，当該業務につき，指定社員が代表権・執行権を付与され，非指定社員は，代表権・執行権を喪失する。
　　ⓓ　指定は，書面により行う。
⑫　利益相反業務の禁止
　弁護士法に相応して禁止する。
⑬　監督・懲戒
　日弁連と弁護士会が監督権・懲戒権を持つ。
　懲戒の具体的内容は検討中。
⑭　解散，清算

合名会社の解散に準じる（商法94条）。

⑮　1人法人

検討中

2）弁護士業務妨害とその対策

> 激増し，悪化する業務妨害の根絶のため，弁護士業務妨害対策センターの活動をより充実させ，広く会員の活動をバックアップしていかなければならない。

(1) 弁護士業務妨害をめぐる最近の情勢

坂本堤弁護士一家事件を始め，渡辺興安弁護士殺害事件，岡村弁護士夫人殺害事件，そして福岡の福島弁護士傷害事件と，弁護士やその家族の「命」に係わる重大かつ悪質な業務妨害事件が続発したこともあって，日弁連をはじめ全国各単位会の業務妨害対策への取組みが活発化している。

日弁連は，弁護士業務妨害対策委員会において，各単位会に向け，業務妨害対策のための組織作りや活動の基本モデルを作り，さらに全会員向けに対策マニュアルを作成している。また各地の単位会でも，アンケート調査や対策パンフを作るだけでなく，さらに積極的に「派遣弁護士制度（被害に遭っている弁護士の要請に応じて，会が救済弁護士を派遣する制度）」を立ち上げるところも現れた（群馬，仙台など）。

東京弁護士会でもそれらに呼応し，1998（平成10）年4月「弁護士業務妨害対策特別委員会」を発足させ，同時に「業務妨害対策センター」をスタートさせた。

(2) 弁護士業務妨害対策センターの設置と活動

① アンケートによる実態調査

1997（平成9）年実施された東弁のアンケートによって，弁護士に対する業務妨害はすでに多数発生しており，決して特殊なことではなく，誰にでも起きうること，その妨害の形態が多種多様であることなどが明らかとなった。のみならず，これまでは弁護士会として対策が皆無に近かったことも浮き彫りにされた[1]。

それら妨害行為にあった弁護士が採った具体的対策としては，警察への通報・刑事告

---

1) 業務妨害の形態としては，嫌がらせ電話・脅迫・無言電話・暴行・面談強要・不退去・懲戒申立等々多様化していること。その原因となる事件も，不動産・交通事故・離婚・債権回収・倒産・クレサラなど，われわれが日常的に扱うごく一般的な民事事件に広がっていること。その妨害者については，暴力団員やえせ右翼等に限られず，一般人からの攻撃が増加していること。また，事件の相手方のみならず，依頼者からの妨害も少なくないことにも注目しなければならない（その典型が，渡辺興安弁護士事件である）。さらに，宗教団体が関係しているケースや，相手方の精神面・人格面に問題があると思われるケースなどが増えていることも最近の特徴である。

訴・仮処分申請等が一般的であり，複数弁護士での対応なども一定の効果が認められている。その反面，弁護士会は全く頼りにならない存在であった。

② 積極的対策─対策センター設置

以上のような実態への反省から，最近では各地で弁護士会による具体的対策が講じられつつある。前記の派遣弁護士制度や，会として仮処分申し立てをする，会の名前で警告を発するなど，会が主体的に動くケースが見られるようになってきた。

そのような情勢を踏まえ，東弁では，1998（平成10）年4月「弁護士業務妨害対策特別委員会」を発足し，「弁護士業務妨害対策センター」を設置した。

これは，弁護士業務妨害を個々の弁護士個人の問題として押しつけるのではなく，「会」が動いてこそ効果的かつ抜本的対策になるのだとの共通認識から，より積極的に「会」自体が動けるシステムを作るべきであると判断されたものである。

③ センターの運用と活動

ⓐ 組織

30名の支援弁護士を一般会員から募集し，名簿を作成する。

ⓑ 活動の流れ

（イ）弁護士会事務局に窓口を設置し，被害を受けている（おそれのある）弁護士からの支援要請を受け付ける。

（ロ）担当委員が事情聴取をし，委員会に報告。委員会で支援の必要性および方法について検討する。ただし，緊急を要する場合には，委員会には事後報告とし，正副委員長の協議により迅速な支援対応ができるようにする。

（ハ）センターが行う支援の内容としては，(i)対策ノウハウの提供，(ii)支援弁護士の派遣，(iii)委員会ないし弁護士会の名で妨害者に通告・勧告・警告，(iv)仮処分その他の法的手続，(v)警察その他関係機関との連携，(vi)広報などがある。

（ニ）支援活動の費用負担

原則として，支援要請弁護士の負担とする。金額については委員会の審査をうけるものとする。

④ 精神的・人格的障害者対策

業務妨害の中でも，暴力団や右翼団体など民事介入暴力と共通するものについては，ノウハウもほぼ固まっている。他方，近時特に問題とされているのは，精神的あるいは人格的障害者による攻撃にどう対処したらよいかという点である。業務妨害対策特別委員会では，精神分析学の専門家を招いてシンポジウムを開くなどし，精神的・人格的障害者に対する接し方のノウハウを研究している。

(3) 弁護士業務妨害の根絶のために

　以上のように，実効性ある業務妨害対策システムは，ようやく緒についたばかりであり，今後もより一層の検討努力が必要である。そして，その新しいシステムが期待どおり有効に機能するかどうかは，一般会員の理解と協力にかかっている。

　法友会としても，東弁の活動を全面的にバックアップしていかなければならない。例えば，支援弁護士名簿への積極的登録，情報提供等々である。

　最大単位会たる東弁としては全国に範を示すべく，積極的かつ具体的に活動を推進していかなければならない。日弁連のバックアップ，東京地裁における仮処分決定の蓄積，警察庁・警視庁との連携，マスコミによる広報宣伝等々，東弁の果たすべき役割はきわめて大きい。

　卑劣な業務妨害を根絶し，正当な弁護士業務を守り，人権擁護と社会正義の実現という使命を全うするために，東弁全体が一丸となり断固として戦うという姿勢を世に明示していかなければならない。

4　国際化と弁護士制度・弁護士業務

１）国際化に対する弁護士会の対応

> 　わが国の弁護士制度・弁護士業務は，諸外国の法曹制度や国際社会の動向と密接な関係を有するに至っている。いわゆる第三次外国弁護士問題は，外弁法改正（1998〔平成10〕年8月施行）により一応の決着をみた。われわれは，WTO等における弁護士業務の自由化や異業種間共同事業（MDP）等の論議や動向を注視しつつ，わが国の弁護士会全体の問題として，わが国の弁護士制度・業務の国際社会における在り方・国際的なルール作りへの対応につき，早急に総合的な対策を講じる必要がある。

(1) 国際化の進展と弁護士制度・業務への影響

　わが国では従前から渉外弁護士は存在したものの，弁護士会全体としては，一般に，国際業務は一部の特別な弁護士が行うもので自らには関係がないとみなす傾向があり，弁護士制度・業務のあり方をめぐる問題は，専ら国内問題として捉えられてきた。しかし，国際化・ボーダーレス社会の進展に伴い，わが国の弁護士制度・業務は，国際社会と密接な関係を有することとなり，単なる国内問題としてとらえることはできなくなっている。弁護士業務についての自由化交渉が，ウルグアイ・ラウンドの結果成立したWTO（世界貿易機構）体制に組み込まれたことに加えて，諸外国における巨大国際会計事務所による異

業種間共同事業（ＭＤＰ）の進行など，わが国の弁護士制度・業務に大きな影響を与える国際的な動きがあることに注目しなければならない。

(2) 弁護士業務をめぐる国際的動向

① ＷＴＯ体制における弁護士業務の位置づけ

国境を越えたサービス業へのニーズが著しく増加したことから，1986（昭和61）年に始まったＧＡＴＴウルグァイ・ラウンドでは，従来の関税等の物の取引に関する障壁の撤廃にとどまらず，弁護士業務を含むサービス関連業も自由化交渉の対象に追加し，サービス貿易を国際的な共通のルールで規律するための条約として，ＧＡＴＳ（サービス貿易に関する一般協定）を1995（平成7）年1月に発効させた。わが国が同年に外弁法を改正して強制的相互主義を任意的相互主義に改めたのは，最恵国待遇を基本とするＧＡＴＳの原則に合致させるためであった。

サービス貿易を含む貿易を律する法的な拘束力を持つ新たな国際機関であるＷＴＯの下で，弁護士業務は，ＧＡＴＳに組み込まれ，その自由化交渉はＧＡＴＳを枠組みとして進められることになった。ＧＡＴＳは多国間条約であるので，ＷＴＯ加盟国はＧＡＴＳの改正など新たな協定が締結された場合にはその内容と異なる法令（例えば弁護士法や外弁法など）を改正すべき国際的な義務を負うことになる。このように，ＷＴＯ体制は，従前のＧＡＴＴ体制と比してその法的重みを著しく増しているといわなければならない。

② ＷＴＯ等における規制緩和の動き

ＷＴＯの新ラウンド交渉（いわゆるGATS2000）は2000（平成12）年から本格的に開始されるが，ＯＥＣＤ（国連経済協力開発機構）やＷＴＯの「自由職業サービス作業部会」でその準備活動が行われてきている。先ず，ＯＥＣＤでは，「資本移動と貿易外取引委員会（ＣＭＩＴ）」が，1994（平成6）年9月，1995（平成7）年10月および1997（平成9）年2月の3回にわたりパリで自由職業サービス自由化に関するワークショップ（専門家会議）を開催している。世界各地から，弁護士・公認会計士・建築家・技術士などの自由職業サービス関係者が出席し，自由職業全体についての規制緩和が論議された。日弁連もこの3度のワークショップに代表団を派遣して討議に参加した。議論の中心は，専門職資格の相互承認，専門職事業体への出資と所有の自由化，異業種間共同事業（ＭＤＰ），同業種間の国際的共同経営，専門職倫理の統一化などであった。

他方，ＷＴＯの自由職業サービス作業部会（ＷＰＰＳ）は，国際化が最も容易な会計サービスの分野から着手し，1997（平成9）年5月に「会計分野の相互承認協定又は取り決めの指針」（資格の相互承認ガイドライン）を，1998（平成10）年には「会計分野の国内規制に関する規律（多角的規律）」を採択した。この規律は現時点では法的拘束力はない

が，新ラウンドの終結までに，自由職業サービス全般の規律とともにＧＡＴＳの一部として法的拘束力のあるものにすることが合意されている。1999（平成11）年4月に開催されたＷＴＯのサービス貿易理事会は自由職業サービス全体の規律作成作業を急ぐため，自由職業サービス部会を発展的に解消し，新たに「国内規制作業部会」（ＷＰＤＲ）を設置した。同作業部会はサービス全体にかかわる資格要件・手続，免許要件・手続，技術上の基準の規律などを作成する任務が与えられている。従って，2000年からの新ラウンド交渉開始3年から5年後には，わが国の弁護士を含む自由職業を拘束する自由職業サービスの国内規制に関する規律が作成される可能性が高い。

③ 異業種間共同事業（ＭＤＰ）─巨大国際会計事務所の法律業務への進出

いわゆるビッグ・ファイブと呼ばれる巨大国際会計事務所が本来の会計監査や税務からコンサルティングへと範囲を広げ，弁護士との共同事業，すなわち，異業種間共同事業（Multidisciplinary Practice，略してＭＤＰ）を通じて，法律サービスの分野に進出し，各国弁護士会にとって大きな脅威となっている。わが国では，弁理士，税理士，司法書士など隣接業種との異業種提携の動きが見られるが，国際的には，巨大国際会計事務所がその組織力・資金力・政治力・ネットワークなどを駆使して次々と弁護士事務所を買収しその傘下におさめ，ＭＤＰを通じて法律業務を行うという現象が起きている。

1999（平成11）年現在，世界のトップ10のローファームのうち，3位（プライスウォーター・クーパース　1,735人）），4位（アーサー・アンダーセン　1,718人）および7位（ケーピーエムジー　1,264人）は巨大国際会計事務所のローファームが占めている。このようなＭＤＰ（異業種間共同事業）については，先に述べたＷＴＯ等の規制緩和の動きに加えて，英国・ドイツやオーストラリアのニューサウスウェールズ州などでは既に解禁されている。他方でＭＤＰに反対もしくは慎重であるべきとの動きもあり，ＩＢＡ（国際法曹協会）やＡＢＡ（アメリカ法曹協会）も従来は反対もしくは慎重な態度をとっていたが，最近その立場に微妙な変化が見られる。ＩＢＡは1998（平成10）年6月のウィーン理事会で，ＭＤＰは弁護士の社会的責任，独立性，倫理，依頼者保護の重要性ならびに特殊性等の理由から原則禁止すべきであるが，万一認める場合においては，弁護士の独立性，秘密保持義務および利益相反行為の回避義務を損なわないような明確な措置を講じるべきであるとの原則を承認した。しかし，同年9月のバンクーバー理事会ではＭＤＰ賛成派が巻き返すなど予断を許さない状況にある。

ＡＢＡでは1998（平成10）年8月に設置したＭＤＰ委員会が，1999（平成11）年6月，弁護士としての基本的な倫理を損なわないという厳格な条件付きで，弁護士は非弁護士である会計事務所と報酬を分配し共同事業をなし得るよう弁護士倫理を改正することを提言

した。しかし，ＡＢＡの代議員会では，ＭＤＰが弁護士の独立性および依頼者への忠実義務を損ない，ひいては公益が害されることにならないことが明確にされない限り賛成できないとして提言を採択せず，同委員会にさらなる検討を要請しており，同代議員会が今後どのような結論を出すかが注目される。

④　国際法律業務に関するフォーラム

日弁連は，1997（平成9）年6月，ＡＢＡおよびＣＣＢＥ（欧州弁護士連合会）に呼びかけ，三者の代表者による三極法曹会議をニューヨークにおいて開催し，ＷＴＯの自由職業サービス作業部会の指針となる諸原則につき，世界の法曹間でコンセンサスを得ることを目的として「弁護士職の国際的業務に関するフォーラム（いわゆる「パリ・フォーラム」）を開催することを決定した。パリ・フォーラムは，1998（平成10）年11月9日・10日の両日，日弁連，ＡＢＡおよびＣＣＢＥの共催により，パリにおいて38か国の弁護士会代表者の出席の下で開催された。そこで最も関心を集めたのはＭＤＰとそれに関連する弁護士職の特殊性とその社会的責任であった。日弁連は，日弁連理事会により承認された外国弁護士および国際法律業務委員会作成の意見書に基づき，「弁護士と他の専門職との間には，職責・倫理および独立性において大きな違いがあり，公認会計士とのＭＤＰは原則禁止すべきである。万一認める場合でも，弁護士がその高い倫理を完遂し，職責を全うすることができ，依頼者や公益を害さないようにする明確なシステムの構築が必要である。」との立場を主張している。

(3)　国際化への基本的な対応

①　弁護士会全体の課題として危機意識をもつ必要性

国際社会において，弁護士業務の自由化をめぐる流れは，ＷＴＯ体制の下で急速に進展している。自由化の行き着くところ，相手国で与えられた資格を自動的に自国でも有効なものとして認めるという「相互承認」の原則がとられ，外国で得た弁護士資格をわが国において自動的に認めなければならないという事態になる可能性さえある。ＷＴＯの新ラウンド交渉が進展すれば3年から5年後には「自由職業サービスの国内規制規律」が作成され，わが国の弁護士制度・業務に大きな変革を迫ってくることが予測される。われわれはこのような問題に関し弁護士会全体として危機意識を持ち，情報を共有する必要がある。

②　総合的な対策を急ぐ必要性

弁護士業務を含む自由職業サービスの自由化の動向や巨大国際会計事務所のＭＤＰを通じての法律業務進出の動向に十分な注意を払うとともに，わが国の弁護士制度・業務の国際社会における在り方や国際的なルール作りへの対応について，早急に総合的な対策を講じる必要がある。そして，外務省・法務省等とも連絡を密にし，弁護士の独自性等の観点

から自由化の内容を合理的なものにする努力を展開し，隣接業種団体（日弁連の弁理士会・司法書士会等への呼びかけにより「ＧＡＴＳ自由職業サービスに関する連絡協議会」が1996（平成8）年9月に発足している），ＡＢＡ，ＣＣＢＥ，ＩＢＡ等の内外の法曹団体とも協力を図っていくべきである。

２）外国弁護士問題

> 第三次外国弁護士問題は，職務経験要件の緩和，第三国法に関する法律事務の取扱い，外国法事務弁護士と弁護士の協働関係の見直しにより決着が図られたが，今後とも，引き続きＷＴＯや諸外国の弁護士会の状況を常時，調査・分析し，会内で討議を尽くして，予想される様々なかたちの自由化要求に対し主体的に対処していくべきである。

(1) 第三次外国弁護士問題

いわゆる第三次外国弁護士問題は，米国政府が1994（平成6）年11月15日付書面において，日米包括経済協議の議題の一つとして，外国弁護士の日本における活動のさらなる自由化を求めてきたことに端を発する。さらに。1995（平成7）年4月21日，同年11月21日および1996（平成8）年11月15日付の書面により同様の自由化を求めてきた。米国の主たる要求は，外国弁護士による弁護士の雇用に対する制限や外国法事務弁護士に要求される資格要件である5年の職務経験の見直し，第三国の法律に関する外国法事務弁護士の職務範囲の制限と要件の撤廃または大幅な緩和であった。

(2) 外国弁護士問題研究会の提言と日弁連の対応

日弁連と法務省が共催で設置した外国弁護士問題研究会は，❶外国法事務弁護士による弁護士の雇用，❷職務経験の要件の緩和，❸外国法事務弁護士の第三国法の取扱いの問題につき，1997（平成9）年10月30日付で報告書をまとめ，法務大臣および日弁連会長に提出した。日弁連は，同年12月18日に臨時総会を開催し，この報告書の提言と同趣旨の以下の3項目からなる「外国法事務弁護士制度の改革に関する基本方針」を採択した。

① 職務経験要件について

外国法事務弁護士となる資格の承認の基準の一つである職務経験要件について，原資格国における職務経験の年数を3年以上とするものとする。原資格国以外の外国における職務経験もその外国において外国弁護士となる資格を基礎として当該原資格国法に関する法律事務を行う業務に従事した場合の年数を参入することができるものとする（外弁法10条1項関係）。なお，職務経験に参入できるわが国における労務提供は，通算して1年を限

度とするものとする（10条2項関係）。

②　第三国法に関する法律事務の取扱いについて

外国法事務弁護士は，第三国法（原資格国以外の外国の法）に関する法律事務について，当該第三国の資格を有する外国弁護士であって外国弁護士となる資格を基礎として当該第三国法に関する法律事務を行う業務に従事している者（外国法事務弁護士を含む）の書面による助言を受けて行うことができるものとする（3条ないし5条関係）。

③　外国法事務弁護士と弁護士の協働関係（いわゆる特定共同事業）について

外国法事務弁護士と弁護士との共同の事業について，事業の目的の制限を緩和し，訴訟事務，行政手続に至るまで一貫して「外国法の知識を必要とする法律事件についての法律事務並びに当事者の全部又は一部が外国に住所又は主たる事務所若しくは本店を有する者である法律事件についての法律事務及び外資系会社が依頼者である法律事件についての法律事務」を目的とすることができるものとする（49条，49条の2関係）。

法務省は，外国弁護士問題研究会報告書及び日弁連の基本方針に基づき日弁連と協議を進めながら外弁法改正案を策定した。改正法案は，第142回通常国会で可決・成立し，1998（平成10）年8月13日に施行された。

この外弁法の改正をうけて，1998（平成10）年9月2日の日弁連臨時総会決議により会則と特定共同事業に関する規程の一部が改正されている。

米国政府は，その後，1998（平成10）年10月，「日本における規制撤廃，競争政策，透明性およびその他の政府慣行に関する日本政府への米国政府要望書」を提出し，その中で，法律業務に関し，パートナーシップおよび雇用禁止条項の廃止・日本での職務期間の職務経験年数への算入・弁護士数の増加・準法律専門職に対する制約の廃止・外国法事務弁護士が代理人として日本政府および他の当局と協議を行うことの許可などを要望している。そして，1999（平成11）年10月にも同様の要望を行っている。このようにいわゆる第三次外国弁護士問題は，外弁法改正により一応の決着をみたものの，さらなる緩和を求める要求は収束したわけではない。引き続きＷＴＯや諸外国の弁護士会の状況につき常時，調査・分析を行い，問題を外圧への対応という視点ではなく，会内で討議を尽くして主体的に対処して行くべきである。

3）国際仲裁の活性化

> わが国における国際仲裁の活性化を図るため，国際仲裁研究会の提言をもとに，国際仲裁センターの設立，国際仲裁法制の整備等に向けて早急な具体化を進める必要が

> ある。

(1) 外国弁護士による国際仲裁代理

　国際化に伴い，国際仲裁の重要性はますます増大している。これに応じて，諸外国において仲裁法の改正が次々に行われている。わが国では，日弁連・法務省が共同で，1994（平成6）年，国際仲裁代理研究会を設置し，同研究会は1995（平成7）年10月に国際仲裁手続の代理資格に関する報告書を作成した。日弁連は1996（平成8）年2月22日の総会において，「外国弁護士による国際仲裁代理についての法整備等に関する基本方針」の決議を行った。同年6月に外弁法の一部改正により，❶当事者の全部又は一部が外国に住所等を有する仲裁事件を国際仲裁事件とし，❷国際仲裁事件において，外国弁護士は，法律業務を行っている外国で依頼され，または受任した事件につき当事者を代理することができ，また，外国法事務弁護士は原資格法または指定法による制限を受けずに当事者を代理することが可能になった。

(2) 国際仲裁研究会の提言と今後の動向

　現時点においては，わが国における国際仲裁は活況にあるとはいえない。わが国の国際仲裁の不活発・利用しにくさは，日本企業等が直面する国際契約交渉の場面で，日本を仲裁地とする紛争解決の選択を説得力のないものにしている。日弁連は，わが国の国際仲裁の活性化をはかるべく1996（平成8）年5月，法務省に対して「国際仲裁研究会」の共同主催を提案した。その後の協議の結果，1997（平成9）年12月，国際仲裁研究会が設置された。同研究会は，1999（平成11）年3月に報告書をまとめ，わが国の国際仲裁制度を発展させ，わが国を世界における国際民商事紛争解決の拠点の一つとするために，既存の国際仲裁機関と関係機関等による横断的な組織として「連絡協議会」を速やかに設置し，信頼に足る仲裁人の確保および養成，広報・普及活動等を効率的・効果的かつ充実したものとし，わが国の国際仲裁に対する理解・信頼の確保に努めること，連絡協議会において国際仲裁センターを将来設立することを視野に入れて具体的な諸問題を協議・検討していくこと，わが国における国際仲裁を活発化し利用しやすいものとするという観点から国際仲裁法制を早期に整備すること，などを提言している。

　われわれは，国際仲裁研究会の提言の早急な実現に向けて積極的に協力していくべきである。

4）国際司法支援・国際機関への積極参画

> 　開発途上国に対する国際司法支援活動を充実拡大させていくため，新たに発足した

> 国際司法支援弁護士登録制度を活用し，これに取り組む弁護士の量と質を高めるとともに，国際関係諸団体との提携を推し進め，弁護士が国際機関等への有力な人材供給源となるべく積極的に参画していくべきである。

　市場経済への移行を目指す開発途上国への司法支援活動は，これまで欧米を中心に行われてきた。しかし，アジア諸国の中には，アジアの一員であり外国法の主体的継受に成功体験をもつ日本の協力または支援を求める傾向が強まってきており，日弁連も積極的にこれに関与することが求められてきている。

　日弁連では，1995（平成7）年から毎年，国際協力事業団（JICA）が主催するカンボディア司法関係者の日本での研修プログラムに協力し，また同国の民法・民事訴訟法の起草に協力する目的で，重要政策中枢支援委員を派遣したり若手弁護士が専門家として同国司法省に駐在して行っている協力活動を支援している。日弁連は，2000（平成12）年5月にカンボジア弁護士会と情報交換・司法支援を主たる目的とする友好と親善のための覚書を締結し，10月には両弁護士会共催によるセミナーを開催している。JICAのヴェトナムに対する司法支援プロジェクトでも，弁護士が同国の司法省に派遣されている。さらに，カンボジアの裁判所で裁判官に助言する国連のメンタープログラムや国際開発法律研修所（IDLI）に勤務しアジア諸国の法律家の養成に携わってきた弁護士もいる。また，アジア以外でも欧州復興開発銀行（EBRD）に勤務し旧ソ連邦諸国への司法支援活動に参加している弁護士や財団法人国際民商事法センターの行う司法支援活動を担っている弁護士や各種NGO団体に参加して地道に各国に協力している弁護士もいる。このような実績から，弁護士が国際機関等への有力な人材供給源であるという認識が定着してきている。

　日弁連は，国際司法支援活動をより一層充実拡大させていくために，1999（平成11）年9月，「国際司法支援弁護士登録制度」を発足させたが，すでに70名以上が登録している。この登録制度を活用し，国際司法支援に参加する弁護士の量と質の充実をはかるとともに，弁護士法30条の公職の兼職が可能となる新たな時代に，多くの会員がわが国の公的機関や国際機関において法律専門家としての役割と活動を担い，国際舞台で法の支配の徹底に貢献できるよう積極的に参画していくべきである。

第3　弁護士会の改革

> 　弁護士会の社会的役割の増大にともない，中長期的展望に立った総合的政策提言と政策実現のための運動の強化が求められている。
> 　これを担う日弁連，関弁連，東弁の機構や運営については，役員やスタッフの増員等を含む執行力の強化，機能的・効率的な委員会運営，多数会員参加による活性化，的確迅速な情報伝達，裏付けとなる財政の安定的運営などの課題に取り組む必要がある。

1　政策実現を担うにたる機構と運営を

1）司法改革の推進と弁護士改革の課題

> 　司法制度改革審議会の議論の進展とともに，司法改革運動の推進が本格化し，弁護士会が，司法制度，弁護士制度，人権課題，法制度などにつき，積極的かつ迅速的確に提言し実践しなければならない課題が飛躍的に増加している。
> 　弁護士会はその社会的役割の増大にともない，①中長期的な展望に立った総合的司法政策の形成，②政策実現のための具体的で有効な運動論の構築と実践，③政策形成と運動推進を担うためのスタッフや財政を含めた実務的・継続的な体制の確立，そして，④情勢の変化に迅速に対応できる適切な会内合意のあり方の確立が必要であり，その観点から会の機構運営のあり方を見直すべきである。

(1)　司法改革の取組みと弁護士会のあり方

　1990（平成2）年の第一次司法改革宣言から10年。日弁連の司法改革運動は，司法制度改革審議会の中間報告が2000（平成12）年11月に発表されたことを画期として，まさに正念場を迎えつつある。改革に向けて大きく動き出しつつある司法全体の流れを誤りなく導いていくために，弁護士会が果たすべき役割は決定的に重要であり，司法改革運動の中軸としての弁護士会のあり方の抜本的な改革が求められている。
　このような観点からみた場合，弁護士会に求められている主な課題は，以下の4点に集約される。
　①　中・長期的展望に基づいた総合的司法政策の形成

②　①の政策を実現するための具体的運動論の策定
③　①②の作業と具体的運動を行うための実務的継続的取組みの実施
④　①〜③の取組みの基盤となる適切な会内合意の形成

以下で，これらの課題についての具体的内容と実現のための体制づくりを提言する（なお，以下の各論点は，相互に密接な関連性を有するものであり，各論点についての提言には，一部重複するものもある）。

(2)　中長期的展望をもった総合的司法政策の形成

①　総合的司法政策の必要

従来の弁護士会の司法制度問題をめぐる活動は，厳しい言い方をするならば，問題に直面するまでは取組みを先送りし，直面したら当面の対応に追われ，当面の問題が落ち着いたら取組みが急速に停滞するという弱点を構造的に抱えてきた。これは，1万8000人の弁護士が民主的手続きを経て会内合意をはかる必要があるということや，日々の事件活動に従事しつつ弁護士会活動に取り組まなくてはならないという弁護士の宿命による面とともに，弁護士会において，未だ中長期的展望に基づいた総合的な司法政策が確立されていないことがその大きな原因になっていた。

しかし，司法制度改革審議会への対応という課題を通じて，このような弁護士会の状況にも変化が生じ始めており，各個別課題を司法全体のあり方との有機的関連のなかに自覚的に位置づけるという取り組みが開始されている。このような取り組みを通じて総合的司法政策が早急に形成されることが求められている。

政策の実現を果たすための運動論についても具体的に策定されることが必要である。どのような層を支持基盤に想定し，どのような方法で，どのような成果を期待して運動を展開するのか等の具体的運動論の策定が必要である。また，政策実現のためには，司法と立法，行政の関係についても見据えた運動論の策定が求められる。

②　継続的な調査研究

委員会活動を基盤としてきたこれまでの弁護士会活動のあり方は，多くの弁護士を弁護士会活動に吸収し，幅広い活動を展開するために積極的な意義を有してきた。しかし，1年間を区切りとしたその活動形態と任期制は，継続的な調査研究に不向きな一面を有していることも否定できない。

中長期的展望に立った政策と運動論の形成のためには，継続的な調査研究活動を支える体制づくりが重要である。そのためには以下のような点が検討，実施される必要がある。

ⓐ　司法制度改革審議会への対応を主たる任務として発足した司法制度改革担当嘱託を，司法制度改革室として日弁連の機構のなかに位置づけ，政策立案・執行スタッフとしての

常設機関化をはかること。また，同室の充実をはかりつつ，委員会との充分な連携に配慮しながら，事務総長のもとに民事部門，刑事部門，行政部門，弁護士制度部門，司法制度部門等，各部門毎の嘱託グループを形成することを通じた政策立案・執行機能の抜本的強化の方向性についても検討を行うこと。

ⓑ 複数年にわたる活動計画を前提とした委員会活動を実施するとともに，委員会のもとでの研究会活動を活性化させるなどの方法によって委員会の自主的な調査研究活動を充実させること。

ⓒ 法務研究財団における調査研究活動を活性化させ，その成果を弁護士会活動に活かしていくというスタイルを確立すること。

ⓓ 司法制度の検討に際して比較の対象となる諸外国（米英独仏等）について，日弁連国際室を軸に現地在住あるいは留学中の弁護士に対して嘱託弁護士の形式で協力を得るなどして，当該国の司法制度等についての資料収集，調査，調査団派遣の際の諸手配等を迅速かつ継続的に実施するシステムを確立すること。

③ 政策スタッフの充実強化

政策と運動論形成の中心になるのは，あくまでも委員会（推進本部，センター等を含む）である。しかし，中長期を展望した政策と運動論を，テンポが著しく早まっている近時の社会情勢のなかで適切に形成していくためには，従来の委員会活動を補うという観点から政策スタッフを充実強化する必要がある。そのためには以下のような点が検討，実施される必要がある。

ⓐ 司法制度改革審議会への対応を主たる任務として発足した司法制度改革担当嘱託を，司法制度改革室として日弁連の機構のなかに位置づけ，政策立案・執行スタッフとしての常設機関化をはかること。

ⓑ 日弁連の常務理事制度を活用し，常務理事を担当副会長とともに当該問題に関する日弁連執行部の一員として明確に位置づけること。

ⓒ 法務研究財団の研究活動と弁護士会の政策形成とが結びつくよう，同財団との連携を緊密にとっていくこと。

ⓓ 司法制度改革審議会への対応を目的として一部で組織化が進められてきている学者，有識者グループとの関係を全国化，恒常化し，弁護士会活動を支えるシンクタンクとして日弁連，各単位会において形成すること。また，そのような活動の発展と法科大学院制度の発展による学者と実務家との垣根の流動化状況，さらには弁護士の活動領域の拡大の状況を見定めつつ，学者の弁護士登録についての柔軟な対応を検討すること。

(3) 組織の充実と強化

①　財政基盤の確立

財政基盤の確立は，司法改革運動を支える体制づくりの大前提になる。そのためには，財政の圧倒的部分を会員の会費に依存している現在の状況を改革する必要がある。具体的には，以下の点を検討し，会費外収入の増加をはかる必要がある。

　ⓐ　カルパ制度（フランスの弁護士預り金制度）の導入
　ⓑ　弁護士会の法律相談等，弁護士会の事業活動に関する担当弁護士の協力金（寄付）納付の履行確保をシステム化すること。
　ⓒ　地区法曹会との協議に基づき，現在東京23区の大半で各地区法曹会が担当している自治体法律相談について弁護士会として関与していくこと。
　ⓓ　日弁連，各弁護士会に対する寄付金の受入れ制度を整備すること。

②　執行体制の強化

社会における弁護士会の役割がますます重要かつ幅広いものとなるなかで，形成された政策と運動論を具体的に実践するための執行体制の強化が求められている。具体的には以下の点が検討される必要がある。

　ⓐ　現在の司法制度改革担当嘱託を司法制度改革室として日弁連機構の中に位置づけ，担当課題ごとに執行部と緊密な連携をとって執行をはかるシステムを確立すること。
　ⓑ　日弁連の常務理事制度を活用し，常務理事を担当副会長とともに当該問題に関する日弁連執行部の一員として明確に位置づけること。また，司法制度改革室の充実をはかりつつ，委員会との充分な連携に配慮しながら，事務総長のもとに民事部門，刑事部門，行政部門，弁護士制度部門，司法制度部門等，各部門毎の嘱託グループを形成することを通じた政策立案・執行機能の抜本的強化の方向性についても検討を行うこと。
　ⓒ　日弁連副会長の増員
　ⓓ　日弁連正副会長会議の制度化
　ⓔ　東弁においても政策立案・執行スタッフとして理事者室付嘱託弁護士を配置すること。

③　大規模会と中小規模会

司法改革運動の実践に際し，大規模会と中小規模会とでは財政面においても人的側面においても大きく条件が異なる。政策立案は各単位会が独立して行うものとしつつ，運動を全国的に展開するという側面においては，日弁連による全国的な調整と単位会の枠を超えた協力関係が必要である。

そのためには次の点が検討される必要がある。

　ⓐ　各弁護士会連合会内の人的協力関係の一層の推進。

ⓑ　弁護士会連合会単位での活動の活性化。
　　ⓒ　日弁連の調整による各単位会の財政負担の均質化。
　　ⓓ　関東十県と東京三会，関弁連との関係の再検討。
(4)　市民との連携と世論の形成
①　市民的基盤の強化
　司法改革の課題を具体的に実現するためには市民との連携が不可欠であるが，これを充分に実現するには，弁護士・弁護士会が市民的基盤を確立することが不可欠である。そのためには次のことが検討される必要がある。
　　ⓐ　ホームページの活用による市民との双方向的情報交換の一層の推進。
　　ⓑ　各種課題にとりくむ市民団体と定期的な懇談の場を持つこと等を通じて継続的な連携を持つこと。また，日弁連，各単位会に市民団体との連携のための「市民団体課」といった担当部署を設け，市民団体との連携強化を組織的にも明確にすること。当面，司法制度改革審議会への積極的対応という観点からこのような市民団体とのネットワークを積極的に形成，発展させていくことが焦眉の課題である。
　　ⓒ　各種課題に取り組む市民団体の情報については，当該問題にかかわる委員会や単位会レベルにとどまらず，日弁連においてデータベース化すること。
　　ⓓ　弁護士会主催の集会参加者などについても本人の承諾と秘密の保持を前提にデータベース化し，各種課題の訴えや集会案内，市民アンケートの実施などの際に積極的に活用すること。
②　世論形成のための迅速的確な行動
　司法改革の課題を具体的に実現するためには，弁護士会の政策を支持する世論を形成することが不可欠である。そのためには市民及び市民団体のみならず，マスコミ関係者，学識経験者，国会議員等に対する効果的な働きかけが必要であり，具体的には次の点が検討，実施される必要がある。
　　ⓐ　市民・市民団体に対する働きかけについては，上記「市民的基盤の強化」であげた方策を通じ，弁護士会の政策に対する理解を得ていくこと。
　　ⓑ　とりわけ，問題となっている課題に関係している市民団体に対する働きかけを当該課題との関係では重視すること。
　　ⓒ　裁判傍聴運動にとりくむ市民団体への働きかけを重視すること。
　　ⓓ　マスコミ関係者については，日弁連のみならず各単位会において定期的な懇談会を実施し，その時々の弁護士会が取り組む課題について理解を得ていくこと。また，懇談会の成果について日弁連に迅速に情報を集約するシステムを確立すること。

ⓔ　司法制度改革審議会への対応を目的として一部で組織化が進められてきている学者，有識者グループとの関係を全国化，恒常化し，弁護士会活動を支えるシンクタンクとして日弁連，各単位会において形成するとともに，具体的課題については同メンバーを中心に理解をはかっていくこと。
　ⓕ　これらのマスコミ関係者，学識経験者に対し，「自由と正義」のみならず，各種配布物等を含め，弁護士会の情報が迅速かつ継続的に伝達されるシステムを確立すること。

(5)　政府機関等への働きかけ
　司法改革の課題を実現するためには，市民への啓蒙活動等を通じた世論形成とともに，法律案の策定や政府の方針の形成等，立法・行政に対する働きかけが不可欠である。同時に最高裁・法務省との協議やこれらに対する働きかけも不可欠となる。司法制度改革審議会への対応と並行してこれらの取組みを進めていくことが極めて重要であるとともに，同審議会が最終意見を発表した後には答申内容の立法化が焦眉の課題になるのであり，これらへの対応の重要性は飛躍的に増大する。これらの取組みに際しては次の点が検討，実施される必要がある。
　ⓐ　国会議員に対しては，弁護士出身議員を通じた日弁連との日常的な意見交換を，執行部のみならず幅広い範囲で実施すること。
　ⓑ　弁護士政治連盟を通じて弁護士出身国会議員との日常的な交流をはかるとともに，日弁連執行部と弁護士政治連盟との交流も一層活性化させること。
　ⓒ　各単位会において当該選挙区の弁護士出身議員との定期的な懇談の場を設けるなどして日常的な意見交換をはかるとともに，その情報を日弁連に集約するシステムを確立すること。
　ⓓ　国会議員に対する働きかけについては司法の独立を損なわないよう留意すること。
　ⓔ　政策実現に関連する行政官庁，および大蔵省との意見交換を個別課題ごとに継続的に実施していくこと。
　ⓕ　最高裁・法務省と日弁連の間でも法曹三者協議のみならず，日常的課題についての定期的な意見交換の場を設けること。同意見交換については執行部のみならず，関連委員会の参加も確保すること。

(6)　迅速な情勢の変化に対応できる適切な会内合意のあり方の確立
　司法制度改革審議会の審議の進行とともに明らかになりつつあるが，情勢の進行テンポがますます早くなるなかで，会員への迅速かつ正確な情報の提供と，これに基づいた迅速適切な会内合意形成の要請がますます強まっている。そのためには，一方で迅速な双方向的情報伝達システムの確立が必要であるが，それだけでなく，最も正確な情報を最も迅速

に入手する立場にある日弁連執行部が，情報を会員に適切に提供することが不可欠である。執行部主導の会内合意形成の必要性は今後ますます増えてくると思われるが，その会内合意が真に力を持つためには，会員の広範な支持が具体的に存在することが不可欠である。このような観点から次の課題が検討される必要がある。

　ⓐ　日弁連執行部から会員に対する適切な情報の提供。なお，その際には，情報の正確性，情報伝達の迅速性とともに，当該情報の重要性，必要とされる会内合意形成の緊急性，会内合意に向けての具体的プロセスに対する正確な情報の提供が不可欠である。

　ⓑ　日弁連内印刷所の創設。

　ⓒ　弁護士会から各会員への情報伝達と会員から弁護士会への意見具申のためのホームページの積極的活用。

　従来の市民への広報という主要な位置づけのみならず，ホームページには適切な会内合意を形成するという趣旨から会員との双方向的な情報伝達機能を持たせることが必要である。そのために必要であれば，パスワードの設定等によって会員のみがアクセスできるページの創設なども検討されてよいだろう。

　ⓓ　また，2000（平成12）年11月の法曹人口，法科大学院等に関する日弁連臨時総会の状況は，司法改革の非常に早い流れへの適時適切な対応と，民主的な会内合意形成との間に深刻な緊張関係が存在することを改めて意識させた。この問題の解決のためには，今後の日弁連会員数の大幅増加をも展望するならば，現在の会内合意のあり方と政策立案・執行のあり方を抜本的に再検討する必要があると思われる。

　この点については，日弁連総会のあり方について検討を加えることのほか，基本的政策の部分についてはこれまでの直接民主主義的会内合意方式で充分な議論を尽くして決定し，個別課題への対応については理事会，執行部等に委ねていくこと，委員会の機能について再検討し，適時適切な政策立案・執行の部分については執行部，嘱託を軸とした常駐スタッフを適切に活用することなどを含めた幅広く，本質的な検討が行われる必要があるものと思われる。

２）日弁連の機構改革と運営の改善

> 　日弁連会長選挙については，直接選挙制を維持しつつ，金のかからない政策中心の選挙を実施するよう努力し，選挙制度の改善策についても検討すべきである。
> 　また，複雑・多様化する業務に対応するため，副会長の常勤化や増員，あるいは弁護士スタッフの増強などを図るべきである。

(1) 会長選挙の実施

　日弁連の民主的な改革の素地を作った日弁連会長の直接選挙制を維持するためには，金のかからない政策中心の選挙が実施されることが必要である。しかし，そのような選挙を候補者側の努力だけに求めることには限界がある。そこで，直接選挙制を前提としながら，金銭的負担を軽減するような選挙制度の改善策，例えば，❶選挙公示前の立候補準備活動に一定の制限を設け，選挙費用の上限額を決めること，❷選挙事務所として弁護士会館の使用を認めること，❸日弁連が保有している会員に関する情報を選挙活動に必要な範囲で候補者にも無償で提供すること，❹インターネットやビデオなど新しいメディアを利用した選挙運動を認めること，❺公聴会の実施回数を削減すること，❻日弁連から選挙費用を一定限度で支出すること等を早急に検討すべきである。

(2) 総会・理事会等のあり方と執行体制の整備

　日弁連が司法改革の理念に沿った活動を推進するためには，民主的な会内合意形成を図るという観点から，総会や理事会における議事運営のあり方が適切，妥当なものでなければならない。しかし，現行の日弁連会則や議事規程は，見直すべき点が多いと指摘されている。早急に問題点を洗い出し，積極的な提言をすべきである。

　また，時代が複雑・多様化し，日弁連業務も飛躍的に増大していることから，副会長の常勤化，副会長の増員，正副会長会議の制度化，事務局スタッフの補強等を検討するとともに，効率的で充実した委員会運営が図られるよう，日弁連の執行体制を一層強化していく必要がある。

(3) 各ブロックからの日弁連副会長選出のあり方

　日弁連は，全国の単位会の意見を十分に汲み入れ，単位会との連携強化を深める必要があるが，その方策として，近弁連，中部弁連，四国弁連のように，ブロックの理事長を日弁連副会長に選任するということが考えられる。また，現在，各ブロック毎に1名の日弁連副会長が選任されているが，会員数とのバランスを考慮した場合，各ブロックから選出される日弁連副会長の数についても検討すべきである。各ブロックからの日弁連副会長選出のあり方につき，副会長増員の点も含め，早急に議論すべきである。

3）関東弁護士会連合会の現状と課題

　関東弁護士会連合会[1]は，最大のブロック会であるにもかかわらず，現在，日弁連や所属単位会に対し，未だ十分な機能を果たしているとはいえず，これを改善するためには，管内13弁護士会及び1万人余の会員相互の交流，日弁連や所属単位会との有

> 機的な協力体制の確立，会報・広報の充実，各種委員会・協議会の活性化，定期大会及びシンポジウムのあり方の再検討，財政基盤の確立等を推進すべきである。

(1) 関弁連の現状

　現在，関弁連の活動を支えているのは10の委員会と1つの協議会であり，活発に活動している委員会が多い。また，弁護士偏在問題対策委員会が毎年編集発行している小冊子「ひまわり」に，1999（平成11）年度は北海道弁護士会連合会も加わっており，司法修習生をはじめ各界で一層注目されるであろう。

　運営面では，毎月1回定例の常務理事会のほか，年4回程度，拡大理事会を開いて理事と常務理事が合同で懸案を討議している。常務理事は20名であるが，関東10県の会長全員と東京三会の各担当副会長が入っているし，さらに，2000（平成12）年度は，正副理事長が管内各県を巡って各弁護士会執行部との懇談をする等，管内13会の協調体制を築くことに尽力している。

(2) 関弁連の課題

① 日弁連と関弁連との連携の強化

　日弁連副会長の定員を2名増員して14名とし，うち関弁連から6名の副会長を選出すべきである。上記のとおり，関弁連は約1万名の会員を擁する大ブロック会でありながら，現在は日弁連副会長を4名選出しているだけであり，他ブロックに比し人数の面で余りにもアンバランスである。その上，現在の4名のうち3名は東京三会の会長が兼任，1名は関東10県から輪番で選出されており，いずれも日弁連と関弁連とのパイプ役になることは事実上不可能であって，関弁連の意思を日弁連執行部に反映するに十分とは言い難い。増員される副会長は単位会の意思ではなく，関弁連の意思を日弁連執行部に反映できる人材を選出すべきである。弁護士人口の増加に伴い，今後数年のうちに，他ブロックにおいても同じ問題が起きると思われるので，他ブロックとも十分協議のうえ，関弁連のエゴと誤解されないよう運動を進めるべきである。

② 委員会の活性化と広報活動の充実

---

1) 関弁連は，東京高裁管内の1都10県13弁護士会をもって構成され，その会員数は，2000（平成12）年10月末日現在10,731名であり，全国弁護士の約6割を占めるわが国最大のブロック会である。会員数の内訳の概数は，東弁4000人，一弁，二弁，関東十県会各2000人である。
　2000（平成12）年度の関弁連の主な活動は，シンポジウムと定期大会（9月，幕張市），日弁連執行部との協議会である地区別懇談会（年2回，浦和市と甲府市），裁判所及び検察庁との協議会である法曹連絡協議会（1月，東京都）の開催のほか，日弁連法律相談センターブロック協議会（年2回，高崎市と東京都），ブロックサミット（8月，東京都）の担当などである。このほか，東京三会理事者会や司法協議会への参加，さらに2000（平成12）年は日弁連及び東京三会と共催でシンポジウムを計画・実施したり，また，東京三会の司法試験合格者に対する事前研修を共催し，今年あらたに関弁連主催で新規登録弁護士研修を行った。

大人数の関弁連において民主的に会内合意を形成するには，地道にいろいろな方法を積み重ねていくことが望ましい。そのためには例えば，「関弁連だより」と「関弁連会報」等の機関誌の発行回数を増やし，管内13会相互の交流と情報の交換をはかるべきであるし，11の委員会・協議会の一層の活性化に努めるべきである。とくに中小規模の単位会にあっては，各1～2名ずつの熱心な会員を関弁連に送って関弁連の委員会を充実させ，委員会において他会の委員と議論を交わすことによって，各単位会が情報を共有し，関弁連の意見の方向づけをすべきである。

③　定期大会・シンポジウムのあり方の再検討

　現在，定期大会及びシンポジウムは関東10県が輪番制により担当しており，東京三会はシンポジウムに委員を出す等の協力をするだけで，開催することには全く関与していないため，関東10県から批判の声が出ている。

　その開催を担当することは，担当会に経済的にも，人的にも，時間的にも大きな負担となっているが，会員の関弁連への帰属意識を強める効果は大きいので，東京三会においても開催を担当する方向で再検討すべきである。

④　隣接都県との協力

　現在，刑事当番弁護士，国選弁護，自治体の法律相談，破産管財人等について，少人数単位会の会員，特にその中でも支部所在地の会員の負担はきわめて大きい。関弁連は，1994（平成6）年9月の定期大会において，「刑事当番弁護士制度等の運用に際し，他会登録の弁護士の協力が得られるよう所要の施策を講ずる。」との決議をしていることは前記のとおりである[2]が，刑事当番弁護士のみでなく，法律相談や破産管財人等民事事件についても，隣接都県登録の弁護士にも協力を求める等，当該地弁護士会の監督を認めつつ，県境を低くして相互に弁護士の活動範囲の拡充を図るべきである。

⑤　財政基盤の確立

　関弁連の現在の会費は，月額542円（年6500円）である。近年，活動が活発化したことと事務局職員を3名に増員したことによって，事業費も管理費も大分膨らんでいる。今後，事務局強化特別会計（もとの会館準備特別会計）を再検討するほか，会費を値上げするなどして財政基盤を強固にすべきである。

2）　1999（平成11）年度法友会政策要綱186頁参照

2　東弁会務の諸問題

> 委員会等の活動をより効率化・活性化し，新人が参加しやすくするための工夫，執行力を強化するための副会長の2名程度の増員，会員への的確・迅速な情報伝達，会費外収入の増加，共済制度の充実等に取り組むべきである。

1）委員会活動の充実強化

　東弁の活動の中枢部分は，各種の委員会が担っている。その活性化なくして人権擁護をはじめとする弁護士会本来の使命を達成することはできない。また，今日の社会経済情勢は，弁護士・弁護士会が質量ともにより一層大きな役割を果たすことを求めており，こうした情勢に的確に対応するためにも，弁護士会の委員会活動がさらに活性化する必要がある。

　東弁は，その使命を果たすため，従来から，多種多様の委員会，協議会，対策本部等を設け，また新たに司法改革推進センターや法曹養成センターなどを設置し，活発な活動を続けてきた。これらの委員会等の組織は，現在50を越える数に達し，多くの会員が献身的に活動にあたっている。

　これらの委員会活動を充実強化し，専門性・継続性を確保し的確な意見・行動を提起するためには，

　① 委員の選任にあたり，ベテランと新人とのバランスに配慮し，ことに新人から5年目程度の若手会員が参加しやすく，かつ委員会の活動を理解してもらうために，若手会員に議事録の作成を依頼するなど，委員会運営を工夫すること

　② 小委員会，部会，主査制度などを活用し，全員参加をはかること

　③ 協議会方式などを活用し，委員会間の横の連絡を密にして適切な合意形成を図ること

　④ 日弁連の各種委員会と対応関係にある委員会の委員は可能な限り兼任し情報の流れを円滑にすること

などが重要である。

　1997（平成9）年2月，日弁連等機構改革推進委員会，三会合併問題協議会，魅力協等が合併して東弁改革特別委員会が設置され，会活動の効率化，活性化，そして執行力の強化のための抜本案策定に向け検討がすすめられてきた。同委員会の提言に基づいて効率的委員会活動及び委員会活性化のために全委員会の統廃合が具体的に行われようとしており，

今後ともその方向性については議論を尽くすことが必要である。

２）副会長増員問題

(1) 増員の必要

　1985（昭和60）年に副会長は２名増員され，現行の６名制が実現した。増員の主な理由は，会内事務量の増大，会務の複雑化への対処と対外的活動の拡大などに対応して適切迅速な執行力の強化を図るため，副会長４名では能力の限界を超えているというものであった。

　増員後10年を経た現在，会員数も大幅に増加し，1985（昭和60）年に２名増員が必要とされた時と全く同じ状況が発生している。しかも，東弁では1993（平成５）年度から日弁連分離副会長制度が廃止され，会長が日弁連副会長を兼務することになったため，会長はその執務の相当部分を日弁連会務に費やすことになり，副会長の負担は一層増大することになった。

　また，1990（平成２）年から始まった司法改革推進の運動を力強く実践し，市民の高い期待に応えるためには，会務活動の一層の充実と執行力の強化が必要である。

　さらに，若手会員，たとえば弁護士登録15年未満の会員は，近時の弁護士人口増加の影響もあって全会員の中で相当高い割合を占めている。他の地方会では登録10年目程度の会員が副会長に就任し活躍しているが，東弁では過去10年間をみても登録15年未満の会員が副会長に就任した例はない。会の民主的運営と活性化のために，副会長増員により，若手会員の中からも副会長を送り出す途を広げ，幅広い年代によって執行部を構成する方向を追求するべきである。

(2) 増員数

　増員数については，会の民主的運営，執行力強化の必要，会務の専門性・複雑性への対応，会務執行の統一性など諸般の観点から考察が必要であるが，前述の増員の必要性や他の弁護士会における会員数と副会長の人数比なども参考にした場合，最低２名程度の増員が必要であると考えられる。

(3) 増員をめぐる諸問題

　副会長増員により理事者会の合議制が崩れて縦割り行政化が進むおそれがあり，また合議制を堅持しようとすれば，理事者数が多いため，迅速な執行力が損なわれるなどの消極論もある。しかし，過去の経験に照らしても，理事者会での集中的かつ密度の濃い討論により理事者間の信頼関係と共通の認識は比較的容易に形成されており，理事者間の一層の努力によりこのような問題は克服できるものと思われる。

　また，副会長増員の問題は，東弁全体の機構改革の中で考えるべき問題であるとの意見

もある。しかし，そのような理由で現状の問題を先送りするようなことがあってはならない。副会長増員問題は，基本的には東弁の会務執行の適正迅速化，執行力強化に資するものであり，実現可能な課題であって，早急に関連する諸問題の検討を行い，機構改革の一環として実現すべきである。

また，今後若い世代を含めて広く副会長に人材を得るために，副会長が一年間会務にあたる上で，弁護士業務との関係や財政基盤の問題など，その執行条件のあり方について検討を行う必要がある。

3）会員への情報提供

司法改革等の重要問題について，会員の意見を集約し，当会の意思を形成するためには，その前提として，的確な情報を会員全体に迅速に伝達する必要がある。

現在，会員に対する情報提供は，東弁新聞，会報（ＬＩＢＲＡ），The Tokyo Bar Association Newsletter, 各委員会作成印刷物，東弁メールマガジンテスト版等の対内広報によって行われており，その他会員集会，夏季合宿，各種シンポジウム等も情報提供としての機能を果たしている。

これまでの対内広報は，発信管理者や情報発信手段（メディア）が多岐にわたっていたため，情報が分散し，十分な管理が行われてきたとは言えないが，1999（平成11）年11月8日の常議員会において，事務局職制の改編として広報室を設置することとされ，広報業務の一元化が図られた（東京弁護士会事務局職制に関する規則第3条第3号）。しかし，広報室にどのような役割を担わせていくかについては十分な議論がなされておらず，今後の検討が必要である。また，速報性を要する情報，記録性の低い情報等については，ファックスや電子メールを活用すべきであり，これにより通信費用の節約も図ることができる。

その他，当会では1997（平成9）年9月からインターネットのホームページを開設している。現在のホームページは一般向けの情報と弁護士向けの情報とが混在しているが，ホームページの特性からすれば，基本的には一般市民向けの広報媒体として位置づけた上で，その内容の充実を図って行くべきである。

4）事務局体制

新会館移転を契機として，事務局の体制は大きく改善された。

事務局職制は整備され，役員室，局長室，会員課，総務広報課，法律相談課，司法調査課，人権課，経理課と改編された。そして，1999（平成11）年11月8日の常議員会で二部，一室，八課制（総務部に会員課，秘書課及び経理課，業務部に法律相談課，業務課，司法

第1部　司法と弁護士の改革

調査課及び人権課，広報室に広報課）に改編され，より一層の弁護士会業務拡大についての対応と効率化をめざしている。

事務の省力化のためのＯＡ化は，会員管理，照会請求，法律相談業務，国選弁護，当番弁護士業務などの管理や会議室の予約システムなどがコンピューターによって処理できるようになるなど着実に前進している。

職場の物理的な環境も，新会館への移転によって格段と改善された。

しかし，一方では，法律相談センターや図書館は，東弁と二弁の両会が共同で運営することになり，同一の職場に，雇用者の違う東弁職員と二弁職員が混在するという複雑な労働環境となった。理事者は，配属された職員が円滑に業務を遂行できるように配慮していかなければならない。

一年交代による理事者と事務局との事務の継続性，効率化を図るため，弁護士事務局長制も検討すべきである。

事務局の事務は，今後，益々質量ともに増大することが予想されるが，これを職員の労働意欲の向上のみで対応するのには限界がある。事務の省力化，職員の効率的な配置，研修制度の充実などを一層図らなければならない。

５）会財政の現状と課題

(1) 一般会計

① 問題点

1999（平成11）年度は，約9500万円の黒字決算（予算では約3700万円の赤字）となっているが，2000（平成12）年度は，約１億8000万円の赤字予算となっている。人件費，ＯＡ関係費等，管理費の自然支出増，弁護士会活動の活発化に伴い，事業費の支出増等を考えると，早晩赤字予算赤字決算となる恐れが多分にあり，今からその対策を立て実行していくことが肝要である。また，当番弁護士関係費，特別案件（オウム事件）基金等の財政負担問題は極めて深刻である。

② 対策

支出増と収入増とのバランスをとることが，東弁財政改善のための基本的理念であることを十分に認識すべきである。しかしながら，支出増に合わせて安易に会費を値上げすること，及び寄付金を募ること等は，今日の経済状況から厳に慎むべきことである。抜本的に改革し，東弁財政を確立するために次の対策を講ずるべきである。

ⓐ 理事者及び委員会は，弁護士会活動には財政的限界があることを強く認識すべきである。特に理事者は，長期的展望に立って予算編成し，かつ，予算執行すべきである。

ⓑ　管理費の主要項目は人件費である。人件費増を抑制するために徐々にアルバイト・パートを一定割合まで増やすことを検討すべきである。そのためには長期的職員採用計画を策定し，実行していくことが必要である。

　また，給与改定について，現状は，4月就任直後の事情のよくわからない理事者が団交に臨み妥結している状況であるが，理事者は，「財政問題審議会」の後身である総務委員会内の「小委員会」を活用し，合理的な条件で妥結するよう努力すべきである。

　また，職員の残業につき，真に止むを得ないものに限るよう管理を行うとともに，フレックスタイムの導入を図り，時間外手当ての削減にも努力すべきである。

　ⓒ　無駄な経費をかけないよう，理事者は職員等に対し，徹底的に指導・監督すること。例えば，業者に発注する際は必ず相見積もりをとり，出版については，できるだけ出版社を活用し，当会で出版する場合は印刷部数は必要最小限にとどめるべきである。

　ⓓ　新規事業を行う場合は，真に必要な事業であるかどうか検討することは勿論，単年度で完結するものか，次年度以降も継続される性質のものかを十分に検討し，特に継続される事業の場合は，将来的にも財政的裏付けを確保した上で着手するべきである。

　ⓔ　予算管理を厳格に実施する必要がある。特に秋以降は毎月行い，予算超過しないよう，チェックすることが肝要である。

　ⓕ　会費外収入の増加に努める。破産管財人等からの負担金については，最近の理事者・監事・職員の努力により，かなりの成果を上げているが，引き続き努力すべきである。法律相談，事件受任の着手金報酬金などの会員特別納付金の確保，会館の会議室等の設備の使用料について会員外の使用，会員の使用であっても自己の業務のための場合について値上げを検討すること，団体保険による手数料収入の増加を図るべく，会員の協力を得るため強力にPR活動を実施すること等が望まれる。

　ⓖ　一般会計から，入会金及び会費の30分の1（約2800万円）が「基本財産積立金」に毎年積み立てられており，2000（平成12）年決算時には約3億6000万円が繰り越されることが確定的である。一般会計の財政状況の改善のため，また，将来的には「基本財産積立金」制度の廃止ないし繰入額の減少の検討をすべきである。

(2)　特別会計

　東弁には，次の12の特別会計がある。

　『基本財産』，『共済』，『職員退職金積立金』，『司法研究基金』，『拘禁二法』，『人権救済基金』，『特別案件にかかる国選弁護基金』，『会館』，『合同図書館』，『三会交通事故処理委員会』，『住宅紛争』，『多摩支部特別会計』である。これらは各々背景事情と経緯があるが，その多さが東弁財政全体を複雑化し，解り難くさせている一要因である。したがって，可

能な限り特別会計を減らし，シンプルにしていくべきである。

(3) 日弁連財政

日弁連の予算編成は，4名の日弁連理事（副理事1名）により構成される経理委員会で審議されている（しかも2～3回程度の審議）。また，財務委員会は，諮問がある時に年数回開催される程度で，規則に期待されている日弁連財政の改善等の積極的活動は行われていないのが現状である。ところが，2001（平成13）年度から，会費が会員1人当り月額2000円値上げされ，1万4000円となることがほぼ確実である。

われわれは，日弁連の財政に強い関心を持ち，現行の慣行を打破し，財政改善のための制度改革に前向きに取り組むべきである。また，日弁連監事は，その権限を活用し，日弁連財務の改善に向けて積極的に活動すべきである。

6）福利厚生

(1) 現状

これまで共済制度は，死亡給付金の最高額が101万円（在会60年），傷病罹災給付金の最高額が30万円であり，1985（昭和60）年以来増額されず，いたずらに共済部会計繰越金が増大するばかりであった。

法友会は，死亡給付金および傷病罹災給付金の増額を早急に実現すべきことを訴えてきたが，1996（平成8）年に死亡給付金の最高額が150万円，傷病給付金の最高額が150万円にそれぞれ引き上げられ，厚生制度の充実が図られるようになった。

さらに，会員の会費負担を増大させることなく会員の福利をより充実させるために，1994（平成6）年に法友会が提言した「保険料の集団扱い制度」を実現すべく運動が展開されてきたが，1997（平成9）年に制度導入の運びとなった。

制度導入により，共済部会計に事務手数料収入によるさらなる増収が見込まれる。そこで，共済部会計の繰越金および保険事務手数料収入を基本として保険会社等との提携により，保険原理の導入による弔慰金制度・弁護士退職金制度等の総合ライフプランニングを実現するべく研究を開始する必要がある。

(2) 各種保険，協同組合の充実

各種保険・共済・互助年金制度の整備と拡充の問題がある。弁護士会は，会員および家族等を対象とした保険・年金等の説明会（勉強会）を定期的に開催し，弁護士の安定した生活基盤の確立に寄与すべきである。

東京都弁護士協同組合は，1968（昭和43）年設立されて以来，組合員数は5500名（うち東弁2883名）を越え，また全国弁護士協同組合連合会も結成されているが，組合員の拡大，

全国連合会との連携強化を進め，より一層の内容の充実を図るとともに，協同組合の事業内容を組合員のみならず非組合員にもＰＲすべきである。また，協同組合は，中小企業事業団との提携で退職金共済制度を行っているが，より会員に周知徹底されるべきである。

(3) 国民健康保険組合

国民健康保険組合については，未加入会員への積極的な加入勧誘による組合の資金的・人的拡充により会員家族の健康維持増進を図るべきである。

(4) 健康診断

健康診断は，春は健康保険組合，秋は東京三会主催で行なわれる。

早期発見・早期治療は病気を治療する上での基本であり，健康診断は治療のきっかけとして重要なことはいうまでもない。さらに，普段の生活（過労，飲酒，喫煙等）を見つめなおし，健康な生活を心がけるという成人病の予防的効果も大きいものがある。

今後も健康診断の運営事務を合理化し，安価で充実した健康管理をめざすべきである。

(5) 福利厚生施設

新会館内は，会員の意見により休息・娯楽・執務のそれぞれに対応できるスペースが設けられている。この間，会員室の利用時間の見直しなども行なわれてきたが，さらに今後も会員の声を反映した新会館の運営を図るべきである。

また，飲食関係のテナントのメニュー，価格，営業時間などについても会員が継続的に意見を述べることができるように配慮すべきである。

(6) 各種レクリエーション

現在，東弁では，秋季大運動会・相撲観覧・歌舞伎観覧・スキー旅行が行われているが，事務局の繁忙および会員の要望を考慮し，その存廃ないし新企画の提案を含め再検討する必要がある。

7）選挙会規の改正と現状

(1) 東弁選挙会規の改正

東弁の選挙会規については，1997（平成9）年12月の臨時総会で，選挙権及び被選挙権の見直し，選挙期間の短縮，不在者投票制度の新設等の点について改正された。この改正は，法友会のこれまでの提言に沿ったものであり，妥当なものと評価すべきである。

(2) 改正の内容

選挙権および被選挙権の見直しは，東弁の選挙会規を日弁連会長選挙規定と整合させ，基準日（公示日前日10日前）において，懲戒処分により業務停止中の者や日弁連に登録取消請求中の者などに対する選挙権および被選挙権を認めないこととするものである。

選挙期間の短縮は，従前の16日間を11日間に短縮するものである。具体的には，月曜日に選挙公示をして，翌週の金曜日を投票日とするもので，平日2週間の選挙期間となる。また，選挙期間の短縮との関係から，立候補届出期間の短縮，選挙公報の発送日の繰り上げ，公聴会の回数の削減等の改正もされた。

　不在者投票制度の新設は，会員の投票権の保障，日弁連や他の単位会の多くでは既に制度として認められていること，投票日が金曜日という通常の執務日であることなどを考慮し，東弁においても不在者投票制度を導入するものである（なお，この制度は，やむを得ない用務等がある場合に限り，不在者投票期間中に自ら不在者投票所に行き，不在者投票することを認めたものであり，郵便投票まで認めたものではない）。

(3) 現状

　選挙会規の改正によって，「選挙期間の短縮が大会派に有利となる。」，「不在者投票制度の不正利用や不当勧誘の弊害が生ずるおそれがある。」等の強い批判もあったが，1998（平成10）年2月6日，1999（平成11）年2月4日に各実施された東弁選挙においては，これらの弊害があったとの批判はなかったようである。

　1998（平成10）年の東弁選挙で行われた不在者投票は，不在者投票の日時の点について一部会員に誤解があり，若干混乱したようであるが，利用者は164名であった。1999（平成11）年東弁選挙の際に行われた不在者投票は，不正利用を防止するため選挙管理委員会が，会員の写真帳で本人を確認しながら投票をさせたので，不正利用は一切なかった。また，利用日時についても会員に周知され，利用者は262名と増加するに至った。今後も，利用者数は増加していくものと思われる。

3　東京弁護士会・第二東京弁護士会図書館の役割と課題

> 　専門職として法律事務を独占している弁護士の質を維持する上で図書館の果す役割は重要である。合同図書館が，弁護士活動に必要な情報を収集し，これを的確に提供し得るものとなるよう改善していくべきである。

1）合同図書館の役割

　合同図書館の役割の基本は，会員に弁護士の活動に役立つ情報を提供することにある。弁護士は，専門職として法律事務を独占しているがその正当性を維持するためには，プロフェッションと呼ばれるにふさわしい高度の学識を有していなければならず，図書館の役

割は大きい。

　合同図書館の入館者数は，1998（平成10）年9月から1999（平成11）年8月の1年間で74,054人を数え，前年同期と比較して5.5％の増加であった。この期間中の貸出冊数は24,750冊で旧東弁図書館時代の1994（平成6）年の貸出冊数11,126冊の2.2倍であり，前年の同期と比べ11.1％の増加であった。

　利用者数は着実に伸びている。

2）合同図書館の課題

　しかし，開館から5年を経過し，合同図書館も転機を迎えている。

　それは，インターネットの急激な発展にみられるように，有効な情報は図書館にのみあるのではなく，図書館が図書を提供するだけでは図書館の役割を果せない時代となったことである。

　現代の図書館に求められる情報提供の役割は，例えば，医療過誤事件をかかえた弁護士が，その事件に協力してくれる医師や団体などの情報の提供を求めて来たときに，図書館がそれに積極的に対応するということである。企業に設置されている専門図書館は，既にこの方向に進んでいる。合同図書館もこの方向に進まなければ，現代の図書館の流れから置いて行かれることになる。

　合同図書館が現代の専門図書館として機能をもつためのキーとなるのは図書館職員であり，職制としての図書館職員の専門職制の導入である。

　図書館が図書館であるための要素は，図書，施設，利用者と職員である。職員がいなければ図書館ではない。私たちは，自身がプロフェッションであると強く自負しているため職員の専門職としての能力を軽視しがちであるが，広大な情報の海のなかから必要な情報を探しだす能力は図書館職員が担う能力である。

　しかし，現代の専門図書館に対応した図書館職員が一朝一夕で生まれるわけではない。利用者である弁護士の相談相手となれる能力をもった図書館職員は長期間をかけなければ育たない。図書館職員に適切な研修の機会を持続的に与え，また，職員自身が現代の図書館の役割を理解し，その能力を自らアップする意欲を積極的にもてるような安定した労働環境を構築しなければならない。

　一方，日本でも，図書館は昼間しか開館していないというのは昔の話となっている。合同図書館の職員も，早晩，弁護士会の他の職員とは異なった，夜間勤務のある変則的な勤務時間に服することが想定される。これは，労働条件という点から見るとその悪化である。図書館職員としての使命感を持たずして，この悪化した条件を受け入れることができる質

の高い職員はいないであろう。

　現代の専門図書館に対応した図書館職員を育てるためには，その前提として職員の専門職制を導入しない限り実現不可能である。至急，図書館職員の専門職制の導入に向けて検討し，早期に実現すべきである。

4　東京の三弁護士会合併問題

> 　三会合併問題については，他会の動向に注目しつつ，新会館の利点を生かし，積極的・計画的に各種委員会や協議会などの機能的統合を図る努力を積み重ねるべきである。

1）三会合併問題に対する東弁の従来の取組みと現状

　1923（大正12）年5月20日に第一東京弁護士会（一弁）が，1926（大正15）年3月30日には第二東京弁護士会（二弁）が，東弁から分離してそれぞれ設立された。その後，1958（昭和33）年6月7日，東弁の常議員会において「東京三会合併推進委員会」の設置が承認され，同委員会において，三会合併に向けての具体的な議論が行われたものの，東弁における検討だけでは三会合同の実をあげることは困難であるとの認識のもとに，1961（昭和36）年11月に至って同委員会は休止となり，三会合併の機運を醸成する目的で，1961（昭和36）年6月に，三会理事者会の提案により設置された「東京三会懇話会」などの場での論議を通して，機の熟するのを待つこととなった。

　しかし，同懇話会の実質的性格は懇親会に近いもので，三会合併に取り組む積極的な姿勢がなく，結局，1971（昭和46）年3月をもって終わりを告げた。

　一方，1961（昭和36）年11月に休止した前記「東京三会合併推進委員会」も，その後の活動に進展がなく，今後の展望も極めて暗いという判断のもとに，1966（昭和41）年5月7日廃止され，その後，三会合併問題が正面から論議されることはなかったが，新会館建設を契機として，1989（平成元）年ころより三会合併推進の活動が表面化し，1992（平成4）年度と1993（平成5）年度の東弁会長選挙では，合併問題が争点の一つとなった。

　このような状況下において，東弁では「三会合併問題」を1993（平成5）年度の夏季合宿のテーマの一つに取り上げ，東弁としてはじめて，一般会員の参加のもとに，この問題を議論するに至り，1993（平成5）年12月には，三会合併問題検討協議会を設置し，三会合併の利害得失等の議論を重ね，会員へのアンケート調査も実施したが，協議会でも三会

合併に関する結論を出すには至らなかった。1997（平成9）年3月，右協議会は日弁連等機構改革特別委員会・魅力ある東京弁護士会検討提言協議会と統合されて東京弁護士会改革特別委員会とされ，今後，合併に関する問題をどう扱うかは，東弁の改革に関する提言を行なうことを目的とする同委員会に委ねられることとなったが，三会合併問題は，1997（平成9）年度以後，現在まで同委員会のテーマになっていない。

2）三会合併問題に関する他会の現状

（1）　一弁の考え方は，1993（平成5）年度の一弁会長の選挙公報の下記部分に端的にあらわれている。

「三会は夫々個性と会風をもち，相互に切磋琢磨しながら日弁連の活性化を図ってきました。当会には，創立以来の自由闊達にして独立不覇の精神による公正中立な会風があります。弁護士会か少数意見を尊重しながら合意を形成し，会員に対する懲戒・綱紀・指導・監督という自律権を適切に行使するためには，自ら適正規模があります。三会合併は，却って費用の増大を招くことになります。したがって，三会合併には反対です。」

（2）　二弁も，三会合併運動の影響を受けて，1994（平成6）年7月19日，三会合併検討調査特別委員会を設置し，合併の是非やその問題点等について議論した結果，1997（平成9）年3月26日付報告書において，次の結論を出し，同月31日をもって，同委員会は解散した。

「当委員会において東京三会合併の是非について統一した結論を得ることはできなかった。従って，会のとるべき方策を示すことはできない。ただし，今後当会は東京三会の合併の是非に関する会内外の意見・動向に留意すべきである。」

3）東弁の進むべき方向

東弁会員が「三会合併」を口にしただけで，東弁に「吸収されてしまう」と考える他会の弁護士が現在でも多数存在する事実を，われわれは明確に認識する必要がある。

（1）　事の性質上，三会合併は一つの会が反対すれば現実しない。一弁，二弁の現状を考えると，三会合併がここ数年のうちに実現する可能性は極めて少ないし，合併が実現するとしても，かなり先のことにならざるを得ないと判断する。また，われわれは，三つの弁護士会を単に一つにするということではなく，三会の合併により「基本的人権の擁護と社会正義の実現」をめざす，より開かれた，より強力な弁護士会を作り上げるということができるかという視点にたって，三会合併問題の議論を進めなければならない。

（2）　われわれがこの視点に立ち，かつ他会の現状を正確に認識し，さらに，1958（昭和

33）年度に設置され，1966（昭和41）年に廃止された前記「東京三会合併推進委員会」と同じ結末になる事態を避けようとすれば，東弁が，他会に先がけて短兵急に合併決議をする方法を採るべきではなく，1995（平成7）年度から同じ建物内に入居した利点を活かして，可能な限り積極的・計画的に，三会の各種委員会や協議会などの機能的統合を図る努力を積み重ねていくべきである。

5　多摩支部問題と今後の課題

> 　多摩支部会館については，長期的展望に立ち，東京三弁護士会で土地及び建物の所有権を取得すべきである。

1）多摩支部の成立

　多摩地区は，人口約377万人を擁し，全国都道府県人口中10位の静岡県とほぼ同程度である。

　また，事件も数多く，1994（平成6）年度の東京地裁八王子支部受付の民事事件の新受任総数は2万514件で，全国比較でも名古屋地裁に次いで6番目である。多摩地区には，裁判所と検察庁の支部はあるが，弁護士会の支部がないため，市民へのリーガルサービスの面で問題があった。そこで，東弁は，1998（平成10）年4月1日，一弁・二弁と同時に東弁多摩支部を設立した。

2）多摩支部の運営と活動

　支部長及び三人の副支部長が支部の運営の中心であるが，六つの委員会（法律相談，刑事弁護，研修，財務，広報，総務）が設置され，活発に活動している。

　なお，支部の活動は，実質上，一弁・二弁と同一歩調をとる必要があるので，東京三会多摩支部連絡協議会を中心に支部の諸活動全般について協議・調整を行っている。

3）今後の課題

(1)　多摩支部会館の所有権の取得

　多摩支部会館は，現在，株式会社法曹ひまわり会館の所有となっているが，これを東京三会が買い取り，東京三弁護士会の所有とすることを検討すべきである。

(2)　国選弁護事件の運営体制の整備と当番弁護士制度の充実

国選弁護の運営体制が整えられていないため，従来通り三多摩弁護士クラブ方式の運用となっているが，これを早期に是正し，支部会員を中心とした国選弁護人選任名簿を作成し，また当番弁護士の登録者数の増加に努めなければならない。

(3) **法曹三者の協議推進**

現在，実施している国選弁護事件に関する懇談会の外に，民事事件，家事事件についても実施すべきである。

(4) **法律相談活動の充実**

クレサラ専門相談を発足させ，土曜日の相談拡充に取り組むべきである。

(5) **広報活動の推進**

市民に対する広報活動を推進し，市民講座，講演会開催に取り組むべきである。

第2部　基本法制の改革

第2部 基本法制の改革

第1　民事裁判と民事法制の改革

◇新民事訴訟法が，裁判を受ける権利を拡大し，適正かつ迅速な裁判を実現する方向で，解釈運用されるよう提言しなければならない。

◇新民事訴訟法の下における「あるべき民事訴訟」を，実践を通して構築していかなければならない。

◇弁護士費用の敗訴者負担については，実務経験と実証的な研究を通じて，国民の司法アクセスを阻害しない制度として提言していかなければならない。

◇公文書に関する文書提出命令に関する改正案は，刑事記録を一律に適用除外事由とするなど，司法権を尊重し官民格差を生じさせない方向で文書提出命令の範囲を拡充するという観点から極めて不十分であり，これに反対し修正を求めるべきである。

◇適正迅速な裁判を受ける権利を保障するため，裁判所の人的物的設備の充実を求める運動をより一層推進していかなければならない。

◇あっせん・仲裁制度を定着・発展させるための広報活動を強化し，仲裁人の質的向上や履行確保方法の充実を図る。

◇民事法制の改革は，専門家を含む各界の意見を広く聴き，実証的に進めなければならない。われわれは，実体法・手続法を含むあらゆる民事法の分野に，日頃の実務経験をもとに積極的に提言を行っていかなければならない。

1　適正迅速な民事裁判手続

1）民事裁判の充実―民事訴訟法改正と今後の課題―

1998（平成10）年1月1日から施行された新民事訴訟法が，裁判の公開，当事者主義，口頭主義，直接主義などの諸原則にできる限り則り，市民の裁判を受ける権利を実質的に保障・拡大し，適正かつ迅速な裁判を実現するという方向で解釈運用されるよう，研究及び提言していかなければならない。

> 特に，争点整理手続，集中証拠調べなど裁判の審理方式については，われわれの実務のあり方についての自己改革も含めて，審理のあり方をさらに検討していかなければならず，当事者照会制度，少額裁判手続などの新しい制度については，これらがより良い形で定着していくよう努力研究していかなければならない。
>
> また，適正かつ迅速な裁判の実現は，訴訟法の改正やその解釈運用に向けての努力のみによって実現できるものではなく，裁判所の人的物的設備の充実が不可欠であり，弁護士会は，そのための提言及び運動をより一層推進していくべきである。

(1) 新民事訴訟法の施行

新民事訴訟法は，民事訴訟に関する手続を現在の社会の要請にかなった適切なものとするとともに，民事訴訟を国民に利用しやすく，分かりやすいものとし，もって適正かつ迅速な裁判の実現を図ることを目的として改正作業が開始され，1996（平成8）年3月民事訴訟法案が国会に提出され，国会での審議の結果，同年6月18日ほぼ提出法案どおり成立し，同月26日公布された。

民事訴訟規則も，民事訴訟法の改正に伴って，最高裁判所規則制定諮問委員会の審議を経て大幅に改正され，1996（平成8）年12月17日公布された。

これらの新民事訴訟法及び新民事訴訟規則は，1998（平成10）年1月1日から施行されている。

(2) 新民事訴訟法実務フォーラム

よりよい民事裁判の改善を図るためには，われわれ弁護士自身が自らの事務所運営や代理人活動についての業務改革や意識改革を含めた実務のあり方を探究していかねばならないとともに，裁判所に対しても，正しい法解釈や適切な訴訟運営を求めていかなければならない。そこで，われわれは単に新法を勉強し理解するという視点に止まらず，「新法の下における『あるべき訴訟』をわれわれが構築していこう」という気概の下に，1997（平成9）年2月から，「新民事訴訟法実務フォーラム」を開催し，毎回10人以上の民事訴訟法学者の参加を得て，24の重点項目の検討及びケース研究を行った。

そして，1998（平成10）年2月，その成果を法友会新民事訴訟法実務研究部会編「実践新民事訴訟法－民事弁護の在り方とその対応」として発刊した。われわれは，このフォーラムの成果を訴訟の場で実践していくとともに，新法下における実務経験を踏まえて，これを見直し，より良い裁判実務を築き上げるよう努めていかなければならない。

(3) 弁論準備手続の運用について

新法施行から3年を経て，準備書面の事前提出の励行，書証の早期提出など，市民の迅

速かつ適正な裁判を受ける権利を保障する観点から，大きく改善がなされ，実務に定着してきたことも少なくない。

しかし，新法が予定した実務がいまだ形成されず，また，新たに制定された諸制度の中に十分に利用されていないものがあることもまた否定できない事実である。例えば，弁論準備手続については，裁判所と当事者及び弁護士による活発な意見交換を通じて争点を明確化することが予定されていたが，いまだに活発な意見交換がなされているとはいい難い。また，弁論準備手続の終結に当たり，裁判所がその後の証拠調べにより証明すべき事実を当事者との間で確認する（170条6項，165条1項），弁論準備手続の結果を当事者が口頭弁論で陳述（上程）する（173条）などの新制度についても，ほとんど活用されていないのが実情である。

われわれは，新法が制定された趣旨・目的を再確認し，国民に分かりやすい裁判，適正・迅速な裁判の実現のため，より良い裁判実務の形成に向けた努力を惜しんではならない。

(4) 当事者照会制度の実務慣行の形成に向けて

当事者照会制度は，弁護士会の主導により導入された制度であり，その適正な運用を形成することは，われわれに与えられた責務と言っても過言ではない。確かに，一部の弁護士はその活用に熱心であるものの，いまだに十分な活用がなされているとは言えない状況が続いている。当事者照会制度の適正な運用の形成のためには，照会及び回答のマニュアルの作成，照会・（不）回答を巡るガイドラインの策定などが有用であって，われわれがこれを率先して研究し，具体的な提言をしていかなければならない。

(5) 証拠収集活動の充実について

現代社会は，一方で情報の専門化・高度化が進んでいるが，他方で情報が（不要なものを含めて）氾濫しているため，有益な情報の収集が極めて困難になりつつある。このような中にあって，依頼者の利益を確保するために，弁護士が依頼者に有益な情報を迅速かつ的確に収集する能力は極めて重要となっている。しかも新法が，攻撃防御方法の提出について，随時提出主義を改めて適時提出主義を採用し（156条），また，新民訴規則が，当事者に訴状又は答弁書の提出段階における書証の提出を義務づけたことが契機となって（53条1項，80条1項），われわれは，今まで以上に情報収集の方法に精通していく必要性が高まった。

このような能力を涵養するためには，情報収集のノウ・ハウを蓄積していくことが不可欠であるが，それだけでは不十分であり，組織的にこれを集積し，客観的かつ具体的に発表していくことが望まれていた。このような観点から，法友会全期会は，1998（平成10）

年，1999（平成11）年の両年にわたり証拠収集のノウ・ハウを研究し，その成果を1999（平成11）年11月「証拠収集実務マニュアル」として発刊した。われわれは，ここに掲載されたノウ・ハウに精通し，日々これを活用していくとともに，今後も情報収集能力の涵養に努めていかなければならない。

また，近時，医療過誤，建築瑕疵などの専門的知見を要する事件について，法曹の情報収集の悪さとそれを原因とする裁判遅延の問題が指摘されている。われわれは，このような指摘に謙虚に耳を傾け，自ら専門的知見の獲得に努めるほか，専門家との提携や情報交換のための組織づくりについても研究し，提言をしていかなけれなばならない。

なお，新民事訴訟法の制定後といえども，ディスカバリー制度，証拠保全の要件緩和，起訴前の鑑定制度，文書提出義務の範囲の拡大（民訴220条4号ハ）などについて継続的に研究し，公平な裁判，迅速な裁判に資するための制度を提言していくことが必要である。

(6) 人的物的設備の拡充に向けて

適正かつ迅速な裁判の実現のためには，法改正やその運用に対する当事者，弁護士，裁判所の努力が重要であるのみならず，それを支える裁判所の人的物的設備拡充の観点が忘れられてはならず，われわれは，この点の充実に対する一層の働きかけをしていかなければならない。

裁判官一人当たりの手持件数が300件にも及んでいる現状においては，新法が予定しているような適正・迅速な裁判を実現することは不可能ないし極めて困難であり，まず，裁判官の大幅増員及びそれに応じた書記官などの職員の大幅な増員が必要である。

さらに，テレビ会議装置や電話会議装置といった新法に規定されたＯＡ機器が充分に設置されなければならないのは勿論であるが，それにとどまらず，新法の予定する争点整理手続を実現していくためには，ラウンドテーブル法廷や準備室なども大幅に増加されることが必要である。

２）訴訟費用の敗訴者負担について

> 弁護士費用の敗訴者負担制度の導入については，国民の裁判所へのアクセスを阻害することのないよう，実務経験と実証的観点から制度の問題点を研究し，具体的な提言をしていくべきである。

(1) 新民事訴訟法の制定と司法制度改革審議会

民事訴訟法の改正によって，訴訟費用確定手続，訴訟費用の担保及び訴訟救助の要件については改正がなされたが，申立手数料の定額化・低額化については，改正には至らず，

弁護士費用の訴訟費用化（敗訴者負担）の問題についての議論も残された。そこで，法務省法務大臣官房司法法制調査部では，1995（平成7）年12月26日「民訴費用制度等研究会」を発足させ，それまでの法制審における審議を受けて，現行の提訴手数料等の見直しの要否，弁護士費用の訴訟費用化の当否，諸外国の民事訴訟費用制度の実情，その他民訴費用制度に関連する事項の調査・研究を開始し，1997（平成9）年1月31日には「民訴費用制度等研究会報告書」を公表するに至った。

　そして，司法制度改革審議会においても，これらの問題につき審議がなされ，2000（平成12）年6月27日には，「『国民が利用しやすい司法の実現』及び『国民の期待に応える民事司法の在り方』に関する審議結果の取りまとめ（案）」（以下「取りまとめ（案）」という。）を発表している。

(2)　「取りまとめ（案)」の内容

　「取りまとめ（案)」では，大方の意見の一致をみたこととして，次の点が挙げられている。すなわち，❶提訴手数料については，スライド制を維持しつつ必要な範囲で定額化を行うべきである，❷訴訟費用額確定手続を簡素化すべきである，❸弁護士費用の敗訴者負担制度については，原則的に導入の方向で考えるべきである，❹訴訟費用保険の開発・普及を支援すべきである。

(3)　「取りまとめ（案)」の問題とわれわれの対応

　われわれも，❶については，市民の裁判を受ける権利をより実質化していくために，定額化・低額化を実現するべきであると唱えてきたところであり，その方向を積極的に推進すると同時に，その研究を重ね，必要に応じて具体的な提言をしていかねばならない。❷についても，賛成であり，今後は，a．金額が訴訟記録上明らかであるもの及び容易に疎明可能なものについては実額とし，金額が直ちに判明しないものについては定額とする案，b.現行の計算方法のほかに，当事者の選択によりa．の簡素化した算定方法をも許容する案を中心に，具体的な提言ができるよう研究を進めていかなければならない。❹についても，既に損害保険会社による商品開発が進み，「権利保護保険」が発売される見込みが立っており，われわれとしてもその普及に努めるべきである。

　しかしながら，❸については，にわかに「取りまとめ（案)」に賛成することはできない。すなわち，「取りまとめ（案)」は，裁判所へのアクセス拡充の方法として弁護士費用の敗訴者負担を掲げたとし，訴訟提起につき萎縮効果が働く恐れのある訴訟類型については，例外的な取扱いを認める示唆をしている。日弁連は，2000（平成12）年6月13日付け「『国民が利用しやすい司法の実現』及び『国民の期待に応える民事司法の在り方』について」において，独禁法違反訴訟，消費者訴訟，公害訴訟などの事件について，原告勝訴の

場合のみ敗訴者に負担させる片面的敗訴者負担制度の導入などを唱えているが，一般的な弁護士費用の敗訴者負担制度の導入には消極的である。

　上記「取りまとめ（案）」は，弁護士費用の敗訴者負担制度が裁判所へのアクセスの拡充になるという前提そのものが大いに疑問である上，訴訟提起に萎縮効果が働く訴訟類型を網羅的に拾い上げるのは，技術的に極めて困難である。また，わが国の訴訟における弁護士選任率の低さ（第一審通常訴訟（地方裁判所）既済事件のうち，両当事者が弁護士を選任している事件は約45パーセントに止まる。），弁護士選任率の地域間格差（01地区問題），実質的に争いのない事件類型の存在（例えば，貸金訴訟，立替金・求償金訴訟では，争いのない事件の占める割合が高い。）とその実態（例えば，上記訴訟では，原告は弁護士費用を回収コストと把握しているし，被告は金銭的余裕のない場合が多い。）などを斟酌すると，原則として弁護士費用を敗訴者に負担させると，当事者間の実質的な公平を害したり，敗訴者に対して過度の負担を与えたりする危険性が高いと言うべきである。したがって，弁護士費用の敗訴者負担制度の導入については慎重な姿勢が望まれるのであり，われわれとしては，これらの問題につき実務経験と実証的観点からの研究を重ね，具待的な提言をしていくべきである。

　仮に，弁護士費用の敗訴者負担の制度を導入するにしても，敗訴者の負担範囲，その判断（算定）者，判断基準（算定根拠），審級による差異，不服申立てなど，検討すべき課題は極めて多いのであって，われわれとしては，これらの問題についても鋭意研究を進めておく必要がある。

３）公文書に対する文書提出命令の問題について

> 　公務秘密文書の文書提出命令の制度については，早急に法改正がなされるよう強く求めていかなければならない。
>
> 　「民事訴訟法の一部を改正する法律案」（政府案）は，公務秘密の定義が広汎で概括的であること，自己使用文書を適用除外としていること，刑事記録等を一律に適用除外としていること，外交・秘密文書，犯罪・捜査文書につき行政庁の判断を優先していること，適用除外事由の立証責任を申立人に負わせると解される余地のあることなど，司法権を尊重し官民格差をなくす方向で文書提出命令の範囲を拡充するという趣旨に反するものであり，反対し修正を求めるべきである。

(1)　民事訴訟法改正の審議経過と附則について

1996（平成8）年3月12日政府から国会に提出された「民事訴訟法案」では，文書提出

義務を一般化しつつも，いわゆる公務秘密文書で監督官庁が提出を承認しないものについては，その対象外としていた。そして，「公共の利益を害し，又は公務の遂行に著しい支障を生ずるおそれがある場合」には，監督官庁は承認を拒むことができ，文書提出義務の存否を判断するにあたり，裁判所は当該文書を提出させること（いわゆるインカメラ手続）ができない旨定められていた。

　この法案に対しては，折りから薬害エイズ，原発もんじゅ事故等の資料隠しが問題となったこともあって，弁護士はもとより，一般市民，マスコミからも反対論が沸き起こり，日弁連は，衆議院法務委員長および参議院法務委員長に「要請書」を提出するほか，同月27日には，「民事訴訟法改正に関する緊急意見書」を採択し，東弁も，市民集会の開催，国会議員に対する働きかけなどの反対運動を展開した。その結果，国会では法案の修正がなされ，同年6月18日新民事訴訟法が成立するに至った。

　新法では，民間文書は法案どおり一般義務化されたが，公務秘密文書については一般義務化を先送りし，新法の公布後2年を目途として，情報公開法の検討と並行して，総合的な検討を加え，その結果に基づいて必要な措置を講ずるものと定められた（附則27条）。

　なお，衆参両議院の法務委員会では，附則27条に関連して，政府がその検討を速やかに開始し，公文書についても，文書提出を一般義務化し，不合理な官民格差を生じさせない方向で，早期に成案を得るよう努めるべきであること，その検討に当たっては，公務秘密文書に関して，その秘密の要件，判断権および審理方式について，司法権を尊重する立場から検討を加えるべきことなどの付帯決議が行われた。

(2) 「民事訴訟法の一部改正案」とその問題点

① 法案提出までの経緯

　附則27条および上記付帯決議を受けて，法制審民事訴訟法部会は，1996（平成8）年10月24日文書提出命令小委員会を設置し，さらに同年11月22日には，同小委員会に文書提出命令制度研究会を設置して，外国法制度の研究，国民各界からのヒアリング等を行い，問題点を整理した。

　しかしながら，具体的な要綱案などの提案がないまま推移していたところ，1998（平成10）年1月23日に，法務省から「民事訴訟法の一部を改正する法律案（仮称）の骨子」が上記小委員会に提出され，同月30日には，法務省から小委員会に上記骨子に基づく「民事訴訟法の一部を改正する法律案要綱案（案）」が提示された。そして，同年2月6日の民事訴訟法部会で若干の修正があったものの要綱案を決定し，さらに同月20日の法制審総会においても日弁連推薦委員3名全員の反対にもかかわらず，「民事訴訟法の一部を改正する法律案要綱」（以下，「要綱」）が確定された。

そして，要綱に基づき，1998（平成10）年4月10日に，政府から「民事訴訟法の一部を改正する法律案」が国会に提出された。

このように，公文書に関する文書提出命令規定の改正案は，後述のとおりその内容に問題があるのみならず，1998（平成10）年1月にその骨子が法制審民事訴訟法部会小委員会に提出されてから，きわめて短期日で充分な審議を尽くすことなく決定された要綱に基づくものであり，しかも刑事記録等を適用除外とすることはそれまでの論点整理でも議論されず前記骨子においてはじめて提案されたものであって，手続的にもきわめて問題である。

② 「民事訴訟法の一部を改正する法律案」の内容

「民事訴訟法の一部を改正する法律案」の主な内容は，次のとおりである。

ⓐ 公務員の職務上の秘密に関する文書でその提出により公共の利益を害し，または公務の遂行に著しい支障を生ずるおそれがあるもの（公務秘密文書）を文書提出命令の適用除外とする［改正案220条4号ロ］。

ⓑ 専ら文書の所持者の利用に供するための文書（国又は地方公共団体が所持する文書にあっては，公務員が組織的に用いるものを除く。）（自己使用文書）を文書提出命令の適用除外とする［同条4号ニ］。

ⓒ 刑事事件に係る訴訟に関する書類若しくは少年の保護事件の記録又はこれらの事件において押収されている文書（刑事記録等）を文書提出命令の適用除外とする［同条4号ホ］。

ⓓ 公務秘密文書，自己使用文書はインカメラ手続の対象とする（刑事記録等はインカメラ手続の対象とならない）［改正案223条6項］。

ⓔ 当該官庁が次のおそれのあることを理由として公務秘密文書に該当する旨の意見を述べたときは，裁判所は，その意見について相当の理由があると認めない場合に限り，文書の所持者に対し，その提出を命ずることができる［同条4項］。

（イ）国の安全が害されるおそれ，他国若しくは国際機関との信頼関係が損なわれるおそれ又は他国若しくは国際機関との交渉上不利益を被るおそれ（防衛・外交文書）

（ロ）犯罪の予防，鎮圧若しくは捜査，公訴の維持，刑の執行その他の公共の安全と秩序の維持に支障を及ぼすおそれ（犯罪・捜査文書）

③ 改正案の問題点と今後の対応

改正案は，公文書についても提出義務を一般化したこと，提出を拒否する理由があるか否かの判断は裁判官がなすこと，インカメラ手続の対象としたことなど評価しうる点も存するが，司法判断の尊重，官民格差の是正という観点から文書提出命令の範囲が拡充され

たかという点では，以下に述べるとおり，極めて問題がある。

　日弁連も，1998（平成10）年2月6日に前記要綱案（案）に対する意見書を提出し，同年2月18日には前記要綱案に対する意見書を提出して，文書提出命令の範囲が拡充されるように反対ないし修正を求め，さらに，その後の議論も踏まえ，改正案に対しても反対し修正を求めた。その主な点は次に述べるとおりである。

　ⓐ　公務秘密の定義をもっと厳格にすべきである。

　たんに「公共の利益を害し，又は公務遂行に著しい支障を生ずる『おそれ』」だけで，文書提出の除外事由とするのは，公務遂行それ自体を保護法益として認める点でも不適切であり，また，証拠として裁判所に提出されることが不可欠な公文書についても，広く，文書提出命令が却下される危険性が高いと言わざるを得ない。

　したがって，日弁連意見のように，従来の判例による基準を踏襲して「公共の重大な利益が害されることが明らかなもの」に限定されるべきである。

　ⓑ　公文書については，「自己使用文書」を削除すべきである。

　私文書はともかく，公文書については自己使用文書というのは本来考えられず，公文書については提出除外事由から「自己使用文書」を削除すべきである。

　ⓒ　刑事記録等の一律適用除外規定を削除すべきである。

　刑事記録等を一律に文書提出命令の適用除外とするのは，談合事案における株主代表訴訟，住民訴訟，消費者訴訟，交通事故，列車事故，航空機事故などの損害賠償，労災訴訟などにおいて不可欠な立証方法とされてきた刑事記録等を証拠として使用できない危険性を生じ，ひいては，被害者が救済されないおそれが生じるものであり，削除すべきである。プライバシーの保護などに配慮する必要はあるが，それは裁判所が事案ごとに判断すべきことであって，一律に適用除外とすることの根拠たりえない。

　ⓓ　外交・防衛文書，犯罪・捜査文書も，裁判所の判断を認めるべきである。

　外交・防衛文書，犯罪・捜査文書について，監督官庁の述べる意見の相当性のみを裁判所が判断することとなっているが，これは監督官庁の判断を優先し，司法判断を不当に制約するものであり，削除すべきである。

　ⓔ　適用除外事由の立証責任は行政庁に負わせるべきである。

　日弁連は，公文書につき，文書を持っている行政庁が，適用除外事由にあたること，すなわち提出義務がないことを立証する義務があることを明確に規定すべきであるとしている。文書を所持していない申立人に，適用除外事由に該当することを立証させることは，不可能を強いるものであるからである。

　したがって，公文書について適用除外事由に該当することの立証責任を行政庁が負うこ

とを明文化することは適切であるが，そもそも私文書についても実際上の立証の負担は文書の所持人が負うという解釈を定着させることも重要である。

4）あっせん・仲裁センター

> あっせん・仲裁センターは一定の評価を得てはいるが，会員への浸透度も十分とは言えず，さらなる広報が必要であるとともに，簡易・迅速・公平な紛争解決制度として発展させるため，仲裁人の質の向上や履行確保方法の充実を図るなど利用しやすいものに進化させて行く必要がある。

(1) 東弁あっせん・仲裁センター（以下「センター」という）の現状

センターは1994（平成6）年7月の発足以来，東弁法律相談センターの一部として活動し，手軽で迅速かつ適切な事件解決ができると好評を得てきた[1]。そして，独立の機関として活動するにふさわしい規模に成長してきたこと及び弁護士会として裁判外紛争解決制度（ADR）に力を入れることを示すため，2000（平成12）年4月より法律相談センターから独立し，独立の委員会であるあっせん・仲裁委員会が新設され，運営にあたることとなった。

あっせん・仲裁制度は，手続きが簡単であるため当事者本人でも遂行でき，また，難事件と言えるような事件でも訴訟に比べてかなり短期間で解決できる[2]。2000（平成12）年3月，某証券会社とその子会社との間の破産債権確定事件の和解がセンターで成立し[3]，子会社発行の抵当証券を購入していた債権者が損害金額の大半を回復できることになり迅速に救済されている。この事件は，破産事件の担当裁判官が，債権確定訴訟よりも弁護士会のあっせん・仲裁の方が解決が断然早いと破産管財人に利用を勧めたものであった。

また，東弁は東京三会の中で成立手数料が最も低額であるため[4]，弁護士が代理人として申し立てる事件の比率が高い。

---

1) 東弁における申立受理件数は，年間100件前後である。
2) 通常は，2，3回の期日で解決することが多い。
3) この事件は報道されたが，あっせん・仲裁手続きは非公開であり，事件の当事者名を公表することはないので，著名人の利用も多い。
4) あっせん・仲裁の費用は、次の3種類である。
　　申立手数料　10,000円
　　期日手数料　期日ごとに申立人・相手方各5,000円
　　成立手数料　解決額125万円未満の場合は　　　　　解決額の8％，
　　　　　　　　125万以上500万円未満の場合は　　　 10万円，
　　　　　　　　500万以上1500万円未満の場合は　　　15万円，
　　　　　　　　1500万以上1億円未満の場合は　　　　解決額の1％，
　　　　　　　　1億円以上の場合は　　　　　　　　　解決額の0.5％＋50万円

(2) 今後の課題

　弁護士は裁判を中心に紛争解決を考えるため，あっせん・仲裁制度自体が会員の間にも浸透しているとは言い難い。そのため，市民に対する広報はもちろんのこと会員に対する広報活動が必要である。これまでにも全会員への解決事例集の配布，東弁新聞への解決事例の掲載などを行っており，2000（平成12）年度は春季研修講座であっせん・仲裁の利用方法の講義を行ったが，現在の手引書は仲裁人用のみであるため当事者用の手引書を作成する等，会員及び市民に手続きがよく分かるようにして申し立て易くする方策を採ることが急務である。また，東弁ホームページでのセンターの紹介が分かりにくいため早急な改善が必要であり，また，現時点での申立は個人によるものが多くを占めるので，企業に向けた広報もする必要がある。

　次に，内容を充実させる方法として，仲裁人が得意分野を持つことにより質の向上を図り，かつ，建築士や不動産鑑定士等の専門家を活用し，裁判所が苦手とする事件をあっせん・仲裁で解決できるようにすべきである。さらに，センターの解決事例では履行されなかった事例は極めて少ないのであるが，和解契約に執行力を付与するため，東京簡裁及び東京家裁と連携をとり，和解がまとまった時点で裁判所に出向き即時に調停を申し立てて調停調書を作成する方法等を検討する予定である。

５）裁判外紛争解決制度の拡充

　裁判外紛争解決制度の拡大，充実に弁護士会は積極的に取り組み，市民の期待に応えなければならない。具体的措置として，
・　全国の各単位弁護士会において仲裁センター等の裁判外紛争解決機関を設置し，調停委員等の派遣をするなど協調して充実を図る。
・　裁判所に付設された調停制度について，ミニ裁判化した現状の改善を図っていく。
・　民間ＡＤＲに委員を派遣するなど協力を提案する。
・　現行行政不服審査制度に審査委員として弁護士の採用を求め，かつ，中立機関として審査委員会の設置を求める。

(1) ＡＤＲの存在意義

　社会には多様な紛争があり，訴訟になじまない紛争がある。また，民事事件の増大によって容量の小さい裁判制度を補完する必要がある。さらに，法律解釈という形式による判断や司法消極主義という現行裁判手続の限界を補完する必要がある。こうした要請から裁判外紛争解決機関（ＡＤＲ）は必要であり，ＡＤＲに寄せられる期待は大きい。経団連の

21世紀政策研究所は，私的な紛争は私的自治の領域で解決するとの理念を掲げ，紛争の両当事者がその解決に向けた交渉を自律的に進める過程に，弁護士その他の専門家が加わる市民コートの創設を提言している。我々は，合理的な紛争解決を望む多くの国民の需要を直視し，紛争解決の場について十分な選択肢（メニュー）を与えなければならない。

(2) ＡＤＲの理念

① ＡＤＲの特性

ＡＤＲ（Alternative Dispute Resolution）の特性は，簡易・迅速であることのほか，法律に従って紛争解決を図ることを核心に置きながら，条理によって法律と社会規範との乖離を埋めて紛争を解決することにある。この特性をフルに生かすべくＡＤＲを創設，運営していかなければならない。

② 現存ＡＤＲ

ⓐ 公益法人の設置するものとして，弁護士会仲裁センター，指定住宅紛争審査会，弁護士会と弁理士会による工業所有権仲裁センター，財団法人交通事故紛争処理センター，日弁連交通事故相談センター，社団法人国際商事仲裁協会の国際商事仲裁センター，社団法人日本海運集会所の海事仲裁センターがある。

ⓑ 裁判所付設型ＡＤＲとして，地裁や簡裁の調停制度，家庭裁判所の調停制度がある。

ⓒ 行政機関ないしはこれに準ずる機関の設置するものとして，中央建設工事紛争審査会，自治体の建設工事紛争審査会，自治体の建築紛争調停委員会，中央・地方の労働委員会，公害等調整委員会，国税不服審判所，収用委員会など多数存在する。

ⓓ 民間団体の設置したものとして，医薬品ＰＬセンター，家電製品ＰＬセンター，化学製品ＰＬ相談センター，玩具ＰＬセンター，など計12のＰＬセンターがある。

③ 現存ＡＤＲに対する評価

公益法人のＡＤＲについては，中立性が評価され，短期間の解決という方針が支持され利用が増大しているが，広報を十分図ることができないという問題を抱える。裁判所付設のＡＤＲは歴史的にも制度的にも最も充実しているが，ミニ裁判化（期日間隔の長期化）しているとの批判がある。行政機関が設置しているＡＤＲに対しては解決能力に疑問がある。民間ＡＤＲに対しては，信頼性について疑問を指摘する向きもあるが，充実の期待される存在である。ＡＤＲ一般に対し，証拠に基づく紛争解決，真相解明を疎かにしているとの批判はあるが，それら批判に配慮しつつＡＤＲの特性を生かした紛争解決が期待されている。

(3) 今後の課題

ＡＤＲの特性を生かす運営を継続し，その存在を広く市民に認知してもらうべく広報を

充実させなければならない。仲裁センターの拡大，充実のために全国の単位弁護士会の協調によるあっせん，調停，仲裁委員の派遣制度の導入を図る。訴訟制度の限界を打ち破るものとして，行政不服審査分野におけるADRの創設を図らなければならない。あっせん，調停仲裁委員の能力の極端なバラつき，判断の極端なバラつきが生じないように継続的，定期的研修を行うことや，あっせん，調停，仲裁事例集の作成と頒布が必要である。

また，法律上の弱点である相手方当事者の出席の確保と時効中断効の問題，執行力の付与の問題を克服するため，立法的解決を求めなければならい。

6）少額事件と弁護士

> 少額訴訟手続が市民に十分に利用されるよう，本人訴訟の援助のために，弁護士会の少額事件センターの活動と広報を充実させ，市民に身近な司法を実現するために努力すべきである。

(1) 少額事件の現状

東弁では，簡裁管轄事件を少額事件と位置づけている。また，訴額30万円以下の金銭請求事件は，改正民事訴訟法での「少額訴訟」制度として，1998（平成10）年1月から取り扱われており，申立件数も徐々に上昇してきてはいるが，まだまだ件数として少ないという印象を拭えない。

東弁としても，少額事件センター[1]を少額訴訟制度の施行に合わせて発足させたが，一般の法律相談と区別しにくい等の理由で利用者についての分別した統計は取れていないものの，相談者が当初から少額事件と意識して申し込みをした件数は少ないように思われる。少額訴訟，少額事件センターの利用件数が目に見えて上昇しない原因がどこにあるのかについて，今後の課題として研究していく必要がある。

(2) 今後の対応のあり方

利用が進まない最大の原因は，裁判所を含めた司法が市民にとって遠い存在であることにあると考えられる。裁判官，弁護士を含めた法曹関係者が，市民に開かれた司法に改善するよう努力すべきであり，裁判官の市民的自由の問題，弁護士の活動領域をより市民生活に近づけること（サラ金相談，公設事務所構想等）等に取組む必要がある。弁護士会としても，その広報活動，マスコミ対策等を考えながら，これらの要因を改善するための努

---

[1] 1998（平成10）年1月1日から，東京弁護士会では，法律相談センター内に少額事件センターが設置され，その担当相談員が弁護士会内でも，担当者事務所においてでも，経済的利益が90万円以下の紛争について，低額で相談，受任等ができる体制を整えている。

力をしていくべきである。特に，少額訴訟を含めた少額事件制度は，ごく普通の生活を送っている市民の利用を目的としているものであるために，裁判所，弁護士会の制度についての広報の努力は欠くことができないものである。このような意味で，現在の少額事件の問題は，いかに国民に対して開かれた司法を実現するかという問題として議論されるべきである。

2　民事法制の見直しと民事裁判実務の課題

1）　民事法制改革のあり方

> 近時の民事法制の改革にあたっては，規制緩和や経済の活性化の視点から，ややもすれば社会的弱者を切り捨てる内容の，手続的にも政治主導の名の下に十分な審議検討を経ない立法がなされる傾向が生まれている。われわれは，市民間の法的紛争に関与する法律実務家として，民事法制の改革が，実証的で，専門家を含め幅広く各界の意見を十分に聴きながら，議論の経過をオープンにして進められるよう，従前に増して積極的な関与をしていく必要がある。

(1)　改革の特徴と問題点

最近の民事法制改革を巡る動きの特徴と問題点は，「定期借家権」導入を意図した借地借家法見直し問題に端的に現れている。

第一の問題は，実体（内容）面についてであり，規制緩和，経済の活性化などに名を藉りた「弱者切り捨て」の危険である。

1995（平成7）年7月，行政改革委員会規制緩和小委員会は「論点公開」の一項目として，「借地・借家の供給促進のための規制緩和」を掲げ，その中で定期借家権の早期導入を明確に表明した。経団連を始めとする経済団体から，良好な借地・借家の供給を妨げているのは借地借家法であり，定期借家権を導入することにより，良質の借家が供給され，不動産取引が活性化するとして，緊急経済対策の一つに位置付けられたのである。しかし，すでに日弁連が会長声明や意見書で，再三，反対した通り，居住用・業務用を問わず，また，当事者の個別事情を顧慮せず，完全に自由な定期借家制度が導入されることになれば，短期間に既存の借家権が駆逐され，経済的弱者としての借家人の生活や業務が著しく不安定となる恐れがある。また，定期借家権導入にともなう高齢者，母子家庭などの真に社会的な弱者に対する配慮や施策についても，具体性を欠き，不十分なものである。

われわれは，今後も，規制緩和，経済の活性化を標榜する民事関連法制改革の動きに対し，その改革の方向が，真に国民の福祉に合致するものであるか，社会的弱者の切り捨て

を招来しないか，という観点から，厳しく検討し，対処していく必要がある。

　第二の問題は，手続面についてであり，法制審議会における適正な審議を経由しない議員立法の危険である。今回の定期借家権導入の動きは，当初より「政治主導」であり，自民党政務調査会内に特別調査会が設置され，同調査会が中心となって関係各団体からヒアリングを行うなどして「改正案」を作成し，与党間の協議会における合意を経て，1998（平成10）年6月，国会に提出された。法務省では，同年2月から法制審民法部会内小委員会で，この問題が審議されていたが，与党協議会が，同審議会の議論を待たず改正案を決定し，国会に提出したのは，極めて遺憾であった。

　ところで，この「借地借家法改正案」は，衆議院法務委員会に付託されて継続審議となっていたが，1999（平成11）年8月，通常国会の会期満了に伴い廃案となった。

　しかるに，自民，自由，公明の三党は，1999（平成11）年7月末，議員立法で上記改正案と実質的に同一の内容の「良質な賃貸住宅等の供給の促進に関する特別措置法」を衆議院に提出し，同年10月召集の臨時国会において，法務委員会ではなく建設委員会に付託し，同法は，同年12月，一部修正のうえ成立した。日弁連は同年11月19日，直ちに会長声明を発し，以上のような特別措置法成立の動きに対し，反対の意を表明した。われわれは，このような議員立法の手法に対し，今後も十分監視していく必要がある。

　議員立法のあり方については，1997（平成9）年5月，多数の国会議員の共同提案で成立したストックオプション制度の導入などに関する商法等改正の際，法制審議会の審議や，学者，消費者団体などへの事前の意見照会を経ない拙速と不透明さが問題となった。

(2) 民事法制のあり方

　議会制度の下で，従来の官僚主導の政府立法から国会主導の議員立法に比重が移ること自体は，否定的に評価すべきではない。しかし，残念ながら，現実の議員立法の実情は，政府立法に比べて必ずしも十分な事前の検討や審議が尽くされているとはいえない状況にある。少なくとも，下記の諸点を改善するよう，われわれは各方面に働きかけていくべきである。

① 　議員が立法提案するに際し，当該法律案に関連して，行政の保有する情報を議員ができる限り入手，利用できる仕組みを検討すべきである。

② 　議員立法の場合も，政府立法の場合の各種審議会の審議と同様に，事前に専門家，消費者団体，経済団体などの意見を十分聴取し，問題点を深く検討する必要がある。

③ 　国会においては，公聴会の開催，参考人の意見聴取を行うなどして十分に審議を尽くすとともに，立法過程，論議の経過を国民にオープンにし，当該法律案に関する情報を公開して，国民の反応・意見の動向を踏まえながら立法作業を進める必要がある。

２）損害賠償請求訴訟の現状と課題

(1) 現状と問題点

　社会，経済機能の高度化，複雑化に伴い，権利の衝突，侵害は至るところで生起し，それらの調整機能としての損害賠償請求訴訟の重要性は増すばかりである。

　しかしながら，人格や環境に関する新たな権利の発生や，インターネットなどによる権利侵害など，従来の損害賠償請求訴訟が想定する枠をはみ出した紛争の多発に，現行の損害賠償請求訴訟は必ずしも対応しきれていない。

　従来の損害賠償請求訴訟は，個々の権利侵害に適切に対応できる独自の被害者救済システムをもたないため，東京，大阪など大都市の専門部のある一部の裁判所を除くと，その紛争解決機能は著しく低い。新民訴法によって導入された少額訴訟制度も，当事者の紛争を前提とした損害賠償事件で利用されることはほとんどない。裁判外紛争機関（ＡＤＲ）も充実してきているが，地域的な偏在化，運営，担当者の人選など，必ずしも透明化，公平性が確保されているとはいいきれない状況にある。

(2) 改革の方向

　損害賠償請求訴訟においては，何よりも社会生活の実態に即応した法整備が不可欠であり，その上で紛争処理のための高度な機能と市民的常識を有した裁判所へと，人的・物的設備の充実が急務である。

　人格や環境に関する今日的な損害賠償請求訴訟において裁判所の認める損害賠償額は，健全な市民感覚に適っているといえるであろうか。セクシャルハラスメントや名誉毀損など人間の精神的価値に対する評価は著しく低く，その他の損害賠償請求訴訟においても十分な被害の回復をもたらさない場合が多い。われわれは，不当な権利侵害に対し相当の損害賠償額を確保し，民事裁判が市民の被害の回復にも有効に機能するよう努力しなければならない。

　損害賠償請求訴訟の中で，最も大きな割合を占めるのが交通事故である。

　交通事故訴訟の特色として，被害者側の証拠収集の困難さがある。死亡事故の場合はなおさらである。この場合，加害者の刑事処分も困難となることが多く，被害者側にとっては実況見分調書以外の刑事記録の謄写も不可能となり，訴訟における不利は大きい。弁護士会としては，被疑者・被告人らの人権に配慮しつつ，被害者救済のため，できる限り大幅な刑事記録の開示を求めるべきである。

　また，訴訟外では，被害者救済のため，日弁連交通事故相談センターの活動を積極的に支援するとともに，物損や軽微傷害による少額請求の簡易迅速な解決システムを検討すべ

きである。

(3) 懲罰的損害賠償について

現在，司法制度改革審議会で市民のための司法改革の一環として，懲罰的損害賠償の法制化が検討課題とされている。

懲罰的損害賠償とは，侵害行為等によって生じた損害賠償額に加えて，制裁及び一般予防を目的として賠償金の支払いを求めるものと理解されている。この懲罰的損害賠償について最高裁判所は否定的見解を示しているが，大企業の瑕疵隠しや，国が繰り返し行う接見妨害事件のように，その再発のために懲罰的損害賠償を課す必要のある事例も存在する。この点，立法的に解決されることが望ましいが，その際，適用される対象事件及び当事者等について十分な検討を行い早急に成文化すべきである。

なお，解釈論でも，公刑罰を科すことで社会秩序が保たれるという関係にない接見妨害事件などについては，裁判官の法創造作用として，懲罰的損害賠償が認められると解される。

３）債権回収と民事執行法

> 現下の金融危機の状況に対する実効的対策の必要性が叫ばれて久しいが，これまで，抜本的な制度改善は必ずしもなされてこなかった。
>
> こうした金融危機を脱却するために，「競売制度に関する法律案」が議員立法により提出され，可決・成立し，1998（平成10）年12月16日から施行された。これらの法律は，長所と短所を併せもっていることから，より実効性のある競売制度とするための諸施策を講ずるべきである。

(1) 競売代金支払における銀行ローン活用のための法整備

不動産競売において，買受代金の支払いが現金による一括払いとなっており，また，現行法では，金融機関が買受代金を融資するにあたって買受物件について確実に第１順位の抵当権を設定できる保障がないことが，融資実行の障害となっている。

不動産競売において，金融機関が一般の物件への融資と同様に，安全確実に担保権を設定できるように法整備がなされなければ，潜在的な需要を呼び起こし，不動産競売市場の活性化を図ることができず，金融不良債権の迅速な処理を促進できない。

(2) 公的債権回収機関の調査資料等の活用

これは，住管機構および整理回収銀行[1]が作成した調査資料または鑑定書を，現況調査

---

1) 現在は，統合されて整理回収機構となっている。

報告書または評価書と見なすことができるという制度を新設したものである。

競売手続において，現況調査報告書や評価書作成にかなりの時間がかっていることが指摘されてきた。

そこで，上記のような制度が考案されたわけであるが，住管機構や整理回収銀行の手続のみが，競売促進の恩典に預かることができるという結果となることは問題である。本来，手続の促進は執行官や評価人の増員など執行体制の拡充により，すべての競売事件において図られるべきものである。こうした資料の活用は，債権者による一方的調査の問題もあり，不良債権回収のための暫定的措置とすべきである。

(3) 売却見込みのない物件についての競売手続の打切りについて

何度競売を繰り返しても買受けの申出がない物件については，売却の見込みがないとして競売手続を終了させることとするものである。

競売手続によって最終的に担保物件が売却されことを制度上保障せずに，競売手続の打切りを認めると，執行妨害を繰り返すことによって競売手続を事実上終結させ，執行妨害が功を奏する結果をもたらす。売却見込のないことの判断は執行妨害事案では慎重を要する。

(4) 保全処分の強化

いわゆる「占有屋」による執行妨害に対処するために，入札を実施しても買受希望者が現れなかった物件について，抵当権者の申立により，買受希望者が現れないときは自己競落することを条件に，一定の保証を立てさせた上，買受人が決定する前の段階で買受人に対抗できない占有権者に対し，物件を仮に引き渡すことを命ずる制度を新設した。

金融不良債権の処理が遅々として進まないことの原因として，執行妨害が横行している事実があげられる。こうした妨害行為を一般的に抑制する制度として，競落人が未だ現れない段階において，裁判所が，債権者に仮引渡命令を発し買受人が現れる前に物件を事実上保管することは，競売の処理を促進することとなることが明らかである。

買受人に対抗できない占有者は，いずれ競落人に物件を明け渡さなければならないのであるから，この時期に債権者に引渡を命じられても，さほどの不利益はないと考えられる。差押に占有排除効はないとしても，競売手続が進行し，物件明細書が作成されて，競売手続において権利関係が明確化された段階で，債権者が対抗できない占有者を排除して，競落人に引き渡す準備をすることは，抵当権の本質に反するものではないし，相変わらず後を絶たない執行妨害に対する有効な対策となる。

(5) 執行抗告対策

執行抗告の濫用に対する対策のため，執行抗告に対して，受訴裁判所自ら決定を下すこ

とができる簡易却下の制度を設けた。濫用的執行抗告に対する抜本的対策として受訴裁判所が自ら決定することになれば，理由がない執行抗告は直ちに却下されることになる。

あわせて，民事執行法83条5項の執行停止効の規定の削除を検討すべきである。

(6) 担保物件の不法占有者に対する抵当権に基づいた妨害排除

1999（平成11）年11月24日，最高裁大法廷判決は，担保物件の不法占有者に対する抵当権に基づいた妨害排除を認めるに至った。この判決を契機として，担保物件を占有することにより不良債権の処理を遅延させ，かつ，担保物件を廉価で任意売却しようとする「損切り」行為が抑制され，適正な担保換価がなされていくことが重要である。

(7) 執行妨害対策について

執行妨害に対して有効を考えられる方法としては，刑法96条の2，強制執行妨害罪，同条の3，競売妨害罪の各法定刑の引き上げ，執行官の人員増加・権限強化，特に現況調査の執行官に与えられている民事執行法57条のような具体的権限の付与。不動産執行における動産の処置は，現場で動産を処分できるよう改正すること等がある。このほか，裁判所自ら競売目的不動産を占有管理するための基盤を整備することなどが必要である。

4）倒産法改正と個人債務者の民事再生手続

> 個人債務者の民事再生手続法の制定とともに，弁護士は，この手続に習熟して，申立代理人あるいは個人再生委員などの役割を十分に果たすべき体制をとるべきである。

(1) はじめに

近年経済不況やカード，クレジットの普及に伴い，個人債務者が倒産状態になる件数が激増しており，これに対する適切な対処が社会的な課題となっている。個人の支払不能に対しては，破産手続きが用意されているが，破産を望まない債務者も多く，破産で対応できるのは，多数の支払い不能債務者のごく一部にすぎない。

2000（平成12）年4月1日より施行された，民事再生法は従来の和議手続きにかわるものとして，個人債務者にも適用があるが，主たる対象は企業であって零細な個人債務者の倒産手続きとして適切なものとはいえない。

そのようなことから，個人債務者についての簡易かつ実際的な手続きの導入がかねてより望まれていた。これに応えて，法制審議会倒産法部会は，2000（平成12）年7月「個人債務者の民事再生手続きに関する要綱案」をまとめ，これをベースに法案2000（平成12）年11月参議院を通過した。

個人債務者の民事再生手続きは，「小規模個人再生手続」と「給与所得者等再生手続」

という二種類の再生型特別手続から成り，さらに，個人債務者の居住用住宅の住宅貸付債権（いわゆる住宅ローン）について，特別な再生計画を立てることを認めることによって，住宅ローンを担保するための抵当権の実行を免れ，居住用の住宅を確保する途を開く規定も含まれている。小規模個人再生手続，給与所得者等再生手続,住宅ローンに関する特則，それぞれについて要点は以下のとおりである。

(2) 小規模個人再生手続

小規模個人再生手続は，再生債務者の資格が一定の要件を満たした自然人に限定されること，機関の構成が簡略化されたものとなっていること，再生債権の届出から評価までの手続が簡略化されていること，いわゆるハードシップ免責の余地を認めていることなどを特徴としている。

再生債務者となる資格は，通常の民事再生手続と異なり，自然人であることの他，将来において継続的または反復して収入を得る見込みがあること，無担保債権の総額が3000万円を超えない者に限定されている。

債権調査は，簡略化されており，その結果には確定判決と同一の効力や執行力はない。再生債務者は，その収入を原資として，原則3年（最長5年）で，3ヶ月に1回以上は分割して弁済することを内容とする再生計画案を提出し，可決,認可を得てこれを遂行することによって，残債務が免除される。

なお，可決要件は通常の民事再生が債権者の多数の積極的な同意を要求しているのに対して,個人再生では消極的な同意で足りるものとされている。

なお，監督委員は置かれないが，再生債務者の財産の調査および収入の調査，再生債権の評価の申し立てにかかる再生債権の調査，再生債務者が適正な再生計画案を作るために必要な勧告の全部または一部のみに権限を限定された個人再生委員が任意的な機関として置かれている。

なお，再生債権に対する弁済額は，再生債権総額の5分の1または100万円のいずれか多い額（総額が100万円を下回っているときは総額，総額の5分の1が300万円を超えるときは300万円）を上回っている必要がある。

このように，通常の民事再生手続と異なって，最低弁済基準が法定されたのは，手続や機関の簡素化によって,債権者の利益が損なわれないようにしたものである。

(3) 給与所得者等の再生手続

小規模個人再生手続の対象者のうち，さらに，給与またはこれに類する定期的な収入の見込のある者であって，その収入の変動の幅が小さいと見込まれる者については，さらに簡略な手続が利用できる。

すなわち，その可処分所得（原則として再生計画案提出前2年間の再生債務者の収入から所得税等を控除した額の2分の1から，再生債務者およびその扶養を受けるべき者の最低限度の生活を維持するのに必要な額を引いた額）の2年分以上を弁済原資にあててこれを3年以下で弁済することとすれば，再生債権者の多数の同意も必要なく計画案の認可を得ることができる。

もっとも，再生計画の認可にあたっては，裁判所はあらかじめ届出再生債権者の意見を聴かなければならない。

(4) 住宅資金貸付債権についての特則

住宅資金貸付債権についての特則は，住宅貸付債権についてのリスケジュールを内容とする住宅資金特別条項を再生計画で定め，その認可を得た上で，これを履行することにより，経済的破綻に陥った個人債務者が生活の基盤である住宅について担保権の実行を受けて，これを失うことなく再生を図る途を可能にしようとするものである。

この住宅資金特別条項におけるリスケジュールは，すでに弁済期が到来した部分を一般の再生債権の弁済期間内に支払うことによって，その満了時には住宅ローンの遅滞状態を解消するという計画を定めることを原則とする。例外的に，そのような再生計画の遂行が著しく困難な場合には，10年を超えずかつ最終の弁済期における債務者の年齢が70歳を超えない範囲で分割期間の延長を定めることもできる。

この住宅資金特別条項は，住宅資金貸付債権者の同意を要件としないで，認可されることとされているが，認可をするにはあらかじめ住宅資金貸付債権者の意見を聞かなければならないとされている。なお，抵当権の実行に対しては中止命令の申し立てができる。

(5) 弁護士の役割

個人債務者の債務処理手続として，上記のような簡易な再生手続が導入されれば多数の多重債務者その他，経済的苦境に陥っている個人債務者の救済にとって朗報となろう。

但し，この手続が十分活用されるためには，多くの弁護士がこの手続に習熟して，申立代理人，あるいは個人再生委員として機動的に役割を果たすことが期待されている。

5）企業経営と商法などの法制

> 多発する企業不祥事は，法的ルールに基づいた企業経営，企業健全化の必要を改めて明らかにしている。こうした視点から，企業法務への関与のみならず，企業法制の改革にあたって弁護士に求められる役割は大きく，より積極的な活動や提言をしていかなければならない。

(1) 最近の企業行動に関する問題

　食中毒患者を出しながら適切な対応を怠った大手製乳会社，数十年もの間申告しなければならない欠陥を隠してきた自動車メーカー，あるいは相変わらず水面下で総会屋に利益供与をしていた鉄鋼会社や，元役員2名が起訴された農機具メーカー等ルールを無視した企業行動が目につく。

　これらの企業行動に共通なのは，場当たり的な対応であったり，自分たちの利益のみを考えた近視眼的な発想である。

　このようなルールを無視した企業行動は，国際社会では決して許されるものではなく，企業にとっても一時的な信用毀損にとどまらず，国際競争力の低下，市場からの排除，外国機関投資家をはじめとした株主からの役員に対する責任追及等に発展することになる。

　そこで，われわれ弁護士としても，対症療法ばかりでなく，コンプライアンス経営（遵法経営）の観点から企業の健全化を図るべく，企業に対する指導を行っていくべきであろう。

(2) コーポレートガバナンスの確立

　企業の不祥事，或は企業による「財テク」その他各種投資に対する内部チェック機能の低下などの事例が多発していることに伴い，コーポレートガバナンス（企業統治）確立のための研究，法改正への提言等が各方面から行われている。会社経営は株主の利益を第一義として行われなければならないことは制度目的上当然のことであるが，従業員，債権者，地域社会等利害関係者（ステークホルダー）の利益が無視されてはならないとの指摘も多く行われており，また企業経営が利益追求の余り社会的倫理を逸脱してはならないことも認識しなければならない。当面は，自民党が1999（平成11）年4月に作成した議員立法による「企業統治に関する商法等の改正案要綱」の中で提言している監査役（会）に関する改正案が果たして監査機能の充実を実現しうるか否か，株主代表訴訟の要件等に関する改正が現状において必要か否か，は疑問なしとしないところであり，これらの諸問題につき弁護士会としての見解を形成することが必要である。

　また，独禁法改正により合併等の企業結合の規制緩和及び純粋持株会社の解禁がなされたことに伴い，1999（平成11）年には完全な親子会社創設のための株式交換制度等の新設，2000（平成12）年には会社分割制度の導入を内容とする商法改正が相次いでなされ，さらには実務界でいわゆる執行役員制度の導入も着実に増加している。このような企業経営と業務執行の効率性が重視される傾向のなかで，コーポレートガバナンスの見地から遺漏を生じないよう弁護士会としても取り組む必要がある。

(3) 議員立法に対する取組み

最近，議員立法による商法の改正，特例法の制定が相次いでいる。議員立法は政府提案と並ぶ立法手続きであるが，最近の議員立法は緊急経済対策として企業関係法規の基本法である商法に改正を加えるものが多く，その立法過程，立法内容両面において不備が少なくなく，企業法制のバランスを崩すおそれがある。したがって，弁護士会としては，このような基本法の改正における法制審議会の機能改善に取り組むとともに，議員立法に対する迅速な法的意見表明等によりその適正を図ることが必要である。

６）独禁法と民事訴訟

> 　独占禁止法が，経済法の基本法制の一つであることをより積極的に明らかにし，弁護士業務においても，その違反予防，不公正取引に関する予防を心掛け，違反行為については，新たに法制化された差止請求の活用を推進し，自由競争経済社会実現の阻害要因の除去に努力すべきである。

(1) 私人による差止請求権の立法化

　競争法としての独占禁止法の運用が真に行われるようになったのは，石油ショックのあった昭和40年代後半からであるともいわれていたが，日米構造問題協議（1990〔平成２〕年６月最終報告）を契機として独占禁止法の活性化が一段と求められるようになった。

　1997（平成９）年12月24日閣議決定の「経済構造の変革と創造のための行動計画」のなかで，「公正でかつ内外に開かれた市場の実現を妨げる行為により不利益を被った者が自らのイニシアティブと責任においてその救済を図るための民事的救済制度の整備についての検討を行う」とされ，その流れを受けて，2000（平成12）年５月独占禁止法の改正により，同法に私人による差止請求権の制度が設けられた。

　独占禁止法24条として「第８条第１項第５号又は第19条の規定に違反する行為によってその利益を侵害され，又は侵害されるおそれがある者は，これにより著しい損害を生じ，又は生ずるおそれがあるときは，その利益を侵害する事業者若しくは事業者団体又は侵害するおそれがある事業者若しくは事業者団体に対し，その侵害の停止又は予防を請求することができる。」（2000〔平成12〕年５月19日公布）と規定され，この改正法は，2001（平成13）年１月６日から起算して６月を超えない範囲内で，政令によって定める日に施行されることになった。

　これは，不公正な取引方法に該当する行為の私人による差止請求を認めたものである。カルテルなどの不当な取引制限は対象とされていないが，不公正な取引方法に限定されたとしても，取引拒絶，差別対価，取引条件の差別取り扱い，事業者団体における差別取り

扱い，不当廉売，不当高価購入，欺瞞的顧客誘引，不当な利益による顧客誘引，抱き合わせ販売，排他条件付取引，再販売価格の拘束，拘束条件付取引，優越的地位の濫用，競争者に対する取引妨害，競争会社に対する内部干渉といった広範な行為が，差止の対象となった。

今回の改正法における私人による差止請求は，「これにより著しい損害を生じ，又は生ずるおそれがあるとき」と規定しているため，この解釈次第では，私人による差止請求の使用が困難になることも想定される。結局，裁判所の裁判例の積み重ねによってこの解釈を確定して行くしかないが，実務家であるわれわれとしては，積極的にこの差止請求権を活用して，裁判所による裁判例の集積を促進し，競争法としての独占禁止法を一段と活性化して行く必要がある。

(2) 実務家としての弁護士に期待されること

企業法制研究会報告書（通産省産業政策局長のもとに置かれた私的研究会）によると，独占禁止法施行以後の同法違反行為に関する民事訴訟の件数は，100件弱（このうち独占禁止法25条の損害賠償請求は7件）である。これに対し，アメリカでは，年間で400件から700件，ドイツでは，競争制限禁止法による訴訟が年間で約200件，不正競争防止法による訴訟が年間で15,000件であるという。アメリカやドイツでは差止請求が法制化されていたからとはいえ日本とは比較にならない大きな件数である。

日本でも，当事者の主張として独占禁止法を争点にした訴訟は130件以上あり，公表される裁判数の少ない日本の実情からすると，この2～3倍は独占禁止法違反が主張されているのではないかという研究者もいる。

独占禁止法は，経済法の基本法でありながら，大学における教育も含め，法曹養成制度のなかであまり重要視されてこなかった。そのために弁護士にとっても縁遠い法律であり，一部の者を除いては，独占禁止法を全く活用していないといって良い。この根本的理由は，独禁法違反が，公正取引委員会及び裁判所において軽視されてきたことにあるが，これが改まりつつある現代においては，その法律の重要性は高まってきていると言える。

東弁では法律研究部発足当初からそのなかに独占禁止法部を設け，一般会員を対象とした講演会を開催してきており，日弁連でも消費者問題対策委員会の主催で継続的に独占禁止法研究会を開催している。

われわれは，このような研修会を支援し，今後とも，自己研鑽に励み，不公正な競争事例には，法律相談の場面でも訴訟の場でも，積極的に独占禁止法を活用して行かなければならない。

特に，日常的に契約書作成に関わっている弁護士としては，不公正取引に対する感性を

身につけなければならない責務を負っているものと自覚すべきである。

7）知的財産権紛争解決制度の改善

> 知的財産権紛争については，迅速性と専門性が企業活動の側面から要請されており，この要請に応えるためにも，裁判制度の改善，弁護士の態勢の改善及び紛争解決方法としての裁判外紛争解決機関の充実と信用性を高めることに努力すべきである。

(1) 迅速化の要請

いずれのタイプの訴訟においても要求されていることであるが，特に知的財産権訴訟において要求されているのは訴訟の迅速化である。技術の進歩の速度が増している時代にあって，特許訴訟等に時間がかかることは，被侵害者の損害を拡大するものである。

知的財産権訴訟が，特に裁判の迅速化を要請されるものであることは，迅速な企業活動が必要とされる現代において重要な要素として考えなければならない。しかし，裁判の迅速化により実体的真実の解明が妨げられてはならないことも重要である。裁判が最終的な紛争解決手段であることを考えれば，この相対立すると思われる要請を調和する必要がある。

(2) 改善措置

わが国の特許訴訟等の知的財産権に関する訴訟の一審平均審理期間が諸外国に比べ長期であることをどのように解決できるかは，裁判所のあり方だけではなく，弁護士の側の問題も存在し，双方について改革がなされなくては根本的な解決とはならない。これは他の訴訟と同様の問題である。

裁判所側の改革として，最高裁は特許訴訟の迅速化の検討に入っている（日本経済新聞1999〔平成11〕年10月24日朝刊）。具体的なテーマとしては，①期日の厳格管理，②知的財産権訴訟を扱う専門部の体制強化が挙げられている。右の最高裁による検討とは別に，訴訟における損害額の立証の困難緩和は，昨年の同テーマの報告に記したとおり，既に一部立法化され（1998〔平成10〕年の改正で新設された特許法102条1項は損害額を法定），かつ鑑定人制度の導入など更なる検討がなされている。

①の期日の管理は，裁判所が当事者の意向をふまえて事前に審理内容及び期日につき計画を立て，これに従って手続きを進めていくものである。当事者の意向をふまえるとはいえ，基本的には訴訟指揮の強化であり，実現のためには民事訴訟法の改正が必要になろう。訴訟指揮のあり方によっては当事者の権利を損なう可能性もある。いずれにせよ当事者は従来に増して事前に事件の内容，行うべき主張・立証，勝敗の見通し等充分行っておかな

いと，計画立案にあたって適切な意見を述べ，計画を順調に遂行していくことが困難となろう。②については，知的財産権訴訟が裁判官にとっても極めて専門的な経験を必要とするところから，特許裁判所のような専門裁判所を設置すべしとの意見もあるが，現状では実現の可能性が高いとはいえない。現実的な方策としては，知的財産権に関する訴を多く扱い知識・経験の蓄積がある東京地裁と大阪地裁の知的財産部の拡充及び管轄の集中がなされた。東京地裁の知的財産専門部は1998（平成10）年，1999（平成11）年の間に1部から3部に増設された。また1998（平成10）年の民事訴訟法改正により，特許権，実用新案権，回路配置利用権又はプログラムの著作物についての著作者の権利に関する訴えについては，当事者の希望により，東京地裁又は大阪地裁の知的専門部での審理を選択することが可能になった。

　知的財産権関連訴訟においては裁判の迅速化と専門性の確保が重要であり，専門化によって迅速化も図られることになり，2つの要素が相俟って知的財産権関連訴訟が強化される。特許裁判の強化に向けて特許庁と裁判所の協力も強化された。特許侵害事件解決の前提となる特許の有効性が特許庁の無効審判で争われることが多い。そこで侵害訴訟の早期解決のため，無効審判の早期処理，特許庁と裁判所の間での侵害事件関連情報の交換が図られている（1999〔平成11〕年改正特許法）。

　2000（平成12）年においても更なる訴訟の迅速化・改善措置の検討が引続き行われているが，現時点（2000〔平成12〕年9月21日）においては未だ具体化していない。
この問題点は，単に裁判所だけの問題ではなく，弁護士側の事件受任体制の問題があり，この問題を特許事件だけに限定して解決を図ることは，相当に無理があることを自覚しなければならない。

　このように早急な改革の困難性を考えれば，裁判外紛争解決機関（ＡＤＲ）[1]の活用を弁護士会としても推進し，裁判において解決するもの，裁判外紛争解決機関で解決するものの区別をつけていく慣行ができることが望ましいと考えられる。このような制度の利用により，事実関係に争いのない紛争は，裁判外紛争解決機関で解決することにより，より迅速な解決が図られ，事実関係が紛争の基本である場合には，多少時間がかかっても裁判で解決をするという棲み分けができるであろう。弁護士会としては，裁判外紛争解決機関の信頼性を維持しつつ，このような棲み分けを発展させていく必要がある。

　1）．平成10年4月1日から日弁連において弁理士会との共同運営である「工業所有権仲裁センター」が発足し，同事業が始まっている。

8）国際民事訴訟の充実に向けて

> 1998（平成10）年施行の新民事訴訟法の立法過程において，国際裁判管轄，国際的訴訟競合，国際民事訴訟に的確に対処するために改正すべき点が検討事項とされたが，いずれも将来の検討課題として手付かずのまま見送られた経緯がある。現在，ハーグ国際私法会議で「民事及び商事に関する国際裁判管轄及び外国判決の承認執行に関する条約」の制定に向けての作業がすすめられているが，弁護士会は，その動向に着目して鋭意検討を進め，積極的に意見表明すべきである。

(1) 訴訟と仲裁

経済のグローバル化とともに，国際的な紛争も益々増加している。そのような国際的紛争を解決する効果的手段として国際商事仲裁の制度が発展充実して今日にいたっているのであるが，仲裁は当事者の仲裁に付することの合意が前提であって，相手方との間に契約上，あるいは紛争発生後の当事者間での仲裁合意がなければ，仲裁を利用しようと思っても利用できない。そこで，国境を超えた民事裁判手続きを利用できる制度の確立が国際的民事紛争の解決に不可欠である。

翻ってわが国をみるに，1998（平成10）年1月1日施行の新民事訴訟法においても，国際管轄等国際民事訴訟手続きについては将来の作業として全面的に見送られ，実務上は送達手続きや証拠調べについてのハーグ条約，一部の国との二国間条約で個別に対応しており，判例も少ないため，法的安定性を欠いているのが実状である。

(2) ハーグ国際私法会議における条約案作成作業

国際私法の統一を目的としてオランダ政府が呼びかけて設立されたハーグ国際私法会議は，1883年9月に第1回会議が開かれてから100年以上の歴史があり，日本も1904年に加盟した国際機関である。このハーグ会議で現在検討されているのが「民事及び商事に関する国際裁判管轄及び外国判決の承認執行に関する条約案」である。

日弁連においても2000（平成12）年8月にワーキンググループを発足させ，訴訟代理人たる弁護士の立場から条約案について検討を開始した。われわれ弁護士は国際的な法律事務と無関係ではいられなくなると考えられ，弁護士会としても来るべき民事訴訟法の改正も視野にいれた幅広い検討を鋭意行い，積極的に意見表明すべきである。

第2　刑事司法の改革

◇新しい世紀の刑事手続を求めて，人質司法・調書裁判と批判されるわが国刑事司法の現状を，憲法と国際人権法の視点に立ち，裁判官制度の改革をも含め抜本的に改革する。

◇刑事裁判における適正手続の担い手として刑事弁護の役割を充実強化し，刑事弁護の意義についての市民の理解を求める活動を積極的に進める。

◇刑事司法改革の実現に向けてのアクション・プログラムを，われわれの実践に結びつけるため，課題を絞って会員に呼びかけ，弁護士会をあげて具体的な行動に取り組む。

◇当番弁護士制度の発展と国費による被疑者弁護制度の実現のため，東京においても弁護と事務局の体制を整備し，広域的当番弁護士制度の導入及び全国的視野に立って，過疎地対策としての人的物的協力体制づくりを検討する。

◇国選弁護報酬の引き上げと国選弁護人の質の向上に取り組み，国選弁護事件が増加する事態を踏まえ国選弁護制度の抜本的改革に向けた検討を進める。

◇改正少年法の問題点を明らかにしつつ運用を監視し，適正手続保障の徹底，家裁のケースワーク機能の充実，被害者との適切な協議システムの確立等，少年法の基本理念にそった少年司法の実現のための取組を強化する。

◇犯罪被害者保護立法として検討されている被害者による意見陳述権やビデオリンク方式の採用については，憲法の保障に反し，反対していく。

◇拘禁二法案の提出を最終的に断念させ，日弁連刑事処遇法案の立法化を実現する。

◇死刑制度の存廃問題について早急に検討を深め，国民に対し的確な判断材料を提供する。

◇外国人刑事事件の増大にともない生じている身体拘束問題や司法通訳

人の問題など，外国人被疑者・被告人の重大な権利問題に対し弁護士会として取り組みを強化する。

1 憲法的刑事手続の確立

1）刑事司法の現状と抜本的改革の必要

わが憲法には，刑事手続について10か条の規定があり，これらの規定は国際人権法に照らしても遜色のないものである。ところが，刑事訴訟法施行50年を省みると，わが国の刑事司法は，代用監獄における自白強要と捜査機関の嫌疑を引き継ぐ調書裁判，そして「人質司法」・「監禁司法」によって，機能不全の状態に陥っており，冤罪が後を断たない。

われわれは，このような現状を，憲法・国際人権法をもって批判するとともに，弁護士・弁護士会が接見交通における面会切符制の廃止や当番弁護士制度の確立で行った組織的・実践的な取組みをなすことによって打破し，憲法的刑事手続を確立しなければならない。

(1) われわれはどこから出発せざるをえないのか

刑事司法に携わる者にとって冤罪ほどその良心を震撼させるものはない。死刑再審無罪判決[1]はその最たるものである。この冤罪はどのようにして生まれるのか。

まず，警察は，犯罪の嫌疑を裏付けるには不充分な証拠[2]の信用性に関する検討を充分なさないまま逮捕状を請求し，あるいは別件での逮捕状を請求し，これに対し無批判に逮捕状が発付され，さらに勾留請求に対し，勾留場所を代用監獄とする勾留状が発付される。多くの被疑者は，弁護人の援助を受けられないまま，あるいは弁護人を選任できても弁護人との接見交通が制限され実質上の援助を受けられないまま，代用監獄での長時間の取調べによる自白の強要に晒され，虚偽自白が搾り取られる。

次に，起訴されると，被告人が防御をなすには，否認事件の場合にこそ保釈が必要とされるのに，否認を罪証隠滅の疑いの徴表として保釈は却下される。まさに「人質司法」・「監禁司法」である。

さらに，公判では，密室で作成された調書に無制限に証拠能力が付与される。すなわち，

---

1) 免田事件，財田川事件，松山事件，島田事件
2) 質の貧弱な目撃者の識別供述，他人を引っ張り込む共犯者の自白など

証人に対する反対尋問が成功した場合でも,「特信性」のルーズな解釈によって重要証人の捜査段階での供述調書が採用され,また,「任意性」の厳格な解釈や事実認定は放棄されており,捜査段階における密室での被疑者に対する違法・不当な取調べは全く規制されない。これが「調書裁判＝公判中心主義の形骸化」である。事実認定においては,「疑わしきは被告人の利益に」との原則に基づき,検察官の主張が成立しない可能性がある場合および被告人の弁解が成立する可能性がある場合には,被告人に有利に「可能性の認定」がなされなければならない。しかし,現実には,検察官の主張の成立する可能性がある,あるいは,被告人の弁解の成立しない可能性があるとして,被告人に不利益な認定がなされ,事実認定における根本原則が踏みにじられている。

　これらの誤判の原因を作り出している最大の責任者は,刑事裁判の本質が無罪の発見にあることを理解しない官僚裁判官にある。近代刑事司法が原告官たる検察官と判断者たる裁判官を分離した意味は,裁判官による検察官批判にあるのに,官僚裁判官の多くはこれを理解しようとはしない。改革の対象は,制度やその運用のみならず,判断者そのものにも向けられねばならない。

(2) 刑事訴訟法施行50年と刑事司法の抜本的改革

　このようなわが国の現状は,もはや弁護人の個人的努力によっては克服不能であり,弁護士会の組織的・実践的な取組みが待ち望まれていた。

　その面で,現状打破の先駆となったのが,日弁連の接見交通権確立実行委員会の活動である。接見交通委員会は,一般的指定書による接見の閉塞状況の中で,国賠訴訟の積極的提起や法務省との協議を通じて,接見交通の運用の改善を実現してきた。

　そして,日弁連および各単位会の刑事弁護センターや刑事弁護委員会は,このような組織的・実践的な活動スタイルを引き継ぎ,当番弁護士制度を全国に及ぼすに至っている。今や国費による被疑者弁護制度を実現するための基盤は整備されたというべきであり,われわれは,その実現を既に射程に収めたといってよかろう。

　また,わが国の刑事手続が,国際人権（自由権）規約や国連被拘禁者人権原則などの国際人権法に照らして,その水準を大きく下回るものであることは明らかであり,国際人権法を活用し,わが国の刑事手続を改革していくことが是非とも必要である。

　日弁連は,国際人権法に基づき,日本国内でのその実施状況に関する報告書を国連に提出するなどの活動を行い,1998（平成10）年11月には,国際人権（自由権）規約委員会（規約人権委員会）からわが国の刑事司法に対する数多くの改善勧告意見[3]が出されるに至っているが,今後とも同様の国際的活動をさらに拡大すべきであり,また,われわれ弁

　3） 自由と正義50巻9号

護士も，個別の訴訟分野において，この国際人権法を積極的に援用していくべきである。われわれは，国際人権法に則り，代用監獄の廃止や刑訴法39条3項の接見制限の撤廃，起訴前保釈制度や起訴前国選弁護制度の創設などの諸課題に取り組み，わが国刑事司法の抜本的改革をさらに前進させねばならない。

2）刑事司法改革のための弁護士会の取組み

> 刑事弁護が国民的関心を集める時代に，弁護士会としての組織的取組みを強化し，アクション・プログラムの実践を進めるなど，刑事弁護の充実と刑事司法の改革を図ることは弁護士・弁護士会の重大な使命である。

(1) 日弁連刑事弁護センターの活動

日弁連は，刑訴法施行40周年を記念した第32回人権擁護大会で，形骸化したわが国の刑事裁判を活性化させるために全力をあげて取り組んでいくことを宣言し，1990（平成2）年4月に「刑事弁護センター」を設立した。

同センターは，刑事弁護に関する情報提供等を通じて個々の刑事弁護の充実強化をめざすとともに，刑事司法手続の運用改善・制度改革の研究をその設立趣旨にかかげたが，とりわけ当面の重点活動を被疑者弁護の充実強化におき，当番弁護士制度の全国的確立を急いだ。その結果，大分，福岡から始められた当番弁護士制度は，約2年後の1992（平成4）年10月1日に全国の各単位会で実施されることとなり，この画期的事業は，最高裁など関係官庁や学界，マスコミ，市民などからも高い評価を与えられた。「弁護士会の戦後最大のヒット商品」（日経新聞論説委員）ともよばれた当番弁護士制度の実現をみたのは，文字通り全国会員の地道かつ献身的努力によるものであった。

(2)「刑事司法改革の実現に向けてのアクション・プログラム」の実践

1995（平成7）年10月，日弁連理事会において，「刑事司法改革の実現に向けてのアクション・プログラム」が確定された。

このアクション・プログラムは，刑事手続のいかなる部分に制度上，運用上の改善を要する課題があるかを明らかにし（課題の選択），選択された課題について，制度上，運用上の改善をはかるための活動の指針と目標を明らかにする，との観点から検討されてきたものである[4]。

4）内容的には，代用監獄の廃止，接見交通権の確立，取調立会権の確立，身体拘束問題，起訴前の国公選弁護制度，証拠開示，伝聞証拠の排除，公判中心主義，上訴，少年の刑事手続，外国人の刑事手続，再審が含まれており，それぞれについて，問題の所在，日弁連の到達点，改善策（運用上の改善策，立法改革）が述べられている。

このアクション・プログラムを策定する過程において，各地で熱気あふれる議論がなされたが，司法改革の気運が盛り上がってきつつある現在，このような形で議論がなされたことは，会内のエネルギーを広く結集するために有益であった。

　このアクション・プログラムを今後いかにして活用していくかが重要であり，それだけで自己完結し，歴史的な文書として棚上げされるようなことがあってはならない。アクション・プログラムは，あくまでも行動計画なのであって，弁護士・弁護士会の具体的な行動に結びつかなければ価値は半減するといわなければならない。

３）接見交通権の確立

> 　接見交通権を確立するために，大法廷判決の壁を打ち破るにたる違憲論を再構築し，国際人権法を梃子として刑訴法39条３項そのものの削除を求める運動を推進すべきである。

　憲法34条，37条が保障している被疑者・被告人の弁護人選任権とは，弁護人の援助を受ける権利にほかならない。被疑者・被告人には，まさに援助が必要なその時にこそ，弁護人の実質的な援助が与えられなければならない。

　この弁護人の援助を受ける権利の中核的権利である接見交通権については，いわゆる一般的指定制度によって組織的・継続的な接見妨害がなされてきたが，日弁連は，早くからこの問題に取り組み，国賠訴訟の全国での積極的提起とその勝訴判決を背景として，法務省との直接協議によって，「面会切符制」の廃止など一定の改善を実現した。

　しかし，他方で，最高裁は，浅井・若松の両事件判決において，「取調べ予定」を理由に接見指定ができるとするなど現状追認に終始し，さらに，1999（平成11）年３月24日の安藤・斎藤事件大法廷判決において，「接見交通権の行使と捜査権の行使との間に合理的な調整を図らなければならない」などの理由で，刑訴法39条３項違憲論を退けるに至っている。

　規約人権委員会は，日本政府の第４回定期報告書につき，1998（平成10）年11月，「最終見解」を採択し，「刑事訴訟法39条３項のもとでは弁護人へのアクセスが厳しく制限され」ていることを指摘し，これを直ちに改革するよう勧告したが，大法廷判決はこの勧告に逆行する内容に終始したのである。

　被疑者には，取調中であったり，取調べの予定がある場合にこそ，弁護人の援助が必要なのであって，わが国の現状は，未だ憲法，国際人権法の保障する弁護人の援助を受ける権利とはかけ離れた状況にある。

違憲論を再構築するとともに,「捜査の必要」を理由に接見制限を認める刑訴法39条3項自体を削除する法改正を求めて運動を再展開する必要がある。

また,接見交通権の確立のためにその妨害事例である,われわれ法友会の会員が3日間にわたり接見する事が出来なかった事案や取調中でないにもかかわらず接見指定した事案について,法友会の会員が中心となり,約150名の弁護団を組織し,1997（平成9）年4月30日,東京地方裁判所に国を被告として国賠訴訟を提起した。この訴訟で,繰り返し違法な接見指定を行う国側の問題点を指定し,また今後国の「やり得」を許さないために懲罰的損害賠償を請求するなどして,2000（平成12）年9月20日に終結した（なお,判決言渡期日はおって指定となっている）。

4）人質司法・「監禁司法」の打破

> 人質司法・「監禁司法」を打破し,権利としての保釈を確立し,被疑者・被告人の防御権を実のあるものにするために,保釈請求や（準）抗告を積極的に行うとともに,弁護士会としていかなる組織的取り組みが可能なのか検討し,これを具体化すべきである。

憲法33条の「逮捕」は,司法機関への遅滞のない引致を伴った概念であり,また,同法34条の勾留理由開示は,英米法の予備審問を意図したものである。これらの条文から,被疑者段階をも含め,保釈の権利性は,当然に導き出される。

現刑訴法が権利保釈の制度を創設したのは,この憲法の要求に基づくものであり,被疑者に保釈を認めなかったのは立法上の不備というべきである。

このように,少なくとも被告人には,権利保釈が法律上認められてはいるものの,その実態をみると,権利保釈は死滅したに等しい。旧刑訴法下では,裁量保釈しか存在しなかったが,1943（昭和18）年の保釈率[5]は25.6％であり,それ以前の10年間の保釈率平均は12.1％であった。これに対し,現刑訴法下における保釈率は,当初は50％内外で推移したものの[6],その後長期低落を続け,1999（平成11）年の地・簡裁合計の保釈率は13.3％という旧刑訴法下にほぼ等しい数値にまで低下している。しかも,第1回公判期日前の保釈は,極めて困難な状況になっている[7]。被告人・弁護人が防御権を行使しようとすれば,懲罰として,そしてまた刑罰の先取りとして,勾留が継続され,保釈は認められず,これ

---

5) 勾留された被告人数に対する保釈を許可された被告人の割合
6) 地裁での最高は,1972（昭和47）年の58.4％である。
7) 1999（平成11）年に地・簡裁で保釈になった者の中で,ほぼ第1回公判期日前の保釈にあたると思われる起訴後の勾留期間が1月以内の者の割合は,10.5％であった。この数値を1967（昭和42）年でみると,40.8％である。

を放棄して初めて保釈という恩恵が与えられるのである。これが，すなわち人質司法・「監禁司法」である。

　このような運用は，もっぱら，裁判所による，罪証を隠滅すると「疑うに足りる相当な理由」の「おそれ」としての解釈によってもたらされているのであって，裁判官制度そのものを問い直していく必要がある。また，そもそも，当事者主義訴訟構造の下で，事実を争うという防御の主体としての当然の権利行使が保釈の障害となるという実務は明らかに背理であり，「罪証隠滅のおそれ」を身体拘束の正当化理由とすることそのものにも問題があるといわなければならない。

　このように，主として裁判所の姿勢の変化によって保釈率の低下がもたらされているが，副次的には弁護人側の保釈請求件数の減少にも関係がある。そして，この保釈請求件数の減少は，国選弁護事件の増加に見合っている[8]。われわれは，身体拘束による肉体的かつ精神的苦痛により敏感にならなければならないのであって，「人質司法」「監禁司法」にいかにして歯止めをかけ，人質をいかにして解放するのかを真剣に検討する必要がある。保釈請求や準抗告等の不服申立てをより積極的になすとともに，被疑者段階での保釈制度の確立をめざす立法化の運動などを進めなければならない。

5）捜査の可視化

> 「調書裁判」の現状を改善するための，取調べ全過程のテープ録音，ビデオ録画など，捜査を可視化するための法改正の運動を展開すべきである。

　旧刑訴法は捜査密行の原則を明文で定めていたが，現刑訴法にはそのような規定はない。ところが，現刑訴法下における50年の運用のなかで，捜査過程を不可視とすることを，あたかも自明の理であるかのように捉える実務が定着するに至っている。

　不可視の捜査過程の中核に位置付けられるのが密室での取調べであり，これに基づいて「調書裁判」がなされている。

　旧法下においては，「法令ニ依リ作成シタル訊問調書」にのみ証拠能力が付与されており，「聴取書」[9]には，被告人側に異議がある限り，訊問不能の場合を除いては，証拠能力を付与されることはなかった。ところが，現刑訴法322条や321条1項2号等の実務運用によって，旧法時代においてすら存在した証拠能力の制限さえ今や完全に取り払われ，結

8）勾留100人当たりの保釈請求件数は，1972（昭和47）年の94.7件をピークに減少の一途を辿り，1999（平成11）年には32.9件に低下し，国選弁護事件は，1973（昭和48）年の41.3％を底として増加の一途を辿り，1999年には，73.2％に増加している（いずれも地裁）。

9）現在の「供述調書」にあたる。

局のところ、「聴取書」に全面的に証拠能力を付与したと同視しうる状況を招くことになっている。しかも、旧法では、検察官にしか捜査権限がなかった[10]が、現刑訴法では、警察官に対しても取調べ権限を付与しており、さらに、「起訴状一本主義」の採用によって、全面証拠開示が消滅する結果となり、捜査過程の不可視性が一層高まることになったのである。捜査過程の不可視性こそは、日本型刑事司法の最大の問題点といわなければならない。

この状況を打開するには、テープ録音やビデオ録画などの方法で、捜査過程の「真実」を全面的に検証可能とすることが必要である。1998年11月、国際人権（自由権）規約委員会は、その「最終見解」において、「委員会は、刑事裁判における多数の有罪判決が自白に基づいてなされているという事実に深い懸念を有する。圧迫による自白が引き出される可能性を排除するため、委員会は、警察の留置場すなわち代用監獄における被疑者の取調べが厳格に監視され、また電気的な方法[11]により記録されることを強く勧告する」と述べている。

弁護士会としての本格的な取り組みが開始されなければならない。

2　弁護人の援助を受ける権利の確立

1）当番弁護士制度の現状と課題

> 当番弁護士制度を発展させ、国費による被疑者弁護制度の実現に結びつけていくために、登録率の向上と受任率の増加を図るとともに、当番弁護士活動の質の向上のための取組みを強化するべきである。

(1)　出動件数の増加と受任率の低さについて
① 当番弁護士の運用状況

東京弁護士会（以下「東弁」という）では、1991（平成3）年6月1日から当番弁護士制度を開始し、1994（平成6）年1月15日から委員会派遣制度（被疑者等から当番弁護士の派遣依頼がなくとも一定の要件のもとで当番弁護士制度を派遣する制度）を開始している。

最近の当番弁護士の運用状況[1]をみると、派遣要請は増加の一途をたどっており、2000（平成12）年5月12日から同年6月20日までの40日間で、1日平均25件（25件以上が21日、

---

10)　警察は、検察官の「輔佐トシテ其ノ指揮ヲ受テ」捜査することになっていた。
11)　テープレコーダーやビデオレコーダーによる録音、録画の趣旨である。

30件以上が9日，最高は1日40件）もの派遣要請がきている。

②　待機人数増加を目指して

東弁では，派遣要請の増加に対応するため，1999（平成11）年5月から，当番弁護士の待機人員を6名から9名に増員し，さらに，2000（平成12）年10月からは10名に増員し，1人あたり年間4回程度の回数で当番弁護士を担当しているが，1日40件もの受付件数があることをみれば，会員の約25パーセント（本庁877名，八王子147名）という登録率の向上を図ることが急務である。

なお，東弁では，2000（平成12年）9月，クレサラにヒントを得て，❶年間6回のコース，❷年間8回のコース，❸随時出来る，という選択肢を設けてアンケートを実施した。これは，各弁護士の業務の多様性を考慮しつつ，可能な限りの待機人数を確保しようとする試みとして評価できる。今後は，一律の当番弁護士の回数が設定されるのではなく多様性をもった運用も望まれる。

待機人数を最大限確保するためには，極論として当番弁護士の名簿への登録を義務付けるべきとの意見もあるが，登録数は，上記のとおり会員数の25パーセントであり，当番弁護士制度が定着した現在でも，当番弁護士を当然と受け止めている弁護士は一部に限られているため，現時点で当番弁護士名簿への登録義務付けを直ちに実行することについては時期尚早であるかもしれない。しかしながら，いずれ検討すべき時期がくると思われる。

③　受任率の増加を目指して

当番弁護士として出動し，被疑者から選任の申出があった場合，受任義務があるか否かは各単位会によって扱いが異なる。地方の単位会においては，そもそも弁護士の数が少なく，当番弁護士として出動した場合すべての事件について受任義務を課せられても事実上受任できない（処理できない）ことを理由に受任義務を課していないところもある。ちなみに第二東京弁護士会（二弁）も受任義務を課していない。ところが，東弁は受任義務を課している。そもそも当番弁護士制度は，身柄を拘束されている被疑者に対して無料で1回接見をしてアドバイスをする制度であり，受任を当然の前提とする制度ではない。しかし，被疑者の中には単なるアドバイスにとどまらず弁護を必要とする者も多い。そこで，そのような被疑者は，弁護人選任のために再度弁護士会に連絡をし，弁護士会としても，再度受任を前提に弁護人候補者を派遣することになる。そこで，二度派遣するのであれば，

1）　1999（平成11）年度（平成11年4月1日から平成12年3月31日）
　　　　受付事件数　3460件（うち，受任1447件，不受任1876件，未集計137件）
　　2000（平成12）年度（平成12年4月1日から同年8月31日）
　　　　受付事件数　1622件（うち，受任729件，不受任861件，未集計32件）
　　運営は東京三会の当番弁護士センターで行っているが，数値は東弁のみのものである。

1回目に出動した当番弁護士に引き続き受任してもらった方が被疑者の権利の確保という点でも，また，制度としての合理性という点でも優れている。そこで，東弁は受任義務を課しているのである。

ところが，受任率は，1999（平成11）年度で約41.8パーセント，2000（平成12）年度で約44.9パーセントと，50パーセントを下回っている。選任の申出があった場合，100パーセント受任して上記の受任率であれば，特に問題はないであろう。しかし，いわゆる「隠れた受任拒否」の問題があるため，かつてはこれを防止するために当番弁護士「1人1件の原則」で対応しようとの意見があった（2000年度法友会政策要綱167頁参照）。確かに，当番弁護士として出動し，1日に複数件受任するのは負担が多いであろう。そこで，現在では，当番弁護士「1人1件の原則」が基本的に遵守されている（ただし，八王子においては，待機人数が少ない関係で1人2件の場合がある）。仮に，待機人数を超える依頼があったときは，各単位会事務局において，サポート名簿等を活用し，当日待機していた正規の当番弁護士以外の弁護士に配点を行う取り扱いをしている。したがって，「隠れた受任拒否」をなくすには，個々の弁護士の質の向上を図る以外にない。

また，当番弁護士を私選で受任した場合，着手金は15万円であり（審査を経れば報酬会規による着手金を受領出来る），この15万円という着手金の額が受任率の低下の原因との指摘もあり，当番弁護士制度が定着した現在，審査を経ずに報酬会規に従った着手金，報酬を受領出来るよう基準を見直す動きも出ているが，三会の合意が得られていない。

(2) **当番弁護士を支える財源について**

法律扶助協会は，当番弁護士と連動する被疑者弁護援助制度を創設し，弁護人がその申し込みを行った場合の大部分につき扶助決定をして成果をあげてきた。ところが，受任事件の約6割が扶助事件で，しかも，その財源は極めて逼迫しているため，場合によっては援助の打ち切りや，額の切り下げという問題も出ており，これを打開するため，弁護士会が援助金を支出している状況にある（東弁は金1000万円の予算を計上している）。

そこで，国選と同様に被疑者国選弁護制度の導入が検討されているが，その運営主体，弁護人選任方法（選任機関，選任方法），国選弁護人との関係等の問題が議論されている。

(3) **弁護人の質の向上について**

個々の弁護活動については弁護士の職務姿勢等に委ねるしかなく問題点の把握が困難であるが，当番弁護士においては，❶当番日に待機していない，❷接見に行っても被疑者援助制度を告知せず且つ受任しない，❸報酬基準を超える着手金を受領している，等の事例が報告されている。これらの事例は，いずれも当番弁護士制度の根幹を揺るがす問題であり見過ごし得ない。

当番弁護士の質の向上を図るためには，定期的な研修を実施したり，弁護技術向上のための研究会等を実施する必要がある。また，多様な事例から学ぶべき点も多いと思われるので，研鑽の資料として，当番弁護の事例集を刊行することも有益である。現在，当番弁護事例集の発刊の企画があり，早い時期の刊行が望まれる。

２）国選弁護制度の改善改革

> 　国選弁護事件の増加という事態を踏まえ，国選弁護報酬を適正な額に引き上げるための諸活動を積極的に展開するとともに，国費による被疑者弁護制度の導入をも視野に入れ，国選弁護人の援助を受ける権利を実質的に保障するために，国選弁護制度の抜本的改革に向けた検討を早急に開始すべきである。
> 　また，国選弁護人の質を向上させるための取組みを強化すべきである。

(1) 国選弁護の現状

　東弁の国選弁護人の希望者（国選弁護士名簿登録者）は約1500名であり，このうち約1000名が実働している。当会の会員は約4000名であるから，実働しているのは全体の約4分の1の会員である。

　他方，東弁の国選弁護の事件数は，1996（平成8）年が4252件，1997（平成9）年が4683件，1998（平成10）年が4959件，1999（平成11）年が5596件，2000（平成12）年（4月から8月まで）が2479件であり，年々増加の傾向にある。しかも，東京三会の国選事件は，東京という場所柄，第一審のみならず，控訴，上告事件まである。第一審は受任者が多く滞留することは少ないが，控訴審，上告審は受任希望が少なく滞留する傾向がある。特に，控訴事件のうち否認事件・重罪事件は滞留傾向にある。他方，上告事件では，控訴審が東京高等裁判所以外の裁判所の場合，被告人が地方の拘置所にいるため接見が容易でなく（交通費は通常支給されない），被告人との連絡方法が問題である。

　東弁は国選弁護人の希望者のみが受任するという体制であるが，現在国選事件は増加傾向にあるため，一部の会員のみが負担する現行体制の見直しが迫られている。実働数の増加が今後の課題である。

(2) 国選弁護報酬の増額問題

　国選弁護人に対する報酬を現在のボランティア価格からいかに増額するかは，国選弁護人制度における最重要課題である。特に上告事件のうち，記録の丁数が多い事件，殺人等の重大事件にあっては国選弁護人の選任が困難になっており，報酬の低さが滞留の大きな原因にもなっている。

東京三会では，2000（平成12）年3月15日付で最高裁判所宛に特別案件（複数の弁護人を必要とするような重大事件）の認定基準を緩和するよう申し入れをしている。この問題は，滞留事件の問題とも密接に関係するため，国選弁護連絡協議会等の機会に協議するだけでなく，現実的な問題として予算措置を講じる必要があり，大蔵省に対する働きかけをする道も開かなければならない。

　また，一般的に，現在のように開廷回数を基準とした報酬基準ではなく，法廷外の弁護活動をも考慮した報酬を請求できる体制作りも急務である。

(3)　弁護人の質の向上について

　従来，国選弁護受任件数の上限は設けていなかったが，多数の国選事件を受任した会員の弁護活動に問題があったため，1999（平成11）年1月から，1人当たりの受任件数を月間5件，年間60件に制限する運用を行い，適正な弁護活動を確保するよう努めている。

　また，従来不適切弁護として指摘された弁護人の多くが高齢者であったため，75歳事前承認制を設けて，75歳以上の会員が国選登録を希望する場合は，1年毎に委員会の承認を必要としている。

3）広域的当番弁護士制度，弁護士過疎及び離島問題

> 　隣接県単位会との相互理解のもとに，広域的当番弁護士制度の導入を推進するとともに，全国的な見地から，過疎地対策としての人的物的協力体制づくりを検討すべきである。

(1)　日弁連では，弁護士過疎問題の解決のために，裁判所の支部単位でいわゆる0～1地域を中心に公設事務所の設置を進めている。この公設事務所では，国選弁護，当番弁護，法律扶助，法律相談等公益活動が義務付けられている。

　そして，2000（平成12）年6月には，公設事務所の第1号として，島根県浜田市（松江地裁浜田支部管轄）に「石見ひまわり基金法律事務所」を開設した。順次開設が予定されており，日弁連では公設事務所の弁護士を募集している。

(2)　東京三会に限っても，八丈島等の離島から当番弁護士の派遣要請がなされることも皆無ではない。このような場合，通常の当番弁護士制度では対応できない。当番弁護士は，当番日のみを空けているだけであり，直ちに接見に行くことは無理である。そこで特別に弁護士を選任し派遣することになるが，交通費，日当の支給基準も含めて体制作りをする必要がある。

(3)　また，広域的当番弁護士制度についても検討する必要がある。

関弁連は，1994（平成6）年9月の定期大会において，「刑事当番弁護士制度等の運用に際し，他会登録の弁護士の協力が得られるよう所要の施策を講ずる」ことを含む「弁護士過疎対策に関する決議」をなした。

　東京の隣接県における当番弁護士は，当番となる頻度も高く，しかも1回の当番で何人もの被疑者を担当せざるを得ない状況が常態化しており，当番としての出動の負担は，東京三会に比べて極めて高く，そのため受任率が低い。東京三会も前述のとおり待機人数に余裕がある訳ではないが，東京三会に登録をしているが隣接県に居住する弁護士もかなり存在する。

　そこで，東弁では，隣接県に在住する会員に対するアンケートを実施するなどして，供給側として「広域的当番弁護士制度」に対応可能なことを確認しているが，隣接県単位会には，いわゆる「事件漁り」となりはしないかとの危惧もあり，具体化するには至っていない。

3　刑事法制の今日的課題

1）少年司法と弁護士の役割―あるべき少年司法のための取組み

> 少年法「改正」という新たな事態を受けて，その問題点を明らかにしつつ運用を監視し，捜査の改革，弁護士付添人活動の拡充，国公選付添人制度の確立など適正手続保障をより徹底し，家裁のケースワーク機能を一層充実させ，同時に被害者との適切な協議システム等を模索し，制度面でも手続面でも少年法の基本理念にそった少年司法実現のための取組みを強化すべきである。

(1)　少年法「改正」までの動き

　政府は，法制審議会の審議を経て，1999（平成11）年3月10日，少年法「改正」法案を国会に上程した。同法案は，事実認定の適正化を目的とし，少年が否認したり動機等を争う場合は審判に検察官を出席させ，検察官に抗告権を与え，観護措置の可能な期間を延長するものであるが，2000（平成12）年7月一旦廃案となった。

　ところが，その後秋の臨時国会において，与党提出の議員立法として，上記内容を多少修正するとともに，法制審議会でも全く検討されていない厳罰化を内容とする「改正」案が提出された。

　同法案は，❶刑罰適用（逆送可能）年齢の16歳から14歳への引き下げ，❷16歳以上の故意による被害者死亡などの一定の事件の原則逆送，❸非行事実が争われた一定の事件につ

いての検察官の審判立会，❹観護措置期間の延長，❺検察官の抗告受理申立制度，❻被害者の家庭裁判所への意見陳述制度などを内容とする。

これらの❶ないし❺は，少年法の基本理念を脅かし，冤罪の増加を招く危険があり，❻も不十分であって被害者の真の願いに応えるものではない。にもかかわらず，国会においては，当初野党欠席のまま与党のみの審議がなされ，その後も十分な審議がなされないまま，「5年後の見直し検討」の修正を盛り込んだのみで採決が強行され，11月28日同「改正」少年法が成立した。

(2) 「改正」の背景と誤解

今回の改正の背景には，山形マット死事件，神戸須磨事件，佐賀バスジャック事件などを契機として，「非行が急増，凶悪化しているのに，少年法は甘すぎる」「検察官が出席しない審判では嘘の弁解が通ってしまい不公正だ」等の誤解があるように思われる。また，立ち後れている犯罪被害者対策の問題との関連において，少年法に関する議論が錯綜している面がある。

① 非行は「急増」「凶悪化」してはいない

統計によれば，戦後第3のピークといわれる1983年の検挙人員は31万人，1980年代終わり頃まで30万人前後で推移し，その後徐々に減少し1995，96年には19万人台，1997年に多少増えて21万人台となっており，非行は「急増」している訳ではない。また，殺人は1966年に346人であったものが次第に減少し1996年は52人，1997年は45人である。強盗はここ数年増えているが，路上での恐喝との境界が微妙なものも多く，一概に「凶悪化」と評価すべきではない。

② 厳罰では非行は防止できない

確かに，子どもたちがますます幼くなり，自らの行動を律することができず，おとなの目から見ると「動機」が理解できない非行が増える等，成長発達過程における歪みが深刻な形で現れつつあり，その意味で事態はやはり深刻である。しかし，彼らは厳罰化したからといって非行を思い止まるものではない。厳罰を予想して理性的判断から非行を思い止まることのできる少年であれば，そもそも問題とされるような非行は起こってこない。

大切なのは，より科学的で丁寧な対応であり，それによってはじめて少年のより深い反省や立ち直りが果たされる。調査官の質量にわたる拡充など家裁のケースワーク機能の一層の充実こそ今強く求められている。

③ 「改正」は少年の立ち直りを阻害する

少年法の基本理念である保護主義は，非行を成長過程のひずみと捉え，少年の自らこれを克服しうる力と弾力性を信頼し，刑罰ではなく教育的な対応で問題解決を援助する。こ

うした理念やこれまでの少年審判の仕組が基本的にうまく行っていることは最高裁や法務省も認めている。厳罰化はこうした理念に正面から反し，検察官関与は家裁のケースワーク機能を後退させる。「改正」は建て前上は事実認定の適正化のためであり検察官が処遇決定に関わることはないと言いながら，予定されている検察官関与は動機の認定のためなど広範囲に及び，実質上処遇決定に検察官を関与させることとなってしまう。また，検察官の抗告受理制度や原則逆送規定は，家裁が検察官の意向を先取りして保護更生より厳罰化を選択し，その運用面においても少年法の基本理念を変質させかねない。

④ 「改正」は冤罪の増加をもたらす

適正手続保障という面から少年事件の捜査及び審判の実情をみると，❶違法・不当な捜査の横行，❷おとな並の証拠規制がなく，歪みを含む危険のある全捜査記録が送られるが，これに対する家裁のチェックの不十分さ，❸防禦能力に乏しい少年に弁護士付添人の援助を受ける機会が殆ど保障さていないなど問題が多い。

審判の現状は，少年に不利で冤罪の危険があるという意味で不公正なのであり，検察官がいないため少年の言い逃れを許すような甘い状況にはない。必要な改革は，何よりも捜査の適正化のための規制の強化，そして国選付添人制度や証拠規制の創設など適正手続の強化である。

しかし今回の「改正」は全く逆方向を向いている。少年が苦労して防禦を尽くし有罪認定が困難になると，検察官が登場してこれをつぶしにかかる。そもそも争えば長期にわたり拘束され，運よく「無罪」になっても抗告により何年間も裁判が続く。これでは，嘘でも認めて早く家や学校等に戻ろうと考える方が自然であり，冤罪の増加は必至である。

⑤ 「改正」は被害者の立場からも不十分

被害者問題は，大人の刑事事件とも共通した課題であり，経済面，心理面，法的支援などを含めたケアーの制度が総合的な被害者対策として至急に確立されるべきである。保護主義の理念や審判非公開の原則を守りつつ少年審判に関する被害者への情報開示のより適切な制度化などを検討することや，加害少年と被害者が向き合い心からの反省を促すための協議システムなども模索すべきであり，❻の「改正」では全く不十分である。

また「改正」によって冤罪が増えたり，ケースワーク機能の後退により少年が「罰」を畏れてうまく立ち回り心からの反省が困難になることは，決して被害者が望むことではない。

(3) われわれの課題

この間，日弁連や東京弁護士会は「改正」や厳罰化に反対する運動を様々展開し，各界・諸団体で国会請願署名が進められ署名数は60万人を超えた。残念ながら「改正」を阻

第2部 基本法制の改革

止できなかったが，「改正」法成立という新たな事態を受け，われわれは，これらの取組の中で蓄積されてきた内容や国民各層とのつながりを武器に，以下の諸課題についての取組を一層強化すべきである。

① 「改正」法の問題点を明らかにし，その運用を監視し，運用の中で少年法の理念が堅持されるよう働きかけること。

② 取調の可視化など少年事件捜査の改革を進めること。

③ 少年の適正手続保障の「かなめ石」ともいうべき弁護士付添人活動の抜本的拡充，さらには公費による付添人制度の確立をめざすこと。

④ 家裁での審判手続のあり方につき，今後とも批判を強め，またあるべき制度や手続の実現をめざすこと。

⑤ 家裁調査官の人員増加やその研修の充実，さらには市民との連携の強化など，家裁のケースワーク機能を一層拡充するための制度や運用の確立をめざすこと。

⑥ 加害少年と被害者の適切な協議システムや被害者への適切な情報開示のルールを模索し，その実現をめざすこと。

⑦ 少年犯罪の原因に関する調査・分析をすすめ，少年犯罪防止にため真に求められる施策を提言していくこと。

2）犯罪被害者保護立法と被疑者・被告人の権利

> 2000（平成12）年5月19日公布されたいわゆる犯罪被害者保護立法については，被害者による意見陳述権を認め，ビデオリンク方式による証人尋問を採用した点において，憲法37条2項が定める被告人の反対尋問権と証人対質権の保障に反する疑いがあり，その運用を注視していくべきである。

(1) いわゆる犯罪被害者保護立法の公布

2000（平成12）年5月19日，いわゆる犯罪被害者保護立法[1]が公布された。

その内容は，❶性犯罪の告訴期間の撤廃，❷ビデオリンク方式による証人尋問の導入，❸証人尋問の際の証人の遮へい，❹証人尋問の際の証人への付添い，❺被害者等の傍聴に対する配慮，❻被害者等による公判記録の閲覧及び謄写，❼公判手続における被害者による心情・意見の陳述，❽民事上の和解を記載した公判調書に対する執行力の付与の8項目

1）「刑事訴訟法及び検察審査会法の一部を改正する法律」と「犯罪被害者等の保護を図るための刑事手続に付随する措置に関する法律」からなっており，その施行日は，性犯罪の告訴期間の撤廃（刑訴法235条の改正）につき2000（平成12）年6月8日，ビデオリンク方式による証人尋問（刑訴法157条の4に係る部分の改正）につき，公布の日から起算して1年6月を超えない範囲内において政令で定める日とされている外，2000（平成12）年11月1日である。

よりなっている。

(2) 被害者保護と被疑者・被告人の権利

犯罪被害者の権利保障をはかることが重要であること，そして，従来ややもすればこれがなおざりにされてきたことについては，おそらく異論がなかろう。

しかし，犯罪被害者対策は，何よりもいわゆる二次被害の実情に即したものでなければならないし，また，現行刑訴法の構造を生かしながら，制度的改善をすることで，被疑者・被告人そして弁護人の防御権を保障しつつ，被害者の保護をはかるものでなければならない。被害者保護という美名のもとに，被疑者・被告人の権利に不当な制限が加えられ，これが切り捨てられるようなことがあっては断じてならない。特に，わが国においては，国際的水準からみても，被疑者・被告人の権利が著しく制限された状況にあるのであって，その危険が大きいといわなければならない。

このような視点から見ると，今回のいわゆる犯罪被害者保護立法は，総合的被害者対策を講ずることなく刑事手続，それも公判に偏したものであり，捜査過程についての改善提案が含まれていないことをまず指摘しておかなければならない。犯罪被害者の刑事手続への不満や苦情は，警察や検察庁での捜査や取調べのありかたや情報の不開示などに向けられているのであって，これらの点がまず改善されなければならない。

また，上記の❶❹❺❻については，被疑者・被告人あるいは弁護人の防御権の不当な制限につながる恐れは，大きくないと考えられるが，その他については，被疑者・被告人の防御権制限をもたらす恐れがあり，特に，❼の被害者による意見陳述と❷のビデオリンク方式による証人尋問については，大きな問題があり，その運用を今後とも注視していく必要がある。

(3) 被害者による意見陳述について

法務省は，被害者による意見陳述につき，「被害者等において，裁判の過程で当該事件についての意見を述べたいという希望を持つことがあることから，被害者等に，刑事裁判の過程において，当該事件についての意見を述べる機会を与えることが考えられます。」と説明している。そして，法務省は日弁連に対し，この意見陳述は，証拠ではなく，証拠に基くものでもなく，いわば「言いっぱなし」の意見陳述であり，反対尋問や異議の対象にさえならないと説明した。被害者の公的な場での意見陳述が被害回復にとって重要であるとの指摘があることから，その場を刑事法廷に求めようとしたのである。実際にも法[2]は，被害者の陳述等は「犯罪事実の認定のための証拠とすることができない」と定めてい

---

2) 改正後の刑訴法292条の2の9項。

る。

　しかし，証拠に基づかない意見陳述を認めることは，証拠裁判主義の大原則に反する上，実質的には犯罪事実の認定や量刑に大きな影響を与える可能性があるにもかかわらず，反対尋問すらできない（なお，法は，被害者等の意見につき，「その趣旨を明確にするため」当事者が質問することは認めている[3]。）ことになりかねず，憲法が定める反対尋問権の保障に反する疑いがあり，さらには，被害者に刑事裁判での独自の権利を認める結果，刑事裁判を四者構造に変質させることにもなりかねない。

(4) ビデオリンク方式による証人尋問について

　ビデオリンク方式とは，性犯罪被害者や年少者等の証人につき，法廷で直接訴訟関係者と顔を合わせることの負担を避けるために，法廷外の別室と法廷とを回線で接続し，双方向のテレビモニターを通じて証人尋問を行う方式[4]である。

　しかし，かような方式を導入することは，憲法37条2項が定める被告人の証人審問権の保障に反する疑いがある。この憲法の規定は，「被告人または弁護人の面前でなされる証人の供述でなければ証拠に採れない」との直接審理の原則を定め，法廷において実際に証人と対面する権利（対質権）をも含むと解されてきたのであって，ビデオリンク方式は，違憲の疑いが強いといわなければならない。また，実際にも，証言の信用性を判断するには，証人の態度や挙動その他証言以外の点も重要な要素となるのであって，テレビカメラを通したのではこれらを充分に把握することができず，証人審問権を骨抜きにすることにもなりかねない。今後，その運用を注視していく必要がある。

3）日弁連処遇法案の実現

> 拘禁二法案の4度目の提出を最終的に断念させるとともに，国際人権法を指針とし，代用監獄の廃止や第三者機関の設置，外国人被拘禁者の権利保護規定を盛り込んだ「日弁連刑事処遇法案」を実現するための諸活動を積極的に展開すべきである。

(1) 拘禁二法案反対運動

　刑事被拘禁者の処遇の領域は，物質的にも精神的にも社会の最も遅れた分野に属し，社会の後進性と矛盾を最も典型的な形で示す縮図であって，その改善を図ることは弁護士及び弁護士会の社会的使命である。

---

[3] 改正後の刑訴法292条の2の4項。「訴訟関係人は，被害者等が意見を陳述した後，その趣旨を明確にするため，裁判長に告げて，当該被害者等に質問することができる」と規定している。
[4] 裁判官，検察官，被告人，弁護人のいずれもが法廷におり，証人のみが別室にいることになる。

このような立場から，日弁連は監獄法改正問題に早くから取り組み，1982（昭和57）年4月，国会に提出された刑事施設法案，留置施設法案（いわゆる拘禁二法案）に対しても，「拘禁二法案対策本部」を設置して全会的な運動を展開し，3度にわたって同法案が廃案となる事態をもたらした。監獄法改正は，「管理法から処遇法へ」の転換を基本的方向とし，「近代化・法律化・国際化」の実現を目的とするものでなければならない。ところが，二法案は，この基本的方向や目的に反するばかりか，むしろ，改悪するものであって，冤罪の温床である代用監獄を恒久化させ，「管理運営上の支障」を理由に弁護人との接見交通を制限し，規律秩序と保安の強化を規定していたのである。

同法案の4度目の提出は政界の変動のなかで予断を許さない状況にあるが，何としても最終的にこれを断念させなければならない。

(2) 日弁連刑事処遇法案の実現をめざして

日弁連は，1992（平成4）年2月，国連人権原則をはじめとする国際人権法を指針とし，代用監獄の2000年までの廃止や第三者機関としての刑務審査会の設置，外国人被拘禁者の権利保護をめぐる諸規定の新設等を特徴とする「刑事被拘禁者の処遇に関する法律案」（日弁連刑事処遇法案）を公表した。

21世紀を迎えながら道程はなお遠いと言わざるをえないが，その実現をめざして息の長い活動が継続されなければならない。

また，従来の活動は，二法案の阻止に重点があったが，刑事被拘禁者の人権保障を現行法の下でも実現していくために，国家賠償請求訴訟を積極的に提起するなど規律秩序と保安優先の運用をあらためさせるための活動を積極的に展開すべきである。

4）死刑の存廃問題

> 弁護士・弁護士会は，死刑制度の存廃問題について早急に検討を深め，国民に対して，的確な判断材料を提供していくとともに，法務大臣に対して，死刑制度の運用状況に関する情報の公開，死刑制度の存廃問題について議論の深化を図るための施策，死刑の執行を差し控えることなどを強く求めていくべきである。

(1) 死刑をめぐる内外の状況

わが国では，1963（昭和38）年から1989（平成元）年にかけて，4つの死刑確定事件（免田・財田川・松山・島田各事件）について再審無罪判決が確定し，死刑判決にも誤判がありうることが明らかになり，国際的には，死刑廃止国が増えている状況のもとで，いわゆる「死刑廃止条約」が1989（平成元）年12月15日の国連総会で採択され，1991（平成

3）年7月11日に発効し，死刑廃止が，世界の潮流となっていた。

　そのような内外の状況のもとで，わが国の死刑執行は，1989（平成元）年以降，3年4ヶ月にわたって事実上停止されていた。

　ところが，1993（平成5）年3月26日に執行が再開され，それ以降毎年複数の死刑確定囚が執行されるようになり，現在までに合計36名に達している[1]。これらの死刑執行に対して，日弁連・関弁連・東弁・二弁・横浜弁・千葉県弁・埼玉弁・静岡県弁・仙台弁が法務大臣に対し，死刑制度の存廃の国民的議論が尽くされるまでは死刑の執行を差し控えるなど慎重な対応を求める会長（理事長）談話ないし声明を発表している。

　その間，国内では，1993（平成5）年9月21日，最高裁判決において，大野正男判事が補足意見で「死刑の廃止に向かいつつある国際的動向と，その存続を支持する我が国民の意識とが，このまま大きな隔たりを持ちつづけることは好ましいことではない」，「死刑が残虐な刑罰にあたると評価される余地は著しく増大した」などと述べた。また，同年12月22日，279名の刑事法学者が「死刑廃止を求める刑事法学者のアピール」を発表した。さらに，1994（平成6）年4月6日，衆議院議員64名，参議院議員39名の合わせて103名の国会議員が「死刑廃止を推進する議員連盟」を設立し，同年6月14日，朝日新聞社が全衆議院議員を対象に実施した面接調査では，現行死刑制度について何らかの形で見直しを求める意見が224人（47.2％）を占め，「現状のまま」との意見は191人（40.2％）であった[2]。

　そして，国外では，1993（平成5）年11月5日及び1998（平成10）年11月6日に，国際人権（自由権）規約委員会が，日本政府に対して，「死刑を法定刑とする犯罪を減少させるなど死刑廃止に向けた措置を講ずること」，「死刑確定者の処遇が規約に反するとしてその改善」を求める勧告をした。また，1997（平成9）年2月3日，わが国同様死刑制度を存置している米国において，アメリカ法曹協会（A.B.A）は，死刑に関して存置，廃止のいずれの立場をとるものでないことを確認しつつ，同協会の諸政策及び諸手続を履行するまでは，死刑の執行停止を勧告する旨の理事会決議をした。さらに，1997（平成9）年4月3日及び翌年4月3日と2年続けて，国連人権委員会は，死刑存置国に対し，死刑執行の一時停止などを呼び掛ける決議を可決した。

　このように死刑制度に関して，国内ばかりか国際社会の注目が集まっている現在，日弁

1）　1993（平成5）年3月26日に3名，同年11月26日に4名，1994（平成6）年12月1日に2名，1995（平成7）年5月26日に3名，同年12月21日に3名，1996（平成8）年7月11日に3名，同年12月20日に3名，1997（平成9）年8月1日に4名，1998（平成10）年6月25日に3名，同年11月19日に3名，1999（平成11）年9月10日に3名，同年12月17日に2名の合計36名。

2）　何らかの形で見直しを求める意見の内訳は，「無条件死刑廃止」40人（8.4％），「仮釈放を認めない終身刑などを創設して死刑は廃止する」93人（19.6％），「執行を停止し議論を深める」91人（19.2％）。

第2　刑事司法の改革

連は，いわゆる「死刑廃止条約」に賛成するのか反対するのか，あるいは再開された死刑執行に対してどう対処するのかなどについて，弁護士会としての態度表明を迫られている。

(2) 弁護士会の対応

日弁連は，1953（昭和28）年7月，「死刑廃止の立法措置の可否」について，全会員の意見を各弁護士会ごとに調査し，その集計結果に基づき，1954（昭和29）年4月，「我が国の現状においては，死刑制度は存置すべきである」との意見書を理事会で承認し，法務大臣に提出した。その後，日弁連は，1974（昭和49）年3月の「『改正刑法草案』に対する意見書」と1993（平成5）年2月の「現行刑法現代用語化・日弁連試案」において，政治犯と結果的加重犯につき死刑を削除し，殺人罪と強盗殺人罪だけに死刑を存続させる試案を公表した。殺人罪・強盗殺人罪に対する死刑をも速やかに廃止することが，今日における死刑廃止論であるとすれば，日弁連は依然として死刑存置論の立場をとっていることになる。

1994（平成6）年2月，東弁が実施したアンケート調査によれば，これまでの弁護士を対象とするアンケート調査ではじめて条件付廃止を含め死刑廃止論が過半数を越え，無条件存置の現状維持派が12.5％であるのに対して，無条件廃止も含め現状の改革が必要との意見が80.9％と圧倒的多数を占めた[3]。

1994（平成6）年9月，関弁連は，「死刑問題に関する決議」をなし，「今こそ，死刑問題に関する全国民的な論議を展開すべきである」とし，「そうした論議をより深めて実りあるものとするため，法務大臣に対し，死刑の執行を当面差し控えるべきこと」などを要望した。そして，1995（平成7）年9月の定期総会において，シンポジウム「死刑を考える」を開催し，海外視察の結果等に基づいた報告を受けて，「政府及び国会は，死刑に関する情報を積極的に国民に提供した上で，死刑制度のあり方について，速やかに検討し，その間死刑執行は停止すべきである」との宣言を採択した。

1995（平成7）年8月21日，日弁連の死刑制度問題対策連絡協議会は，中間答申書をとりまとめ，次のような3項目の検討課題を各単位弁護士会で討議することとした。

[死刑制度問題に関する検討課題]

① （死刑廃止の条件）

死刑制度を廃止するための条件は何か。

ⓐ 死刑廃止後の最高刑のあり方（代替刑）はどのようにあるべきか。

---

3) 回答者総数が1264名（回答総数は重複回答を含め1329件），回収率が37.33％と高率のところ，無条件廃止245名（18.4％），条件付廃止567名（42.7％）であって，死刑廃止論が812名（61.1％）であるのに対し，条件付存置263名（19.8％），無条件存置167名（12.5％）であって，死刑存置論は，430名（32.3％）であった。

ⓑ　犯罪被害者・遺族補償（経済的・精神的）のあり方はどのようにあるべきか。
②（現行制度の改善点）
　　現行死刑制度について改善すべき点は何か。
　　ⓐ　誤判防止のためどのような改善が必要か。
③（国際情勢への対応）
　　ⓐ　国連の死刑廃止条約採択について，どのように考え，どのような対応をすべきか。
　　ⓑ　国連経済社会理事会決議（「死刑に直面している者の権利の保護の保障に関する決議」，日本を含む国連総会出席加盟国全会一致で承認）について，どのように考え，どのような対応をすべきか。
　　ⓒ　国際人権（自由権）規約委員会が行った死刑廃止及び死刑確定者等の処遇改善に関する日本政府への勧告について，どのように考え，どのような対応をすべきか。

　1996（平成8）年3月18日，同協議会は，死刑廃止並びに仮釈放を認めない「終身懲役刑」，仮釈放の制限刑期を20年とする「重無期懲役刑」の新設及び犯罪被害者・遺族に対する手当という具体的な提言試案を日弁連執行部に提出したが，関連委員会の全体としての賛同を得られなかった。そこで，現在，右協議会は，死刑執行停止法の制定を提唱するなどを内容とする提言案を検討中である。
　1997（平成9）年11月19日，日弁連は，内閣総理大臣及び法務大臣に対して，死刑の存廃問題に関していずれかの立場に与するものではないが，わが国の死刑執行は，❶「国際人権（自由権）規約」，②「死刑に直面する者の権利の保護の保障に関する国連経済社会理事会決議」，③「死刑に直面している者の権利の保護の保障の履行に関する国連総会決議」などの国際規約に違反しているので，その違反状態をなくす立法の整備や死刑情報の公開を図るなど死刑に直面する者の権利の保障のための対策が講じられるまでの間は，死刑の執行を差し控えるべきである旨要望した。

(3)　今後の取組み

　これまで死刑問題に対する日弁連の全会的な取組みを困難にしてきた原因は，死刑存廃について会員間で意見が分かれていたこと及び「存廃」問題に議論が集中したため，制度改革への具体的な検討が進まなかったことにあった。
　しかし，上記東弁のアンケート結果でも明らかなように，今後はこれを克服し，死刑制度の現状改革を目指した日弁連の全会的な取組みを開始することが必要であり，次のような会内合意形成に向けたアクション・プログラムを策定すべきである。
　①　会内合意形成の方法について

ⓐ　会内合意形成の視点
　　　次の2つの視点から検討課題を整理して，全会的な取組みを行うべきである。
　　　（イ）現行の死刑制度及びその運用について，改革・改善すべき課題を検討し，改革案を策定する。
　　　（ロ）死刑制度を廃止するための諸条件を検討し，死刑制度廃止案を策定する。
　　ⓑ　会内合意形成のプログラム
　　　（イ）可及的速やかに，しかるべき機関・方法によって，後記②の検討課題に取り組み，その成果を「研究報告書」としてまとめる。
　　　（ロ）この「研究報告書」を全会員に提示した後，全会員を対象とした統一的な設問によるアンケート調査を実施する。
　　　（ハ）「研究報告書」及び「アンケート結果」を基礎資料として，各単位弁護士会で検討を深め，その結果を「意見書」の形にまとめる。
　　　（ニ）日弁連は，「研究報告書」，「アンケート結果」，「各単位弁護士会の意見書」に基づいて，死刑制度に関する提案をまとめる。
　②　具体的な検討課題について
　上記①，ⓐの各視点から，日弁連が取り組むべき主な検討課題を整理すると次のとおりである。
　　ⓐ　①ⓐ（イ）の視点から
　　　（イ）法定刑に死刑を含む罪を犯したとされる被疑者の弁護制度のあり方について検討すること。
　　　（ロ）死刑判決の要件として精神鑑定を必要的とすること並びに事実認定及び量刑を裁判官全員一致制とすることの可否について検討すること。
　　　（ハ）死刑判決に対する上訴及び上告制度のあり方（例えば，死刑求刑のための検察官上訴を禁止すること，死刑判決を絶対的上告理由とすること，必要的口頭弁論とすることなど）について検討すること。
　　　（ニ）死刑の宣告猶予，執行猶予，執行前の観察期間設置等の制度改革の可否を検討すること。
　　　（ホ）死刑相当犯罪の削減（例えば，殺人，強盗殺人に限定することなど）について検討すること。
　　　（ヘ）現行の無期懲役刑のあり方について検討すること。
　　　（ト）死刑判決確定者の処遇に関する改善措置について検討すること。
　　ⓑ　①ⓐ（ロ）の視点から

（イ）死刑に代わる最高刑のあり方を研究し，仮釈放制度，恩赦制度，遺族補償制度などにつき，死刑廃止にともなって必要となる諸措置を検討すること。
　　（ロ）期間を定めた死刑制度の試験的廃止及び死刑執行の停止の可否について検討すること。
　　（ハ）死刑制度に関する国際的諸規定を整理し，わが国が負っている国際条約上の義務について検討すること。
　　（ニ）死刑廃止諸国における死刑廃止に至る経過，死刑に代わる最高刑の運用の実態，犯罪の動向などについて調査・研究すること。

(4)　おわりに

　基本的人権の擁護を使命とする弁護士ないし弁護士会は，基本的人権の中で一番尊重されるべき『生命権』を剥奪する結果となる死刑制度の存廃問題を重要な課題として受けとめ，早急に検討を深め，国民に対して，死刑執行停止法案，死刑制度廃止法案並びに死刑制度改革法案を含めた的確な判断材料を提供していくべきである。また，法務大臣に対して，❶死刑制度の運用状況に関する情報の公開，❷死刑廃止条約の批准の是非を含む死刑制度の存廃問題について国会をはじめ国民の間で議論の深化を図るための施策，❸それまでの間，死刑の執行を差し控えるべきことなどを強く求めていくべきである。

5）オウム真理教関連事件をめぐって

> 　戦後刑事司法は，オウム真理教事件という未曾有の事件をめぐって，重大な試練を経験した。事件の真相を解明することはわれわれ共通の願いであるが，それは適正な捜査と公正な裁判によってのみなし得るのである。弁護士・弁護士会は，被疑者・被告人に弁護人の援助を受ける権利を実質的に保障するとの視点から，事件の特殊性に目を奪われることなく，適切に対応していかなければならない。

(1)　当番弁護士と微罪逮捕，別件逮捕の問題

　オウム真理教事件での被逮捕者は，東京だけでも200名近くに及び，量的にも質的にも当番弁護士制度の真価が問われることになった。東京三会は，通常のルールでの対応に努め，派遣した被疑者の累計は150名を超え，派遣した弁護士の累計は三会合計で200名近くに及んだ。

　これらの事件中には，軽犯罪法違反被疑事件など軽微な事件による逮捕勾留，別件逮捕による取調べなどの事例も少なくなく，当番弁護士の活動により，早期釈放や不起訴処分に至ったケースも多いが，他方，このような捜査のあり方は，憲法・刑訴法が定める適正

手続に反する疑いがあり，今後とも動向を注視し，同様の捜査手法が刑事手続全般に及ぼされることがないよう監視していく必要がある。

(2) 弁護活動をめぐる問題

東京地検は，ミランダの会所属の当番弁護士がオウム真理教関連被疑者に対し，黙秘を勧め，被疑者と弁護人との連名で，「弁護人の立会いのない限り，取調べに応じない」などの内容の書面を提出したことを捉え，捜査妨害であるなどとの見解を表明した。

しかし，弁護人は被疑者に対し，一般の事件と同様に，黙秘権があることを告げ，被疑者が黙秘したいとの意向を表明したので，この被疑者の意思を実効性あるものとするため，書面で申し入れたに過ぎない。非難されるべきなのは，むしろ東京地検の発言であって，弁護権に介入するものだというべきである。

先進的な弁護活動は常に迫害にさらされてきたのであって，弁護士会として，これを擁護していくことが是非とも必要である。オウム関連事件の特殊性に惑わされることなく，毅然とした態度を採ることが必要である。

(3) 弁護士会の活動

国選弁護人を推薦することは，弁護士会の責務である。これをなしえないとすれば，弁護士と弁護士会は，法律事務の独占を返上しなければならない。その面でも，弁護士会は試練に立たされた。

この難局を救ったのは，多大な経済的，精神的負担にもかかわらず，敢えてこれを引き受けた会員各位の侠気と度量である。このことは永くわれわれの記憶にとどめておく必要がある。東京三会に対しオウム関連特別案件につき国選弁護人の推薦依頼のあった被告人は，合計52名であり，一審において選任された弁護人数は，三会合計で109名である。

会として，今後とも弁護人をバックアップするための最大限の努力がなされなければならない。そのため，2度にわたって基金の募金を行い，特別案件国選弁護人への貸付等に使用されているが，この貸付は，実質的には，受任の条件というべきであり，事件終了に至るまで継続されなければならない。

(4) 近時の動向

なお，1999（平成11）年5月27日，オウム真理教の在家信者が，マンションのドアポストにビラを投函していたことで，現住建造物侵入罪で逮捕し，これに引き続き，オウム真理教の道場や印刷工場等の捜索が行われ，パソコンやビラ55万枚等が押収された。

さらに，茨城県三和町，栃木県大田原市はオウム真理教関係者の転入届の不受理処分を行い，茨木県旭村など20の地方公共団体がオウム真理教関係者の転入届を受理しないことを決定した。

さらに、国会は1999（平成11）年12月に「無差別大量殺人行為を行った団体の規制に関する法」を制定し、オウム真理教を規制しようとしている。

国家が主権の発動の一環として、治安維持のための対策を講ずること自体は何ら責められるべきものではないが、上記のようなオウム真理教及びその信者の人権への制約や侵害は、治安維持という目的達成の手段としては、明らかに行き過ぎである。

また、このような手法での国家による統制は、およそ国民一般に及ぶ危険を常に孕んでいる。

私たちは、世論に流されることなく、人権保障の担い手として、上げるべき声を上げる勇気を持たなくてはならない。

６）外国人の刑事手続上の問題

> 外国人の被疑者・被告人の増加にともない、刑事手続上の問題が多数顕在化している。保釈や公判への出頭などをめぐり、入管法上の収容手続との関係で権利保障がされていない現状の改革や、司法通訳人制度の整備などの課題に、弁護士会は積極的に取り組まなければならない。

（1） はじめに

大野正男裁判官は、1995（平成7）年6月20日最判の補足意見で、「今日のように外国人の出入国が日常化し、これに伴って外国人の関係する刑事裁判が増加することを刑訴法は予定しておらず、刑訴法と出入国管理及び難民認定法には、これらの問題について調整を図るような規定は置かれていない。このような法の不備は、基本的には速やかに立法により解決されるべきである。」と述べた。

この意見に現れているように、現在の刑事訴訟手続は、今日のような外国人被疑者・被告人の増加を全く予定しておらず、そこかしこにおいて、不備を露呈している。

（2） 身体拘束をめぐる問題点

その中でも、近時大きな問題となっているのが、在留資格の無い外国人の身体拘束をめぐる問題である。

2000（平成12）年5月8日、東京高等裁判所第4刑事部は同年4月14日に無罪判決の言い渡しを受け、東京入国管理局収容場に収容されていた外国人被告人を職権により勾留する決定を行い、同月19日には東京高等裁判所第5刑事部が右勾留決定に対する異議申立を棄却した。そして、6月28日、最高裁判所は右棄却決定に対する特別抗告も棄却し、上記被告人は無罪判決を受けながら、引き続き身体拘束を余儀なくされる事態となった。

しかし，これら一連の収容・勾留による同被告人の身体拘束の継続は，出国の自由（憲法22条，市民的及び政治的権利に関する国際規約〔以下，「自由権規約」という〕12条2項）及び人身の自由（憲法18条，自由権規約9条1項）を不当に奪い去るものであり，重大な人権侵害である。

　すなわち，まず第一に，本件では東京入国管理局による退去強制手続が，通常の例より遙かに長い時間をかけて行われた。これにより，同被告人の出国の自由を不当に侵害し，東京高等裁判所による勾留決定までの「身柄確保」に与したとの感は否めない。

　同被告人は，4月14日（金）に無罪判決を言い渡されたことにより，勾留の効力は失効したものの，出入国管理及び難民認定法（以下「入管法」という）39条の収容令書によって東京入国管理局第2庁舎内収容場に収容された。その後，同被告人は4月17日（月）には帰国のための航空券を，4月18日（火）には母国大使館発行の渡航証明書をそれぞれ準備した。このような準備が整った場合には，遅くともそれから10日後までには出国できるのが通例である。ところが，東京入国管理局は「世間の耳目を集めた事案であり，慎重な審査が必要である。」などとして，違反調査・違反審査の手続を遅々として進めなかった。退去強制手続は，退去強制事由の存否のみを確定する手続であり，しかも同被告人は1997（平成9）年5月20日に入管法違反（オーバーステイ）で有罪判決を受けているのであって，入管法違反の事実には何ら争いが無く，「慎重な審査」を必要とする理由は全く見出せない。

　また，第二に東京高等裁判所が勾留を決定したことが，極めて異常である。東京高等裁判所第4刑事部は，5月1日（月）に原審記録を受け取り，翌2日（火）には連休明け直後の8日（月）に勾留質問をする旨を表明している。そして，8日に勾留質問を実施した後，「罪を犯したと疑うに足りる相当の理由」を認め，さらには刑事訴訟法60条1項1号ないし3号の全てに該当する事由があるものとして，勾留決定をしたものである。原審の記録は，約2年に及んで審理がされた膨大なもので，勾留決定までの間，記録の精査が十分に出来る時間があったとは考えられない。また，本国において定まった居住地がある本件被告人を「住居不定」であるとしたこと，本国へ退去強制されることで適正な審理ができない可能性があることを捉えて「逃亡すると疑うに足りる相当の理由」があるとしたこと，既に無罪判決を受けているのに，関係者に働きかけをする危険があることを理由に「罪証を隠滅すると疑うに足りる相当の理由」があるとしたこと，そのいずれも根拠薄弱というほかない。ことに，刑事訴訟法390条は，控訴審においては被告人に公判出頭義務がないことを定めており，被告人の出頭を前提として「逃亡すると疑うに足りる相当の理由」があることを認めたことには，明白な矛盾である。

同被告人が日本人であれば，無罪判決によって勾留の効力が失われたまま控訴の審理を行うのが通例であり，上記のような事態は本件被告人が在留資格を有しない外国人だったことに起因する。この点は，上記最高裁判所決定における遠藤光男裁判官が反対意見で指摘しているとおりである。しかしながら，これは，「裁判所その他の全ての裁判及び審判を行う機関の前での平等な取扱いについての権利」を保障した，あらゆる形態の人種差別の撤廃に関する国際条約5条（a）に明白に違反する。

この件では，「刑の執行確保」「控訴審審理における被告人の出頭確保」という観点から，入管法と刑事訴訟法との狭間における法の不備が指摘されている。

しかし，「法の不備」という問題は，これだけに留まらない。たとえば，外国人被告人に在留資格が無い場合には，裁判所によって保釈を許可されて，拘置所もしくは警察署の代用監獄から解放されたとしても，その後直ちに入管法による収容がされ，入管の収容場に移され，身体拘束は継続することになる。現実の身体解放を得るためには，あらためて，入管からの仮放免の許可を得た上で，保証金を別途供託しなくてはならない。つまり，日本人の被告人が解放される場合よりも，保証金の分，割高になるという不平等な現象が生じることになるのである[1]。

(3) 通訳人をめぐる問題点

また，外国人被疑者・被告人に対する刑事手続のあらゆる段階において，公正かつ正確な通訳人を確保すべきことは，手続の適正を担保するための最低条件であるし，自由権規約14条3（f）も，かかる権利を保障している。

しかし，裁判所，弁護士会とも，通訳人名簿を作成して適宜通訳を依頼しているが，通訳人の採用にあたって試験などは無く，継続的な研修を施すシステムも存在しない。このような通訳人の地位の不安定さは，法廷通訳人の通訳料を裁判所が一方的に引き下げるという不当な取扱いの大きな要因となっている[2]。アメリカ，カナダ，オーストラリアなどでは，「法廷通訳人」という資格制度を設け，能力に応じた報酬を与えて公正な裁判を確保するための制度的な裏付けを与えられているのであり，同様の制度の導入が急務である。

(4) 取調過程の可視化の必要性

近時議論が活発な取調べ過程の可視化という要請は，外国人被疑者の場合にはより高まる。

外国人被疑者の供述調書の作成方法は，捜査官が作成した日本語の供述調書を読み上げ，それを通訳人が口頭で訳し，被疑者に内容を確認させた上で，日本語の供述調書に署名・

---

1) 詳細は，2000（平成12）年度法友会政策要綱187頁参照。
2) 2000（平成12）年1月27日付朝日新聞朝刊記事参照。

指印をさせるというものである。

　しかし，被疑者が，通訳人が口頭で述べたことには間違いが無いと理解したとしても，供述調書に記載されている内容と通訳人が読み上げた内容とが一致しているということを客観的に担保するものは実務上全く存在しない。通訳人の公正さに対する信頼という，極めて空疎なものが，唯一の同一性担保の拠り所なのである。

　そのため，後日，被疑者が適切に通訳されなかったために，誤信して調書に署名・押印したと主張しようとしても，その事実を浮き彫りにすることは不可能に近い。法廷で調書作成時の通訳人が「適切に，忠実に通訳した」と証言すれば，これを覆すことは至難の業である。

　このような事態を解決する手段として，取調べ過程のテープ録音等は非常に有効であり，1990（平成2）年10月12日浦和地裁判決（判時743.69）もその必要性を指摘している[3]。

　なお，この点に関し，長崎地検佐世保支部が1996（平成8）年，強盗殺人未遂事件の米兵被疑者に対する取調べの全過程を約30時間にわたって録音していたという事実が新聞報道された（1999〔平成11〕年1月4日付毎日新聞朝刊）。同記事によれば，このような取扱いがされたのは，「殺意の立証が微妙だったため，裁判で取り調べの適切性や通訳の正確性が問題になったときに備え」てのことだという。

　このほか，米軍関係者に関しては，容疑者が外国語調書にしか署名しない場合には，外国語の調書を作成し，訳文を添付するという取扱いがなされ（1999〔平成11〕年1月1日付毎日新聞朝刊），さらに公判段階ではチェックインタープリターの同席を認めているという（1999〔平成11〕年1月11日付毎日新聞朝刊）。

　これらは，日米地位協定等の法的な根拠に基づくものではなく，法務省が独自に，特別の取扱いをしているものである。このことは，法務省としても，米軍関係の被疑者・被告人の防御権保障のために，いかなる措置が必要であるかを十分認識していることの証左であるし，法的に問題がないことを自認していることの現れでもある。

　このような米軍関係者の防御権行使に有効な措置が，それ以外の外国人被疑者・被告人にも同等の効果を有することは論を待たない。よって，すべての外国人被疑者についても同様の取扱いを及ぼすべきであるし，また弁護人としても，そのような取扱いをするように要求すべきである。

---

3) 「本件のような外国人がらみの犯罪は，国際化の時代を迎えた今日，ますます増加することはあっても，減少することはないと思われる。我が国の法律制度に疎く，日本語をも理解しない外国人被疑者に対し，本件におけるような取調べをしてこれを自白に追い込むようなことは人道上，国際信義上からも重大な問題であって，早急に改められなければならない。最後に，外国人被疑者に対する取調べにおいては，近時その必要性が強調されている『捜査の可視化』の要請が特に強く，最小限度，供述調書の読み聞けと署名・指印に関する応答及び取調べの冒頭における権利告知の各状況については，これを確実に録音テープに収め，後日の紛争に備えること不可欠であることを付言する。」

(5) 今後の方針

外国人の刑事事件は，我が国の刑事司法の問題点や不備な点が象徴的に現れるところであり，(2)の事例などその典型的なものであろう。今後は，東弁のみならず日弁連全体の問題ととらえて，改善のための法改正・運用の改善や，制度の設立を早急に検討していくことが必要である。

第3　行政の改革と民主化

◇行政が真に市民に開かれた市民のためのものへと改革されなければならない。
◇情報公開法の施行状況を踏まえ，これをよりよいものに改めていくための提言をしていく。
◇行政処分の適正手続を定めた行政手続法について，われわれも実務において積極的にその手続規定を活用すべきである。
◇行政事件訴訟法の現状は市民が行政裁判を受ける権利を保障するものとはなっておらず，市民が利用しやすく行政を十分にチェックできる法制に改革すべきである。
◇行政を市民のためのものとするため，市民オンブズマン活動は大きな成果をあげており，われわれもこうした活動と連携し，不十分な現行法制の中でも行政に対する司法審査の強化が図られるよう取り組みを強めなければならない。

1　公正透明で市民に開かれた行政を確立するために

　行政が公正透明なものとなることが強く求められているが，行政手続法は，行政処分の自由裁量性を規制し司法チェックも可能としている。われわれは，今後とも，行政手続法制定の基本精神が着実に定着していくよう，行政手続のそれぞれの場面に積極的に関わっていかなければならない。

１）官僚中心の行政から市民に開かれた行政へ

　戦後の日本の国家運営は行政のリードによって行われてきたが，厚生省の薬事行政（エイズ事件），大蔵省の金融行政（汚職事件，バブル崩壊による金融証券機関の倒産事件），最近の原子力行政（東海村のＪＣＯ臨界事故）など各方面で破綻が生じている。
　金融行政の破綻は，金融監督庁が発足しても金融機関の検査の内容が公開されず，金融の危機状況からの脱出のための政党間の協議が進まないといった状況を生んだ。過去にお

いては行政への信頼で問題がクリアされたものが，今日では行政への不信がますます増大している。

　経済が右肩上がりの成長時代においては，政府による公共事業中心の経済刺激策がとられ，規制のなかでの経済運営において，行政万能の時代が続いた。その結果，司法の機能は行政処分の事後救済の面に限られ，事前における国民の権利利益の擁護に欠けるところがあった。その背景には，政治の運営が官僚を中心とする構造となっていたことがあった。結果において政治にからむ腐敗が発生し，その断続的な事件の発生が徐々に国民の間に政治不信を招いていった。

　政治改革が唱えられ，政治資金面での公的資金の導入や，政党中心の選挙制度および小選挙区比例代表並立制の選挙制度に変わった。また，経済の国際化にともない，各種の規制緩和が国際的要求となり，さらに行政の腐敗構造とあいまって，行政改革の一環として行政手続法が制定された。

　今日，行政は，官僚中心から公正透明で市民に開かれた行政へと転換が求められている。市民に開かれた行政を確立するため，行政に対し厳しくチェックする司法の役割が期待されるに至っている。

2）行政手続法の施行と司法のチェック

　事業者が経済活動するうえで，許認可の取得までは障害であった規制が，許認可を得た後は自らを保護する役割になっていた。こうした規制は自由な経済活動を阻害し，後発参入者への規制となっていた。これを国際的にみた場合，規制が撤廃ないし緩和されないことには，経済の自由化が進まないとして指弾されてきた。

　その結果，規制の撤廃ないし緩和と他方における許認可の要件の公開などが要請される時代となった。行政手続法はこうした要請のあるなかで，自民党単独政権が崩れたのちの細川内閣によって1993（平成5）年11月12日成立し，1994（平成6）年10月1日から施行された。

　この法律は行政手続の基本法であり，「申請に対する処分」「不利益処分」「行政指導」および「届出」の四本柱を規定している。

　(1) 許認可に関しては，「申請に対する処分」の規定のなかで，審査基準（5条）や標準処理期間（6条）の公表が求められた。

　(2) 「不利益処分」においても，いったん出された許認可を取り消そうとする場合に事前手続として聴聞手続（15条以下）や弁明の機会の付与（29条以下）が規定された。その手続の実際は民事訴訟手続にそったものになっている。

(3)　「行政指導」においても，許認可を受けているが故に行政指導を必ず受け入れるという立場ではなくなった。行政指導はあくまでも任意のものであることが明文化された（32条以下）。

(4)　「届出」においても，許認可を受けている立場において，届出の受領拒否という場面がなくなった（37条）。

こうした行政手続法の規定から，これまで，公開されていなかった行政情報の公開が義務づけられ（審査基準，処分基準など），情報公開法を先取りしたともいえる。自由裁量の場面でとらえられていた行政処分が覊束処分性を帯びることになり，それだけに司法チェックを受けやすくなっている。また，手続において民事訴訟手続に準拠しており，それだけ行政手続の場面における国民の権利利益擁護規定が充実されてきている。

行政手続法は国の行政手続についてのみの法規であるが，同法第6章補則の38条において「地方公共団体の措置」として「地方公共団体は，第3条第2項において第2章から前章までの規定を適用しないこととされた処分，行政指導及び届出の手続について，この法律の規定の趣旨にのっとり，行政運営における公正の確保と透明性の向上を図るため必要な措置を講ずるよう努めなければならない。」と規定した。現在，9割の地方公共団体[1]において，行政手続法と同趣旨の行政手続条例が制定され，実施されている。

その結果，審査基準の公表や，標準処理期間の公表によって，行政手続の透明性が図られ，行政手続が行政庁（地方公共団体を含む）ないし担当者のさじ加減から公の基準が示されることにより，行政手続の公正さや，透明性が高められた。

その外の事項を含めて，現在国および地方公共団体における，行政手続法が要請している事項の実施状況[2]は次のとおりである。

① 申請に対する処分

　　a　審査基準の設定状況
　　　　国　　　　　　88％（4935件の該当処分につき，設定済が4319件）
　　　　都道府県　　　80％（1412件の該当処分につき，設定済が1126件）
　　　　政令指定都市　80％（370件の該当処分につき，設定済が287件）
　　　　県庁所在市　　79％（253件の該当処分につき，設定済が200件）

　　b　標準処理期間の設定状況
　　　　国　　　　　　77％（4935件の該当処分につき，設定済が3796件）
　　　　都道府県　　　67％（1412件の該当処分につき，設定済が948件）

1）　1998（平成10）年3月31日現在，都道府県，政令指定都市ではすべて，市町村においては3243団体中2961の市町村。
2）　国は1997（平成9）年10月発表，地方公共団体は1998（平成10）年4月発表。

政令指定都市　　59％（370件の該当処分につき，設定済が218件）
　　　県庁所在市　　　45％（253件の該当処分につき，設定済が115件）
②　不利益処分
　　処分基準の設定状況
　　　国　　　　　　　77％（3680件の該当処分につき，設定済が2836件）
　　　都道府県　　　　72％（1199件の該当処分につき，設定済が865件）
　　　政令指定都市　　70％（453件の該当処分につき，設定済が338件）
　　　県庁所在市　　　66％（335件の該当処分につき，設定済が221件）
③　行政指導の指針の公表
　　　6省庁　　33件
　行政手続法の適用が除外されている部門が多いことは問題であるが，行政手続の基本法の精神が着実に広がっている現在，弁護士ないし弁護士会は全面的にこれをバックアップし，各種の行政手続の場面に代理人等として参画し，さらなる行政手続の司法化に取り組むべきである。

3）行政手続法の施行状況

　総務庁は1999（平成11）年6月に行政手続法の実施状況を調査（行政監察）し，各省庁に「勧告」をした。

　行政庁側の制度的側面は前記のとおりであるが，行政手続法の趣旨が事業者にどれだけ承知されているかについての調査の結果は83％（453事業者等のうち374事業者等）が承知していないというものであった。

　「勧告」は「審査基準・標準処理期間等の設定・公表及び見直しの推進」，「行政手続法の趣旨の徹底」についても勧告しており，後者の勧告内容の具体的な項目[3]を見るとき，行政手続法の施行状況がかいまみられる。

4）行政に対する司法審査の強化と弁護士の役割

　これまでの行政に対する司法審査は事後救済手続の行政訴訟によっていたが，行政手続法で行政処分の事前手続での司法的手続が規定され，その結果「代理人の選任権」が国民

　3）「申請に対する処分」に関する勧告内容　①審査開始義務の遵守，②申請に対する的確な応答，③処理経過の明確化，④他の行政機関との連絡調整その他事務処理の迅速化，⑤拒否処分理由提示の徹底
　　「申請に関する行政指導」に関する勧告内容　①行政指導の任意性の徹底，②申請の取下げ指導の自粛，③法令上許認可等の申請の要件とされていない事項に関する行政指導の自粛
　　「不利益処分」に関する勧告内容　①意見陳述手続の適正化，②不利益処分理由提示の徹底

に保障され（同法16条1項），弁護士が行政手続において，国民の権利・利益擁護のために活躍する場面が増大した。また，同時に文書等閲覧請求権が聴聞手続において国民側に保障された（同法18条1項）のも画期的なことである。

弁護士はかかる行政手続の各場面に積極的に参加し，行政手続の可及的司法化をめざし，もって行政内部に国民の権利・利益擁護のための手続への認識が高まることが，現行の行政手続法施行の下で期待されている。

翻って考えるとき，行政手続法で示された指針が，行政立法手続にも拡張されるよう普段の努力が弁護士ないし弁護士会活動の中に期待される。

さらに，現行法の拡充を目指すべく，命令制定手続や計画策定手続などの分野も視野におくべきである。

最後に，国民と行政庁との間の事務的行政手続の段階では，政府は，2000（平成12）年5月に「電子政府の実現」をキャッチフレーズに，「申請・届出等手続の電子化推進のための基本的枠組み――原則として2003（平成15）年までにオンライン化」のアクション・プランを策定している。このアクション・プランの実施状況を，総務庁が2000（平成12）年9月20日にとりまとめたところによると，各省庁の対象手続は10,541件にのぼっている。こうした流れは，国の事務で指定法人等が取り扱う手続や地方公共団体の手続にも及ぶ。

こうした手続のオンライン化はIT戦略にのって急速に実現されつつあるが，その背後には，行政府にアクセスする国民の「電子署名」とか「認証」などの問題があり，さらには，こうした問題とは別の問題も今後予想される。2000（平成12）年5月には「電子署名及び認証に関する法律」が成立しており，われわれ弁護士ないし弁護士会は「高度情報化社会」における電子行政手続も視野に入れて，発生するであろう問題（手続法制の整備等）に対処する必要がある。

2　情報公開

> 1999（平成11）年5月，「行政機関の保有する情報の公開に関する法律」（情報公開法）が制定され，2001（平成13）年4月1日から施行されることになった。弁護士会は情報公開法の制定に大きな影響を与えたが，今後の施行状況を踏まえ，より良い情報公開法に改めていくための提言を外部へ向けて発信していく必要がある。

1）情報公開法の成立[1]

1999（平成11）年5月,「行政機関の保有する情報の公開に関する法律」（以下「情報公開法」という）が制定され，いよいよ2001（平成13）年4月1日から施行される[2]。情報公開法は国民に対して行政機関が保有する情報についての開示を請求する権利を認めたもので，これからの行政運営の民主化に大いに貢献するものと期待される。

２）関係法令の整備

情報公開法の施行に必要な次のような法令が既に制定，整備されている。

① 行政機関の保有する情報の公開に関する法律の施行に伴う関係法令の整備等に関する法律

　1999（平成11）年5月，情報公開法と共に可決成立した。その骨子は次のとおりである。

　(ｱ) 情報公開法の施行に伴い必要となる規定の整備等（会計検査院に会計検査院情報公開審査会を置くこと，著作権法に基づく公表権，複製権等の権利との関係について必要な調整措置を講ずること等）

　(ｲ) 登記簿，特許原簿，訴訟書類等に関する情報公開法の規定の適用除外措置

　(ｳ) その他関係規定の整備

② 行政機関の保有する情報の公開に関する法律施行令

　情報公開法が政令に委任している事項について定めたもので，主なものを列記すると次のとおりである。

　(ｱ) 対象機関には警察庁，国立大学等が含まれる（1条）。

　(ｲ) 開示実施方法としては閲覧，視聴のみならず，文書，図画についてはコピー，写真フィルム，スライドについては印画したもの，マイクロフィルムについては印刷したもの，電磁的記録についてはディスク等にコピーしたものの交付を受けることができる（9条）。

　(ｳ) 開示請求手数料は行政文書1件につき300円，開示実施手数料は行政文書の種別（文書・図画，写真フィルム等の種別）ごとに開示実施方法（閲覧，コピー等の交付）に応じた一定額とする（13条，別表の形で定められており，例えば，文書を複写機によりコピーしたものの交付を受けるときは1枚につき20円）。

　(ｴ) 情報公開法37条2項により行政機関の長が定める行政文書の管理に関する定めはこの政令が定めた要件を満たすものでなければならない（16条）。その要件の

---

1) 情報公開法成立に至るまでの経緯については，法友会政策要綱1997年度205頁以下，同1999年度版214頁以下参照。
2) 情報公開法の問題点と今後の課題については，法友会政策要綱2000年度版196頁以下参照。

うち，主なものは次のとおり。
- 当該行政機関は系統的な行政文書の分類の基準を定めていること。その基準について毎年1回見直しを行うこと。
- 行政機関としての意思決定及び事務・実績については，文書を作成することを原則とすること。
- 行政文書を専用の場所において適切に保存すること。
- 当該行政機関は保存期間の基準を定めるに当たり，この政令が定めた最低保存期間（行政文書の区分に応じて別表の形で定めている）を下回ってはならないこと。
- 保存期間を経過した文書は原則として廃棄すること。
- 行政文書の管理台帳を作成すること。これを一般の閲覧に供すること。
- 文書管理責任者を置くこと。

③ 2000（平成12）年2月25日付各省庁事務連絡会議申合せ「行政文書の管理方策に関するガイドラインについて」

　各行政機関における行政文書の管理は，情報公開法37条，同施行令16条の規定に従った行政文書の管理に関する定めにより行うこととなるが，可能な限り統一性が確保される必要があり，各行政機関が行政文書の管理に関する定めを制定し，これを運用するに当たっての基準を定めた。

3）特殊法人等の情報公開について

　情報公開法は，特殊法人を対象機関に含めなかったが，同法42条及び附則において，政府は，特殊法人（法律により直接に設立された法人又は特別の法律により特別の設立行為をもって設立された法人であって，総務省設置法第4条第15号の規定の適用を受けるものをいう）及び独立行政法人（独立行政法人通則法第2条第1項に規定する独立行政法人をいう）について，その性格及び業務内容に応じた情報公開に関する法制上の措置を，情報公開法の公布後2年を目途として講ずるものとされた。これを受けて，1999（平成11）年7月，行政改革推進本部長決定により「特殊法人情報公開検討委員会」が設置され，8月から審議を開始した。そして，同委員会は，有識者・関係団体からのヒヤリングを経て中間報告を取り纏めたうえ，2000（平成12）年7月27日付で「特殊法人等の情報公開制度の整備充実に関する意見」を公表し，政府に同意見に沿って速やかに法案立案作業を進めるよう要請した。

　上記委員会は，情報公開法制の目的，即ち，政府の説明責務を全うするとの観点から，

特殊法人及び独立行政法人のみならず，これらに準じて検討することが必要と考えられる認可法人等についても検討を加えた。その結果，対象法人について，国民に対する説明責務を自ら有する法人を対象法人とし，これに該当するかどうかの判断は，法人の設立法の趣旨によることとする，その判断に当たっては，以下によるものとし，対象法人の名称は，法律の別表に掲げる，との意見を取り纏めた。

(ア)　特殊法人，独立行政機関又は認可法人であって，設立法において，その理事長等を大臣等が任命することとされているもの又は法人に対し政府が出資できることとされているものについては，対象法人とする。

(イ)　ただし，(ア)にかかわらず，次に掲げる特殊法人等については，その設立法の趣旨から次のとおり取り扱う。

　　a）公営競技関係法人は，対象法人とする。
　　b）特殊会社は，原則として対象外とする。ただし，関西国際空港株式会社は，対象法人とする。
　　c）共済組合等の専ら組合員等の相互の扶助・救済を行う法人は，対象外とする。
　　d）日本放送協会は，対象外とする。
　　e）日本銀行は，対象法人とする。

上記意見では，対象文書，不開示情報等その他の事項については，原則として，情報公開法に準じた規定とする，とした。

4）情報公開法と弁護士会

弁護士会の情報公開法の制定に向けての諸活動は今般の情報公開法の制定に大きな影響を与えた[3]。

今後は，施行状況を踏まえたうえ，より良い情報公開法に改めていくための運動を更に継続的に展開していく必要がある。

3　市民オンブズマンの活動の展開

> 私たちは，市民オンブズマン活動に積極的に参加し，行政・大企業の行為の適正さを厳しく監視すべきである。

3）　情報公開法の制定に向けての弁護士会の取り組みについては，前記政策要綱1999年度版218頁以下参照。

１）全国市民オンブズマン連絡会議[1]

1994（平成6）年7月29日，全国13地区から自治体に対する不正監視や大企業の不法行為・横暴監視などにかかわる者達，約130名の人々が仙台市に集まったのが，全国市民オンブズマン連絡会議の始まりであり，現在では全国で約50団体が，同会議に加入している。

２）官官接待・カラ出張の追及

同会議の存在が社会に認識されるようになったのは，食糧費の情報公開請求・官官接待の追及を始めてからである。1995（平成7）年4月，全国市民オンブズマン連絡会議は，全国一斉に食糧費の公開請求を行い，これにより，自治体の中央官僚に対する接待の実態は，明確に浮かび上がっていた。

このような官官接待に対しては，報道に加え，全国紙各紙の社説が筆を揃えて市民オンブズマンの活動に触れ，官官接待を批判し，情報公開の必要性などを説いた。

これに端を発して，公費支出の在り方を見直そうとする市民やマスコミの目が，北海道でカラ出張・カラ接待を摘発し情報公開の結果，カラ・無駄出張の額を，年間200億円と推計した。

こうした運動を契機に，各地の市民団体やマスコミなどが情報公開請求を行い，次々に不正経理が摘発されたのである。

また，自治体の監査役・監査委員や同事務局も知事部局と同じように，不適正経理やカラ出張・観光旅行を繰り返している事実が明らかになった。

３）活動の成果

このような活動により，官官接待の「必要悪論」は完全に消滅し，自治体が内部調査によって認めた不正経理支出額約170億円は，幹部職員らによって弁済された。

また，公務員倫理規定が制定され，中央官僚は宴席への出席が禁止された。

さらに都道府県の「食糧費」・「出張旅費」の予算は大幅に削減された。

そして，各地で行われた文書開示拒否処分に対する取消訴訟においては，画期的な判決が次々と出されている。

---

1) 全国の市民オンブズマンの活動記録として，「日本を洗濯する　自治体を市民の手にとりもどす方法」（全国市民オンブズマン連絡会議編，教育資料出版会，1998年出版）がある。
2) 詳細は，http://www.jkcc.gr.jp/ 参照。
3) なお，全国市民オンブズマン会議は平成11年度の東京弁護士会人権賞を受賞したことを附記しておく。

4）大企業の監視

そして，その活動の矛先は，行政のみならず，国家に比肩すべき強大な権力を持つ大企業にも向けられており，数々の株主代表訴訟や，上下水道談合事件に関し，11の地方裁判所で住民訴訟を展開している。

5）その他の活動

さらに，1996（平成8）年から毎年，各都道府県の情報公開度を一定の基準を用いて，ランキング付けし，「全国情報公開度ランキング」を発表したり，条例上情報公開の対象外となっている機関（議会，警察など）の文書についても開示請求を求めたり，情報公開法制定に向けて数回に亘り，行政改革委員会行政情報公開部会に意見書を提出するなど，その活動はますます範囲を広げている。

そして，2001（平成13）年4月の情報公開法施行に向けて，膨大な情報が集中する東京に，全国各地の利用者の情報請求をサポートする「情報公開市民センター」を設立しようとするなど，活発な活動を繰り広げている[2]。

6）今後の方針

しかし，行政の情報隠しの体質は根深く，これを抜本的に改善させるには，市民による不断の監視が不可欠である。そのためには，私たちは，市民オンブズマン活動に積極的に参加し，行政・大企業の行為の適正を厳しく監視すべきである[3]。

4　行政訴訟改革

> 我が国の行政事件訴訟法を市民の権利を実効的に保障する制度へと改革すべきであり，行政訴訟の担い手である法曹の資質・容量の改善を図るべきである。

1）行政訴訟改革の必要性

1999（平成11）年中の日本の行政訴訟の新受件数は，1787件であり[1]，これは，表1の

1）　平成11年度の司法統計年表による。地方裁判所と高等裁判所の一審としての受件数の合計。内訳は地方裁判所1305件，高等裁判所第一審482件（特許訴訟）。
2）　ドイツ，フランスの新受件数は，「市民のための行政訴訟制度改革」（信山社出版株式会社）71頁に掲載されている「ドイツ・フランス行政訴訟統計表（1998年）」による。
3）　ドイツ・フランスの人口は，国連のWeb（http://www.un.org/Depts/unsd/social/population.htm）による。

表1

	新受件数	人口（単位：千人）	100万人あたりの新受件数
日本	1,787件	120,000人	15件
ドイツ	215,000件	82,000人	2,622件
フランス	132,500件	60,000人	2,208件

表2

	地裁	高裁	合計
総数	1,418件	491件	1,909件
判決	1,086件	398件	1,484件
認容	136件	161件	297件
棄却	679件	234件	913件
却下	271件	3件	274件
その他	0件	0件	0件
決定	16件	1件	17件
命令	24件	1件	25件
和解	30件	10件	40件
放棄	3件	0件	3件
認諾	0件	1件	1件
取下げ	254件	79件	333件
その他	5件	1件	6件
勝訴率	10%	33%	16%

とおり，ドイツ・フランスの行政訴訟の新受件数に比べ，圧倒的に数が少ない[2)][3)]。

　また，勝訴率も異常に低い。1998（平成10）年のハンブルグ地裁では，25％もの勝訴率があるが，表2のとおり，日本の勝訴率は全地裁レベルで10％に過ぎない[4)]。

　これでは，憲法が想定している，司法による行政のチェック機能が全く果たされていないと断ぜざるを得ない。中央省庁の許認可権限だけでも1万件を越えると言われてきた規制権限の数々は，規制緩和の進展により幾分減ったかもしれないが，許認可などの行政処分の件数は毎年膨大な数に及ぶはずである。そのような処分のうち，当事者が不満を持っ

　4）　1999（平成11）年度の司法統計年表の全地裁の既済事件中，認容判決数136件を既済総数1418件で除したもの。

たものがわずか1800件弱しかないとはとうてい考えられない。行政による市民の人権侵害を救済し切れていないのが実状である。

そして，このような司法の機能不全が，官民の依存関係を生み出していたという指摘もある。行政庁が企業に対して不当な行政指導等を行った際に，裁判所が行政の裁量権行使に適切な枠をはめて迅速に救済するという制度が正しく機能していれば，企業は，不当な要求に対して常に行政の言いなりになる必要はなく，場合によっては毅然とした態度を取ることが出来ただろう。しかし，司法の救済が得られないのであれば，企業の取るべき対応は一つしかない。企業としては行政に自己に不利な決定を下されないよう，行政の意思を尊重した態度を取らざるを得ないのである。

かかる官民の依存体質が，大蔵省と銀行・証券業界の癒着，厚生省と製薬業界の癒着，公共事業を巡る建設省と建設業界との癒着などの様々な社会問題を生みだしたことは記憶に新しい。

２）改革の具体的方策

そこで，このような行政に対する司法的抑制機能の不全を解消するためには，次のような改革が必要である。

(1) 行政事件訴訟法の改革

まず，行政事件訴訟法を改革することが挙げられる。

少なくとも（ア）裁判管轄につき，原告の住所地で訴訟を提起することが出来るようにすること，（イ）処分性・原告適格・行政訴訟の類型等につき訴訟の間口を拡大すること，（ウ）原告の証拠収集権限を拡大すること，（エ）原処分庁に，裁量の依拠した具体的審査基準並びに調査審議及びその判断の過程等裁量判断に合理性のあることを主張立証しなければならない等の改正が必要である。

(2) 法曹の資質・容量の改善

加えて，制度を担う法曹の資質の改善が望まれる。

いかに法律を変更して間口や証拠収集権限を広げたところで，行政裁量という最大の難関について，裁判所・裁判官が従前どおり消極的な判断に終始するのであれば，事態は何ら改善されず，結局は機能不全に陥ることが予想される。

現在の行政訴訟をめぐる問題の根元は，裁判所が行政と企業を含めた国民との中間に位置せず，著しく行政寄りのポジションを取っているところにある。このような指向は，任官後の最高裁の人事統制，市民生活から距離を置いた日常生活，最高裁判例に沿った事件処理，判検交流による訟務検事または行政庁への出向などの経験によって強まっていくも

のと思える。これは，日本におけるキャリア裁判官制の弊害である。行政訴訟の真の改革には，法曹一元，陪参審制の導入などによる，裁判体の質的な変革が必要不可欠である。

　さらに，当該裁判体に，行政に対する司法的抑制を積極化することが，憲法上求められたあるべき姿であるという意識を高めさせるには，訴訟活動を通じて，当事者の立場から裁判体を監視し，意見を述べていくことが必要である。そのため，行政訴訟を担うことが出来る弁護士を育成することも，行政訴訟改革のためには不可欠な要素である。

第 3 部　人権保障と制度改革

第1　豊かに暮らし働くために

◇消費者保護の立法及び行政措置が適切に実行されるよう研究・提言を行い，消費者教育の充実，救済窓口の拡大を図る。
◇廃棄物処理，大気汚染，食品の安全，エネルギー問題，都市問題など環境保全と公害防止のための課題は幅広い。弁護士会は常設の環境問題の相談窓口を設けるなどして具体的な問題に対処し，環境保全の法制において市民の権利が確立されるよう努める。
◇経済不況により労働環境が悪化しているが，労働者が人間らしく暮らし働けるよう，家庭生活と職業生活が両立するよう，労働法制の整備を図る。
◇女性の労働権を確保すべく，あらゆる差別的取扱を禁止し，迅速で具体的な救済のための法制，育児・看護・介護に関する法制を整備し，男女の固定的役割分担意識を変革する。

1　消費者の権利

> 消費者問題は，現代社会における巨大企業と弱小な消費者間の不平等な力関係の下で生じる。弁護士会は，社会的弱者の立場にある消費者サイドに立ち，次のような活動をすべきである。
> ①　消費者保護のための立法措置及び行政措置が適切に実現されるよう，監視・研究・提言の活動を積極的に行う。
> ②　消費者救済窓口の拡充を図り，全国的情報を集約提供できるネットワークの構築を検討する。
> ③　消費者被害予防のために，「消費者教育」の実施及び充実を図る。

1）消費者の権利と視点

消費者問題は，今日の大量生産，大量販売による大衆消費社会の中で，巨大企業と弱小な消費者という不平等な力関係の下で生じる。現代社会において，市民生活と生存を基本

的に保障するためには，この生産，流通，消費の構造が健全に機能することが必要である。ここに，消費者保護の必要が生じ，「消費者の権利」確立の必要が生じる。

アメリカでは，1963（昭和38）年にケネディ大統領が議会に送付した消費者保護に関する教書（いわゆるケネディ教書）において，①安全であることの権利（健康，生命に有害な物質の販売，流通から保護される権利），②知らされる権利（詐欺的，著しく誤認を与える情報，宣伝，表示から守られ，賢明な選択に必要な情報が知らされる権利），③選択できる権利（競争的価格で多様な製品，サービスを選択できる権利），④意思を反映させる権利（政府の施策は消費者の利益が完全かつ思いやりをもって配慮され，行政機関には公正・迅速な取扱いが保障されるよう消費者の意見が聞き入れられる権利）の4つの権利が消費者の権利として宣言された。

このような視点は，今日においても，また，我が国における消費者の権利を考えるうえにも非常に重要である。

2）消費者保護の立法と行政の現状

前記1）の視点から見ると，わが国では，消費者の権利を確立するための法的整備は極めて不十分である。また，行政も経済発展のために業界を保護することを第一義としてきたため，消費者被害の救済が後手に回ってしまい，被害の発生が後を絶たない。

(1) 立法

1968（昭和43）年に消費者保護基本法が制定されたが，これは，宣言的な規定であり，実効性がない。その後，社会的な問題が発生した後に，割賦販売法，訪問販売法，宅地建物取引業法等が制定・改正されており，最近では，1999（平成11）年に，継続的サービス取引（語学教室，エステティックサービス，家庭教師派遣，学習指導）を巡るトラブルに対応して，中途解約権や抗弁権の接続などを盛り込んだ訪問販売法および割賦販売法の改正がなされている。しかし，これらの法律は，常に被害が発生した後にその対応として制定・改正されたものであり，遅きに失したものも少なくない。

このように消費者の権利を確保するための法的整備は不十分なものであったが，2000（平成12）年になって消費者の利益擁護において極めて重要な法律の制定・改正が相次いだ。

まず，消費者と事業者間のあらゆる契約（消費者契約）について消費者の利益擁護の視点から包括的なルールを定めた消費者契約法が2000（平成12）年4月に成立したことが，最も特筆される。同法は消費者と事業者との間の情報量および交渉力の格差に鑑み，事業者の一定の行為によって消費者が誤認・困惑した場合における消費者の契約取消権，事業

者の免責条項など消費者の利益を不当に害する条項の無効などを定めたものであり，民法の大原則に対する例外を設けたものであって，消費者の権利確保という視点から極めて重要な立法である。しかし，立法過程で当初盛り込まれていた重要事項不告知の場合の取消権，不意打ち条項の無効などが定められなかったほか，事業者の威迫・困惑行為を不退去・監禁行為に限定するかの如き規定がなされるなど，業界の反発により消費者保護の見地からは大幅に後退した内容となっている。同法は2001（平成13）年4月1日から施行されることになっており，経済企画庁が同法の解釈について指針を発表するなどしているが，解釈や運用の仕方によってはこれまでに積み上げてきた民法適用事例の判例を無にしてしまう危険もあり，同法が真に消費者の権利擁護に資する法律になるよう，今後も監視し意見を述べていく必要がある。

　また，2001（平成13）年4月から本格実施される日本版ビッグバンに備え，金融商品販売業者の説明義務等を定めた金融商品販売法が2000（平成12）年5月に成立し，2001（平成13）年4月1日から施行されることとなった。しかし，日本版ビッグバンによって複雑でわかりにくくリスクの高い金融商品が一般消費者にも普及することとなり，投資家や消費者の保護を図るためには更に充実した「金融サービス法」の制定が必要である。

　更に，いわゆる商工ローン問題に端を発して貸金業法および出資法の見直しが図られ，貸金業法における保証人の保護や出資法における最高利率の年40.004％から年29.2％への引き下げなどの改正が行なわれ2000（平成12）年6月から施行されている。これにより高金利への規制が従来より進んだものの，出資法と利息制限法との間で生じるいわゆる「グレーゾーン」は依然として残され，日掛け業者に対する特則も残るなど改正としては不十分であり，今後は利息制限法の利率引き下げまで視野に入れた法改正を検討すべき時期に来ている。

(2) 行政

　行政は立法に比較して，「行政指導」や業界の「自主規制」という形を取り，被害者救済や再発防止のために比較的迅速な解決が図られてきたともいえる。しかし，行政指導や自主規制は，性質上内在する限界を有しているし，豊田商事事件に見られるように逆に行政が被害の発生を放置することもある。特に，今後規制緩和の名の下に行政が消費者の権利確保のために必要な規制までも行わない事態も考えられるわけで，消費者のための行政が維持されるよう常に監視する必要がある。

　なお，最近，都道府県が緊縮財政の下で，従来設置してきた消費生活センターを統廃合する動きが見られる。この動きは市区町村における消費生活センターの充実も根拠としているが，都道府県が消費者被害の実態を直接把握できる窓口を持つことの意味は大きく，

消費者の権利が今後ますます重要視される中ではむしろ更なる拡張・充実が求められべきである。

３）消費者問題の現状

　1996（平成８）年以降大型の消費者問題が続出し，被害対策弁護団が結成され，関係弁護士がその対応に追われているが，その傾向はなおも続いている。また，不景気やリストラを背景として個人破産事件は増加の一途をたどり，商工ローンによる高利の貸し出し，過酷な取立，保証人への責任追及，さらには違法な高利貸しの横行などの問題が深刻化している。

　(1)　多重債務問題は一層深刻化しており，1998（平成10）年度は裁判所への自己破産申立件数が初めて10万件を超えるなど，自己破産の件数も増加の一途をたどっている。信販会社，銀行，サラ金などの安易な与信を行う体質は改善されておらず，一方，長引く不況の中，リストラなどを原因とした破産なども激増しており，問題はますます深刻化している。整理屋や紹介屋と提携する弁護士の存在も問題視されており，弁護士会もその改善に努めているが，抜本的な根絶には至っていない。今後，弁護士広告の解禁とともに提携弁護士が活動を拡大することも予想され，その根絶に向けて一層の努力が必要である。

　また，事業者向けに連帯保証人を付けて手形貸付を行ういわゆる商工ローンの異常な経営姿勢によって被害を受ける事業者や保証人が続出し，自殺者も出て深刻な社会問題となった。商工ローンの貸付は異常な高金利，十分な説明もなく行なう連帯根保証契約，過酷な取立てなどが問題視されてきたが，脅迫的な取立てが恐喝事件として立件されて注目され，国会を動かし，結果として前記のような出資法および貸金業法の改正へ進展している。しかし，商工ローン業者は一時期ほどの異常な経営姿勢は無くなったものの，高金利を維持したり和解による解決を強硬に拒否するなどの姿勢も相変わらずであって，引き続き監視が必要である。

　なお出資法最高利率の引き下げに伴い，合法的な利率では営業できなくなった中小金融業者が多く出たと見られ，異常な高金利で貸し付けを行う高利貸業者や小切手を振り出させて事業者に貸し出すシステム金融業者が横行している。これらは明らかに出資法違反で刑事罰の対象になるのであるが，警察等の捜査当局の動きは鈍い。従って，積極的な捜査・摘発を求めて行くべきである。

　(2)　不景気・低金利時代を反映してか，高配当・高金利の金銭配当組織に加入し，その組織が破綻して被害を受ける消費者が絶えない（ＫＫＣ事件，オレンジ共済事件，和牛預託オーナーシステム事件等）。

これらについては破産手続や集団訴訟が提起されているが，十分な被害回復は困難な状況であり，一方，関与者の一部しか刑事責任を問われず，再び同様の組織を作ろうとする動きもあり，関与者に対する厳重な処分がなされるよう法的施策が講じられるべきである。

(3)　宝石販売業者ココ山岡の倒産によって顕在化した宝石買戻特約不履行問題においては，信販会社に対してこの特約不履行による支払拒絶を主張できるかが問題となっており，大変な数の被害者が信販会社を相手として訴訟を提起している。割賦販売法上の困難な問題が生じているが，裁判所の斡旋により消費者側に有利な和解がなされる見通しになってきている。一方，最近ではモニター商法の被害として愛染苑山久事件が発生している。

　これらの問題は割賦販売法の限界を示すものであり，同法を含めた消費者信用に関する法律の整備が急務である。

(4)　バブル期の後遺症であるワラント訴訟や不動産投資トラブル等の投機利殖に類する問題，変額保険訴訟などでは消費者が勝訴する判決が一部ではあるがようやく出始めている。

　これらの事件は，一般市民が証券会社や不動産会社，保険会社あるいは銀行等の虚偽あるいは不正確な説明により，多額の損害を被ったものであり，単に「儲けようとして失敗した」にすぎないと見ることは，真実を正しく把握しないものである。

　これら一連の問題の中で，消費者の自己責任に対し融資者側の責任，いわゆる貸手責任（レンダーライアビリティ）が問題とされてきており，貸手責任については，今後，アメリカの理論の研究，日本での展開・発展が望まれる。

(5)　宗教を巡る問題も相変わらず重要である。統一教会はもとより，オウム真理教や本覚寺・明覚寺のいわゆる霊視商法，法の華三法行など，消費者を不安に陥れるなどしてマインドコントロールを行い，布施名目の金品搾取をしたり，子どもの就学に対する支障など，社会的に大きな問題となっている。

　このうち法の華三法行については，2000（平成12）年になってから詐欺罪による強制捜査がなされ，教祖および幹部が逮捕・起訴される事態になっている。民事裁判でも原告の全面勝訴判決がなされるなどしており，今後の展開が注目される。

(6)　パソコンおよびインターネットの急激な普及により，パソコンを通じての取引（いわゆる「電子商取引」）が特定の企業間から一般消費者を含めた不特定多数者の間の取引へと急激な拡大を見せ，産業界は新たな市場の開拓として意欲的である。しかし，パスワードやクレジットカードの会員番号の盗用などによる新しい被害が生じてきている。現状では消費者保護が不十分であり，法制度の整備が急務である。

４）消費者被害の救済のために

(1) 立法，行政措置への働きかけ

　前述したとおり「消費者契約法」は，その運用次第では消費者の権利を逆に制限しかねないものになる危険もあり，真に消費者被害救済に威力を発揮する法律になるよう，弁護士会としては運用・解釈について意見を述べていく必要がある。

　また，前記のとおりクレジットや消費者ローン等の消費者信用に関するトラブルが激増しているが，これらに対応する法律は，縦割り行政の影響で統一的でなく，消費者の権利確保にとって全く不十分である。そこで，抗弁権の接続の範囲拡大，個人信用情報の管理・規制，過剰与信の規制等，消費者信用に関して統一的な取引ルールを定める「統一消費者信用法」の制定が必要である。そして，いわゆる「日本版ビッグバン」（金融制度改革）に向けて，前記の「金融サービス法」も更に継続して制定に向けて努力がなされるべきである。

　このように，近時，消費者の権利確保について非常に重要な法律が制定されたり，あるいは制定に向けて具体化してきており，弁護士会としてもこれらの立法が消費者の権利確保に結びつくよう働きかけることが重要となっている。

(2) 情報公開の制度の確立

　消費者の自己責任を問うには，自己責任を問われてもやむを得ないという前提が必要である。企業と消費者では，情報の量，質とも格段の差があることは明らかである。このような状況の中で，対企業の問題において消費者に自己責任を問うことは公平ではない。消費者に自己責任を問う以上，「消費者に知らされる権利」，すなわち情報公開は必須の条件である。知らされる情報は，安全情報などの行政情報はもちろん，企業情報，商品情報等にも及ばなければならない。

(3) 救済制度の整備と救済努力－消費者基金（仮称）の設立を

　これまで，弁護士会では，消費者問題特別委員会，法律相談センターを中心に，消費者相談窓口を設置し，弁護士を斡旋し，消費生活相談員等と事例検討会を開催したり，110番を実施したり，さらに，各種マニュアル本を製作，出版したりして，その成果を挙げてきた。

　また，消費者問題は少額事件であることが多く，弁護士費用等の諸費用と見合うかどうかの判断を迫られる場合が多い。しかし，費用倒れを理由に受任を拒否するのでは，被害者の泣き寝入りと悪質業者の横暴を許すこととなり，結果として弁護士の使命である社会的正義の実現に背くことになる。これについては，改正民事訴訟法の少額訴訟手続の利用

や弁護士会設置のあっせん仲裁センターの利用による対応や，さらには法律援助制度の充実などが考えられるが，さらに少額な消費者事件を受任する弁護士に費用を援助する「消費者基金（仮称）」の設立も必要であろう。

(4) 被害情報管理センター等のネットワーク作り

さらに，消費者被害は，同一または同種被害が多発する傾向が顕著である。このため，被害情報やその解決結果を集約し，必要な都度集約された情報の提供を受けられる情報管理センターのようなネットワーク組織の構築が有用と思われる。

(5) 消費者教育の実施，充実

東京都は，消費者の権利として消費者教育を受ける権利を掲げた。消費者被害は業者が不誠実なことが多いため一度被害を受けるとその回復は困難であり，また前記のとおり少額な場合が多いため泣き寝入りしてしまう場合も多い。そして，今後，規制緩和が進み消費者の自己責任が強調されるようになってくると，消費者各人の権利意識と自覚が必要となってくる。従って，そもそも被害を受けないという被害予防のために，「消費者教育」の実施，充実が急務である。

東弁の消費者問題特別委員会は，1994（平成6）年度より，消費者教育部会を設置しているが，高校生や市民を対象に弁護士を講師として派遣したり，消費者教育関係者との交流を深めたりして，消費者教育の充実に努めている。

2　環境・公害問題

> われわれは，環境破壊を防止するために環境保全の法制を実現するとともに公害被害者の完全救済をはかる責務がある。そのため，①公共事業問題への取組みの継続，②廃棄物問題及び化学物質問題へのごみ発生抑制の立場からの取組み，③食品に関する知る権利の確立，④自然保護制度の整備などの問題に重点的に取り組むべきである。

1）はじめに

日弁連，関弁連そして東弁はそれぞれの公害環境委員会を中心に，環境問題について積極的な取組みを続けてきている。そして1997（平成9）年度においては，日弁連が諌早湾干拓問題をはじめとするいくつかの公共事業について，事業の必要性の欠如と環境への影響を指摘して事業の見直しを求める意見書を公表した。また，1998（平成10）年度の人権擁護大会においては，環境保全優位の原則のもとで情報公開や住民参加を充実させ，公共

事業制度を改善することを求める大会決議を採択するに至った。さらに史上最強の猛毒といわれるダイオキシン問題や遺伝子組換え食品問題についても，情報公開や規制基準の強化などを折り込んだ意見書を公表し，環境庁や厚生省の取組みを大きく後押しする効果をもたらした。そのほか，1999（平成11）年から2000（平成12）年にかけて日弁連等が重点的に取り組んだ対象は，地球温暖化問題，原子力政策ないしはエネルギー政策問題，東京湾三番瀬などの干潟保全の問題，環境アセスメント制度問題，都市計画問題，道路・交通問題，そして関弁連定期大会のテーマとなったダイオキシン問題，日弁連人権擁護大会のテーマとなった循環型社会構築の問題など多岐にわたっている。議会制民主主義は官僚支配のもとで硬直化し，また環境保護団体も欧米ほどには政策決定過程における影響力を持ち得ていない現在の状況にあって，弁護士会が日本の公害・環境政策の進展のために果たすべき役割は極めて重大である。したがって，今後，環境問題は弁護士会が取り組むべきテーマとしての重要性を増していくものと予想される。

　以上の認識を踏まえて，来る2001（平成13）年度さらには21世紀全体を見据えた環境問題において取り組むべき課題を次項以下に掲げるが，その前提として，弁護士研修項目に「環境」を組み入れるなどにより，個々の弁護士自身の環境意識を向上させることが何よりも急務の課題である。というのは，現実を見ると，環境問題に積極的に取り組む弁護士数は，一般市民の平均値以下ではないかと疑われるほどに少ないからである。

　また，環境保全のための活動は司法問題など他の弁護士会の活動とも密接に連携をとりながら取り組まなければならないことを強調しておきたい。というのは，例えば法が掲げる自然保護のための諸施策の実行を行政に義務づけるための訴訟は「市民訴訟条項」と呼ばれ，欧米の自然保護制度の中では一般的な訴訟形態として定着しているが，これは環境問題であるだけでなくすぐれて司法問題でもある。開発から自然を守るための差止訴訟における「原告適格」の拡大もしかりである。これらの制度の必要性は単に公害環境問題としてだけでなく「司法問題」としても訴えていく必要がある。

　さらにまた，環境問題は民主主義とりわけ地方自治の拡充と不可分であることも併せて強調しておきたい。その意味で，1999（平成11）年に地方分権関連法が整備されたが，実質的には姿を変えた中央集権の強化であった。これに対する日弁連等の取組みが不十分であったことは反省すべき材料である。

2）公共事業問題への取組みの継続

　日弁連は，1998（平成10）年度の人権擁護大会で，開発から環境を守るためには，単に自然保護法制度の問題に取り組むだけでは不十分で，開発の仕組み，特に公共事業制度の

問題に取り組まなければならないという認識から，第三者機関による必要性の審査や環境アセスメントの強化など公共事業制度の改善を求める決議を採択した。しかし，バブル経済崩壊後の長引く不況下で，景気対策あるいは地域振興策として旧来の土建型公共事業を推進させようという動きは根強く，不必要な公共事業による環境破壊の危険性は依然として存在している。公共事業の持つ❶事業自体の必要性，❷費用対効果（この「費用」の中に，これまで無視されてきた自然環境の価値がカウントされなければならない），❸環境アセスメント制度の充実を含め，「情報公開」と「住民参加」を取り入れた，不必要な公共事業から貴重な自然環境を保全するための手続きの整備，❹公共事業の見直し手続きの法制度化といった問題点を意識した取組みの継続が是非とも必要である。

3）廃棄物問題及び化学物質問題（ダイオキシン，環境ホルモンなど）

　廃棄物処理法は，1997（平成9）年6月に大幅改正され，焼却施設についての規制基準の強化が盛り込まれ，ダイオキシン濃度の規制基準も設けられたが，それは他方で，激化する処理施設反対運動を牽制する意図をも含んでいる。要するに規制基準を引き上げるかわりに住民の同意がなくても処理施設の設置を可能にしようというのが改正の本音なのである。

　また，容器包装リサイクル法に続いて家電リサイクル法も成立したが，そこでも大量消費・大量リサイクル，したがって結局は大量廃棄という根本問題は手つかずのままである。これではごみ問題はいつまでたっても解決しない。

　1999（平成11）年，循環型社会形成推進法が成立した。1999（平成11）年の日弁連人権大会で決議され，2000（平成12）年の関弁連公害環境委員会シンポジウムのテーマともなったように，今，「循環型社会」という言葉がブームとなっている。しかし，その言葉の意味するところは必ずしも明確でなく，「リサイクル」ばかりが強調された実質はごみの拡大再生産に陥ってしまう危険性さえある。ごみになるものはそもそも作らないという発生抑制の優先性の確立とその具体的実現に向けたシステム作りが不可欠である。

4）食品に関する知る権利の確立（遺伝子組換え食品問題を契機として）

　遺伝子組換え食品については厚生省が「安全宣言」をしたものの，その根拠（実質的同等性）は明確ではなく安全性への危惧は払拭されていない。現在，農水省を中心に食品の表示の義務化をめぐり懇談会審議が進行中であるが，遺伝子組換え食品の流通の規制とともに，表示の義務付けなど国民が安全な食品の選択に必要な情報提供を受ける権利を確立することが必要である。

5）21世紀の食糧問題（有機農業への転換促進）

現在，日本は，主要穀物の自給率が3割を切っている中で，3～4割の減反を強行しており，農民を守るためにあるはずの農業協同組合は利権集団化するなど，日本の農業の現状は憂慮すべき状況にある。21世紀には世界的な食糧不足が懸念されており，すでにその前兆は中国をはじめ世界の各地で現れている。

そうした中で，ポストハーベスト等で安全性に疑問がある輸入農作物に依拠しつづけている日本の農業政策は国民の生存権を侵害しているものといっても過言ではない。安全な農作物の自給こそが急務の課題であり，その解決のためには1994（平成6）年に日弁連が提唱した「有機農業の促進」を再度訴えていく必要がある。

6）大気問題

地球温暖化問題にも関連するが，二酸化炭素削減のための自動車交通量の抑制が急務である。

また，公害健康被害補償法による指定地域が解除された後も，都市部での気管支喘息等大気汚染に起因する患者は増大を続けている。したがって，被害の実態を再調査し，地域指定を再度見直すことを求める必要がある。

7）原子力問題

2000（平成12）年の日弁連人権大会のテーマのひとつに原子力問題が取り上げられ，脱原子力に向けたエネルギー政策の転換が決議された。相次ぐ原発事故によって，原子力に対する安全神話が完全に崩壊した現在，日本の原子力政策とりわけプルトニウム利用政策の根本的な変革が迫られている。この問題は単に環境政策にとどまらず，産業政策の根幹にかかわるテーマであり，弁護士会としても引き続き本腰を入れて取り組むべきである。

8）都市問題

長期化する不況を脱却する糸口として，建設業界を中心におしすすめようとしているのが都市部での規制緩和である。そのため，高層ビルの乱立により古くから続いた街並み景観が破壊されたり，第1種低層住居専用地域に5階建てや，極端な例では10階建てマンション（いわゆる地下室マンション）が建設され，住宅地の景観を破壊し傾斜地の緑を奪い取っている。

そうした乱開発の背後には，都市計画に地域住民の意向が反映されていないという実態

がある。地方自治に根ざし，情報公開・住民参加のもとに策定された都市景観計画の制度化を図る必要がある。

９）自然保護制度の整備

　日本の自然保護に関する法律のメニューはひととおり揃っている。にもかかわらず，日本のみならず世界的にも貴重な諫早湾の干潟をそれらの法律は全く守ることが出来なかった。諫早湾だけではない。勇払原野，朝日連峰，相模川，長良川，川辺川，やんばる，石垣島など幾多の貴重な自然が公共事業によって破壊され，あるいは破壊の危機に瀕しているにもかかわらず，日本の環境保護制度は全く無力である。

　環境保全の先進国である欧米の制度と比べたとき，日本の環境保護立法においてまず特徴づけられるのが，国民の権利の不存在である。1993（平成５）年の環境基本法では，日弁連も含め多くの世論が要求し当然実現されるべきであった筈の「環境権」が，基本理念等から読みとることは可能であるものの明記されるまでには至らなかった。したがって，情報公開，市民参加，市民訴訟条項などの環境権の具体的実現を図るための規定もはなはだ心許ない程度にしか実現されていない。

　例えば1992（平成４）年の「絶滅のおそれのある野生動植物の種の保存に関する法律」にしても，手本としたアメリカのＥＳＡとは似て非なるものである。まず市民に希少種指定の申立権がない。希少種保護に不可欠の生息地指定が義務づけられていない。政府に義務の履行を果たさせるための市民訴訟条項もない。したがって諫早湾に幾種類も存在する絶滅の危機に瀕した底生生物を国民が法４条に掲げる希少野生動植物種等に指定させようとしても権利がなく，指定された希少種の保全を政府に要求しようとしても権利がないのである。これでは法律を生かすも殺すも行政の都合次第であり，要するにザル法である。

　情報公開はもちろんのこと自然保護の分野で活動しているＮＧＯの参加手続きなどを盛り込んだ市民訴訟条項や当事者適格制度の拡大など，ここでの取り組むべき課題は大きい。

10）国際環境問題への取組みの必要性

　日本は食料や森林資源の輸入大国である。それは日本の農業や林業等の国内産業を圧迫しているだけではなく，熱帯林の破壊など輸出国の環境を破壊している。

　また，地球温暖化問題など，自国の環境を自国のみの努力だけでは守ることができない問題もある。ナホトカ号日本海重油流出事故は，公海上で発生した汚染の被害が日本に及んだ例である。このように今日自然環境の保全は地球規模で考えなければならない時代に入っており，問題解決のための条約の整備や外国での環境破壊や公害輸出を阻止するため

の国内法の整備などに向けた取組みが必要である。

11）弁護士会の法律相談における「公害環境部門」の常設化の必要性

　1997（平成9）年度から東弁は不定期の「公害環境問題110番」を立ち上げて4年目に入った。その実践の中でごみ問題や住宅環境問題など身近な環境問題を相当数の都民が抱えていることがうかがえた。そうした問題の掘り起こしのために，東弁の法律相談の中に「公害環境部門」を常設化すること，その担い手となる環境問題に精通した弁護士を数多く育てることが求められている。

3　労働者の権利と労働法制

・　わが国では欧米諸国に比べ長時間労働が常態化している。労働者が人間らしく働けるよう，家庭生活と職業生活が両立するよう，労働法制が整備されるべきである。
・　40時間労働時間制が実現した現在，次なる目標は時間外労働，深夜労働の短縮であり，家庭的責任との両立である。しかるに近時の労働基準法改正，労働者派遣法改正などは，これと逆行する動きを示すものであり，その見直しなど再検討をすべきである。
・　近時雇用環境が著しく悪化し，今後も解雇等の労働事件が頻発することが予想され，弁護士会も相談体制の整備等を検討する必要がある。

1）基本的視点

　1998（平成10）年9月労働基準法が，1999（平成11）年7月「労働者派遣事業の適正な運営の確保および派遣労働者の就業条件の整備等に関する法律」（労働者派遣法）がそれぞれ一部改正された。これに対し日弁連は，労働基準法改正法案が国会で可決される以前の同年5月，「労働法制の規制緩和に反対し，人間らしく働ける労働条件の整備を求める決議」を採択した。同決議は，労働基準法改正法案について，長時間過密労働を助長し，女性の家庭生活との調和と職業生活の両立を困難ならしめるものだとして，また，派遣業法改正法案については，派遣労働者の権利保護をないがしろにしたまま派遣事業の自由化を図るものだとして，いずれも反対した。しかしその後労働基準法は野党の要求を入れて一部修正され可決されるにいたった。

　ところで両改正案とも，規制緩和の名の下，国民間の議論が十分尽くされないまま，労

働省ペースで進められてきた観がある。しかし，そもそも規制緩和とは「国民の自由な選択を第一に尊重し，それに合致したものが評価されるという考え方」[1]に基づくものであるから，そもそも対等な力関係にない使用者，被用者の間の関係を律する労働法制に規制緩和の議論が入り込む余地はないはずである。

２）労働基準法の改正問題

(1) 労働契約期間の上限の延長

従来労基法では，労働契約の上限は１年間と定められていた。しかし今回の改正では，新商品開発・新規事業展開等のプロジェクトに必要な高度の専門知識[2]を有する労働者（ただし当該労働者が現に不足していることが必要）及び60歳以上の労働者に限って，労働契約の上限が３年間に定められた。

労働契約の上限の延長が，雇用の不安定化を招くことは前記日弁連決議でも指摘のあったところである。上記の「有資格者」については労働基準局長の指定が広範になり過ぎないよう，注視していく必要がある。

(2) 変形労働時間制

変形労働時間制について改正法では，❶就業規則だけでなく，労使協定でも定められることとなり，❷中途採用者，中途退職予定者にも適用が広がり，❸対象期間が３ヶ月超の場合の１日，１週当りの限度時間が延長され，❹生活リズムの混乱を防ぐために要求される各日，各週の労働時間の特定方法が簡略化される等の改正があった。

連続労働日数を６日以内としたり，対象期間が３ヶ月超の場合の年間労働日数を280日以内とするなどの改正点もあるが，全般的には長時間労働，不規則労働を助長する恐れのある改正となっている。また時間外労働の限度についても他の労働者に比べ優遇してはいるものの，年320時間というように，従来から日弁連が要求してきた150時間にも到底及ばず，不充分である。

(3) 裁量労働制

改正前の裁量労働制では業務の範囲が限定されていたが，改正により適用となる業務について法律上は制限がなくなった。この改正の結果裁量労働制がホワイトカラー全般に拡大されるおそれがある。裁量労働制を採用する限りは時間外労働というものを考えずにすみ，割増賃金は一切不要となる。すなわちその限りでは法定労働時間の適用が除外される

---

[1] 1997（平成９）年12月12日行政改革委員会最終意見。
[2] 「専門知識」は労働大臣がその基準を定めるものとされ，告示によれば一定の国家資格者（弁護士等のいわゆる士業がほとんど），博士，修士のほか，公益法人等が優秀技術者等と認めた有資格者（労働基準局長の指定が必要）であることが必要である。

ことになるのである。年功賃金から能力主義，成果主義に賃金体系が移行しつつある現在，裁量労働制は年俸制等と結びつき急速に普及する可能性を秘めている。

　改正法は，労使を代表する労使委員会がその採用を決めるとすることで歯止めをかけようとしているが，わが国の労働組合の組織率は22.6％に過ぎず，ことに労働者の半数が就業している従業員数100人以下の事業所では，組合組織率はわずか1.6％に過ぎない。現在においてもサービス残業が横行する中，さらにこのような制度を導入するとすれば，長時間労働が常態化しかねない。ようやく40時間労働制が完全実施されようというときに，今回の法改正はそれを無意味にしかねない危険性を持つものである。

　国会での審議の結果，❶裁量労働制を導入するに当たって対象労働者の同意を得ることとされ，また不同意を理由とする不利益取扱いをしてはならない，❷労使委員会の労働者側委員は任期制とし，かつ労働者の過半数の信任が必要とされる，❸対象となる業務等労使委員会が決議する事項について指針を定めるあたっては中基審の意見を聞く，❹裁量労働制を採用した使用者に労働者の健康，福祉を確保するための措置の実施状況等の労働基準局への報告義務，❺施行期日の1年間の延長，❻政府は3年ごとに制度の見直しを行う，との点が新たに修正として加わっている。改正案からは一歩前進したとは言えるであろうが，この修正の結果長時間労働の常態化への危惧が払拭されたとは到底言えない。弁護士会としては3年後の制度の見直しの際に，裁量労働制の是非，改善点について提言を行っていくべきであるし，その前提として今回の裁量労働制の拡大が労働者の健康，福祉，家庭責任へ及ぼす影響を不断に注視していく必要がある。

　また裁量労働制の採用される労働者群については，労働者の健康の自己管理が強調され，過労死等の場合における安全配慮義務の内容が後退する萌芽も見られるので，その点も注視していく必要がある。

(4) 時間外労働

　1997（平成9）年6月の労働基準法改正により，時間外労働等の女性保護規定が廃止された際，時間外労働を規制するための実効性ある方策を実現することが付帯決議されている。また，ＩＬＯ第1号条約は時間外労働の上限を定めることを求め，諸外国ではほとんどが男女共通の時間外規制を行っている。1995（平成7）年に発表されたＩＬＯの調査では151カ国中96カ国が1日単位の規制を行い，その中でも1日2時間を上限とする国が最も多い。早急に時間外労働の上限を法的に規制すべきである。なお，改正案では36協定につき，労働大臣が協定で定める時間の限度等について基準を定めるとし，労使は時間外労働の協定をこの基準に適合させなければならないとしている。しかし，これまで国は目安時間を定め労使協定を目安時間内に誘導してきたが，わが国では長時間労働が常態化して

きた。この規定には罰則規定が伴っておらず，その実効性については目安時間と大して変わりないようにも思われる。労働大臣が定める基準も上限規制になるのかどうかも不明である。今回の国会審議で労働大臣はこの基準を従来の目安時間どおり360時間と定める旨答弁しているが，政府が閣議決定した年間1800時間を実現するには年間の時間外労働時間を147時間以内にする必要があり，360時間という時間はあまりに長すぎる。弁護士会としては，時間外労働の具体的数値を法律上定め（少なくとも147時間内にすべき）強行法規化するよう，提言していく必要がある。

改正前も目安規制により同様の規制が行われていたが，有名無実化していた以上，かかる改正も実効性に疑問なしとしない。

また，当初の政府案では，この基準に「適合したものとなるよう留意しなければならない」とあったのが，与党内協議の結果「基準に適合したものとなるようにしなければならない」となった。これによって私法的効果が導かれるとの見解もあり（基準時間360時間を超える勤務命令に違反した労働者に対する不利益処分の問題），これに沿った労働大臣答弁も存在するが，今後実務の運用いかんでは私法的効果が否定される可能性もあり，注視していく必要がある。

さらに，労働省告示第154号は，特別の事情が生じた場合には限度時間を超えられるという「特別条項」を36協定中で予め定めておくことを認めているが，これが限度時間規制の脱法に利用される恐れが大きい。

(5) 深夜労働

深夜労働についても，法は何らこれを制限する規定を置いていない。この点も労働者に家庭生活と職業生活の両立を困難ならしめるもので，極めて問題である。

もっとも労使間に深夜労働についてのガイドラインが適切に作成・運用されるよう，国はその自主的努力を促進するとの修正が衆議院段階でなされたが，実効性は疑問である。弁護士会としては，深夜労働の制限を強行法規化するよう提言していくべきである。

3）労働者派遣法の改正問題

1999（平成11）年7月，派遣事業の自由化を骨子とする改正労働者派遣法が成立した。これにより，❶これまで派遣労働は26の専門分野に限られていたのが，港湾運送・建設など一部を除き営業や一般事務も含めて自由化され（ネガティブ・リスト方式の採用），❷許可，届出等の簡素化，❸原則として派遣期間は1年を超えてはならないものとし，1年以上経過した派遣労働者の派遣先による雇い入れの努力規定，などが定められた[3]。

派遣法では派遣労働は一時的，補充的なものであり，常用的な派遣は許されないとの立

場に立ち，与野党共同修正の第5項目（下記の注3）の⑤）もかかる立場に立つ。しかし，氏名公表制度は以前からあったが実効性も乏しく，はたしてこのような規定で常用的派遣を排除できるか，はなはだ疑問である。1998（平成11）年10月の日弁連意見書は，端的に派遣労働者を同一業務に1年間従事させた場合には，当該労働者の雇用を派遣先事業主に義務付けるべきとしている。ドイツ，フランスの労働法制でも同様の規定が置かれている。派遣先にどの程度の負担を負わせるかは法政策の問題であるが，今後氏名公表制度の実効性を検証し，実効性なしと判断された場合には3年後の見直し時期に再度派遣先の雇用責任を提言していくべきであろう。

　なお参議院は派遣法改正にあたって，派遣元は社会・労働保険加入の必要ある労働者については加入させてから派遣を行うべき旨，派遣先も社会・労働保険に加入している派遣労働者を受け入れるべき旨を指針に明記し，その履行確保を図ることを付帯決議している。

4）労働問題に対する相談体制の整備

　現在，雇用環境は極めて厳しい状況が続いている。総務庁の2000（平成12）年8月の労働力調査によると，完全失業率は4.6％であり，1953（昭和28）年の調査開始以来最悪を記録した前年度（1999年度）より低下したものの，依然高水準にある。労働省が発表した同月の有効求人倍率も0.62倍にとどまっており，非自発的離職者も97万人という高水準にある。1999（平成11）年7月産業活力再生特別措置法いわゆる産業再生法が成立し，連結決算の導入によって，赤字子会社の整理も進むことになろう。今後リストラの加速が心配され，衆議院の商工委員会も，失業の予防など雇用の安定に万全を期す旨の付帯決議を行っている。かかる中，不当解雇や派遣子会社を設立し従業員を同社に転籍させるインハウス派遣等の労働問題が頻発することが予想される。労働問題と聞くと尻込みしたり，安易に労働基準局に相談するよう指示するだけの弁護士も多く，弁護士側の相談体制などの整備も検討されるべきである。

　3）　なお国会審議の結果，政府案に加えられた与野党共同修正として次のものがある。
　　① 労働者派遣業の許可条件として個人情報保護に必要な措置が取られていることを求める。
　　② 派遣元は派遣先に，派遣労働者の各種社会保険の資格の取得の確認の有無に関する事項を通知しなければならない。
　　③ 派遣元責任者の職責として，個人情報の管理を加える。
　　④ 派遣先は雇用主ではないが，これと同様均等法第3章の規制（性的言動からの保護，妊娠中・出産後の健康管理）に服する。
　　⑤ 派遣先が派遣労働者を1年以上，同一業務につけるときは，労働者の希望があれば，この者を雇い入れるよう労働大臣は勧告することができ，違反者の氏名を公表することができる。

4　両性の平等と女性の権利

・女性の基本的人権としての労働権を確保すべく，あらゆる差別的取扱を禁止し，差別を受けた女性を迅速かつ具体的に救済するための必要な措置を講じうる有効な法律を制定しなければならない。さらに，あらゆる分野における男女平等実現のため，現状では女性が担わざるをえない育児・看護・介護に関する法制度等を完備し，男女の固定的役割分担意識の変革を強く推進しなければならない。
・われわれは，社会のあらゆる分野に男女が平等に参画しうるよう，積極的な活動を展開していかなければならない。
・ドメスティック・バイオレンス（DV）対策を国，公共団体に呼びかけるとともに，弁護士会側も相談，事件受任体制を整備する必要がある。

1）基本的視点

　女子差別撤廃条約を採択した国連の動きに呼応して，ILOも，男女労働者の職業生活と家庭生活の両立が真の男女平等のために必要であるとの認識の下に，1981（昭和56）年6月，第156号条約[1]を採択し，1995（平成7）年6月9日，わが国は，加盟国中23番目に同条約を批准した。同年に北京で開催された第4回世界女性会議では「あらゆる政策や計画にジェンダー（社会的，文化的に作られた性差）の視点を反映することを確かにする行動要領を実施することに責任を負う」旨の宣言がなされた。

　わが国はこれを受けて，1996（平成8）年12月，「男女参画2000年プラン（2000年までの行動計画）」を策定し，1999（平成11）年6月男女共同参画社会基本法が成立した。同法は，国，地方公共団体に基本計画の策定を，国に国会への年次報告や，苦情処理・被害者救済のための措置を義務付けているが，具体的な施策については今後の政府の取組みを見るほかない。2000年（平成12）年6月，ニューヨークで国連特別総会「女性2000年」が開催された。政府報告書は改正均等法を積極的に評価していたが，日弁連はオールタナティブ・レポートを提出し，改正均等法の不十分さを指摘し，労働時間の短縮など男女が家庭責任と職業責任を共に担うことのできる条件整備が行われていない実情をあげ，政府の施策の不十分なることを訴えた。

　ことにわが国における行政職，管理職に占める女性の割合は先進国平均はおろか，開発

---
[1]「男女労働者特に家族的責任を有する労働者の機会均等及び均等待遇に関する条約」

途上国平均をも下回っており（国連開発計画・人間開発報告書1997），早急，かつ実効的な対策が求められている。

２）雇用・婚姻法制度等の具体的問題点

(1) 男女雇用機会均等法の改正

　男女雇用機会均等法も成立当初は，募集・採用，配置，昇進などの差別について，事業主の努力規定を定めていたに過ぎなかった。

　そのため，1997（平成9）年法改正があり，上記努力義務規定が禁止規定に改められ，ポジティブアクションの規定が新設され，これらの実効性を確保するための措置として，禁止規定に違反する事業主が勧告に従わない場合の企業名の公表制度の創設，調停制度の改善等が図られている。しかし，現在は露骨な性差別条項は影を潜め，現在は世帯主手当や，転勤することについての応諾の有無によって配置・昇進を異にするといった，外見は性的に中立的な規定であっても，運用上性差別をもたらす規定（間接差別）が問題となっている。こうした間接差別も含め罰則付で差別を禁止するとともに，実効性ある権利救済機関を設ける必要がある（1999〔平成11〕年11月の日弁連「人権のための行動宣言」）。また賃金体系が年功賃金制から能力給制に移行しつつある現在，性差別による賃金格差の証明はますます困難化しており，挙証責任の軽減も課題となる。

　前記法改正で企業名公表制度[2]が禁止規定の中核をなしているが，その実効性を今後厳しく検証していく必要がある。

　また，事業主は，社会問題化している職場における性的言動に起因する問題（セクシャルハラスメント）を防止すべく雇用管理上必要な配慮をしなければならない旨の規定が新設された。

　さらに，均等法は，均等法の実現を図るべく各都道府県女性少年室に，機会均等調停委員会をおき，同委員会が調停案を作成し，その応諾を勧告できるとされているが，実効性には疑問がある。調停委員会制度に代えて，救済命令などの実効ある救済措置をとりうる独立の行政委員会を設けるべきである。そして，女性室長には資料提出命令権，調査権，質問権を与えるなどの権限強化を図るべきである。

　均等法の改正と併せてなされた労働基準法の一部改正として，女性の時間外及び休日労働並びに深夜業の規制が解消される一方，育児・介護休業法が一部改正され，育児または家族介護を行う者に深夜業免除請求権が認められた。しかし，この請求権を行使したことにより，配置や昇進面で異なる扱いを受けることもあり得るし，昼間勤務への転換請求権

---

　2) 既に派遣業法において企業名公表制度が先行して実現しているものの，実効性に対し十分な評価は得られていない。

もない以上所得保障も得られない。この点，無料健康診断の権利，健康上の理由からの同種業務への配転請求権，母性保護のための昼間労働への転換請求権，所得保障等を労働者に認めるILO第171号条約（日本は未批准）とはかなりの落差がある。

　現実に家族的責任の多くを女性が負っている現状では，深夜業，時間外労働規制の廃止は女性に「家族的責任を取るか，深夜業，時間外労働を取るか」の選択を課すことになり，かえって雇用機会の均等を奪うことになる。過労死が社会問題化しているわが国の現状をふまえれば，男女共通の深夜業規制・労働時間規制がなされる必要がある。

　1998（平成10）年の労働基準法改正では，深夜労働に関する法的規制が実現されず，同法附則において労使間の自主的努力を行政が促進するといった，極めて微温的な規定がなされるにとどまった。使用者に対し義務付けをする旨の法改正を実現して行く必要がある。また，同法改正では，時間外労働に関し3年間の激変緩和措置が定められ，家族的責任を有する女性労働者の時間外労働を年間150時間を超えないものとし，一定期間後は家族的責任を負担する労働者が時間外労働の免除を請求できる制度に関し検討を重ねることになった。しかし年間1800時間労働を実現するためには，全労働者の時間外労働を150時間以内にするよう使用者に義務づける法的規制を行うことが不可欠であり，上記改正では不足である。

(2) パート労働法の問題

　1994（平成6）年6月，ILOは，パート労働者の基本的人権を国際的に認める「パートタイム労働に関する条約」を採択し，パート労働を労働時間がフルタイムより短い労働と定め，パート労働者とフルタイム労働者の均等処遇の原則を明示し，パート労働者であることを理由に賃金を低く押さえることを禁止した。

　これに対し，1993（平成5）年12月に施行されたわが国の「時間労働者の雇用管理の改善等に関する法律」では，均等処遇の原則が明示されておらず，「均等」概念の基準も明確にされていない。したがって，女性が約7割を占めるパート労働者の不安定な地位は，いまだ解消されていない。

　また，パートタイム労働には，短時間労働型とフルタイム型（擬似パート）があり，後者が全体の2割を占めている。同法は短時間労働型についてのみ規定し，フルタイム型については特段の規定を設けることなく，短時間型の規定をそのまま適用する扱いとなっている。これでは，フルタイム型パートタイム労働の温存，固定化を許すことになる。むしろ法制のあり方としてはフルタイム型パートタイム労働を解消する方策がとられるべきである。

　さらに，同法は10条において，労働大臣は雇用管理改善のため助言，指導，勧告を行う

としている。しかし，労働基準監督署は，6条の労働条件を記載した書面の交付，7条の就業規則の作成に関しての指導は行うが，それ以上の雇用管理改善についての助言，指導，勧告は法律上の権限がないので行わない，というのが労働基準局の見解であって，自らの権限を不当に狭めるものである。同法は短時間労働援助センターなる特殊法人設置の根拠法にもなっているが，労働基準監督署がきちんと機能していれば不要な存在であり，天下り先を作った以上の意味は見出しがたい。

(3) 婚姻制度等の改正

法制審議会民事法部会は，1994（平成6）年7月にまとめた「婚姻制度等に関する民法改正要綱試案」をもとに，1995（平成7）年9月，夫婦の姓については，婚姻時に夫婦が同姓か別姓かを選び，子の姓については婚姻時に予め決定させる形の「選択的夫婦別姓」を認めるほか，婚姻適齢を男女とも18歳と統一し，女性の再婚禁止期間を100日に短縮し，非摘出子の法定相続分を摘出子と同等とし，「5年以上の別居」を離婚原因とする等の「婚姻・離婚制度の見直しに関する中間報告」を発表した。法制審議会は1996（平成8）年2月，上記中間報告に概ね沿う形で法律改正案要綱を法務大臣宛提出したが，法務大臣はその国会への提出を断念し，現在に至っている。1998（平成10）年6月に衆議院の有志議員が議員立法で夫婦別姓等を柱とする民法一部改正案を提案し，その後継続審議となったが，結局は1999（平成11）年8月審議未了で廃案となった。しかし，夫婦別姓について言えば，先進国中夫婦同姓を強制している国は日本だけであるし，国際人権（自由権）規約委員会による日本政府に対する1998（平成10）年11月の「最終見解」は，婚外子差別の撤廃を勧告し，女性の待婚期間，婚姻年齢における差別について懸念を表している。

(4) 男女共同参画社会の形成促進のための法制度の整備，充実

現状では女性が育児・看護・介護を担っており，女性労働者のみに「職業生活と家庭生活の両立」という負担が負わされている。この解消のためには育児・看護・介護に関する法制度を完備させ，両性が平等に家族的責任を分かち合えるようにしなければならない。

1992（平成4）年4月1日，「育児休業等に関する法律」が施行され，また，1995（平成7）年6月5日，同法を拡大改正する形で「育児休業，介護休業等育児又は家族介護を行う労働者の福祉に関する法律」が成立した。しかし，「96年度女子雇用管理基本調査」によれば，95年度に配偶者が出産した男性のうち，育児休業をとったのは0.16％（ただし，前回93年度調査時より0.14ポイント上昇）にすぎない。育児・介護休業がとりやすくなるような法改正が必要であろう。日弁連が1996（平成8）年9月19日「男女共同参画社会の形成促進に関する国内行動計画の策定についての意見書」で述べているように，育児・介護休業中の所得保障を賃金の6割とするなどの改善を図る必要がある。

1997（平成9）年12月，「介護保険法」が成立した。同法が有効に機能すれば，家族の介護負担が軽減でき，介護負担の男女間の均等な分担を促すことにもなろう。しかし，同法では，65歳未満の者は「加齢に伴って生ずる心身の変化に起因する疾病等による要介護状態」になければ介護サービスは受けられない。したがって，交通事故や，年齢と関係のない疾病により要介護状態になっている者の家族にとっては介護負担は解消されず，この点は同法の大きな欠陥である。介護保険制度はできても，デイサービス等の利用が十分でなく，介護業者が事業縮小を迫られている。これは，ひとつには「親の介護は嫁が見るのが当然」といった旧態依然とした考え方が影響しているものと思われる。政府は介護サービスの積極的な利用を広報等で呼びかけるとともに，ジェンダーフリー教育を広範に実施する等の施策を講ずるべきである。

　われわれは，以上の諸問題に迅速かつ適切に対処し，社会のあらゆる分野に男女が平等に参画しうるよう，積極的な活動を展開していかなければならない。

(5) ドメスティック・バイオレンス

　ドメスティック・バイオレンスいわゆるDV（夫や恋人など親しい関係の男性から女性に対する暴力）について，国際人権（自由権）規約委員会による日本政府に対する1998（平成10）年11月の「最終見解」は，日本におけるDV，ことに家庭内での暴力，強姦の頻発と，このような行為を撲滅するための救済措置がないことについて重大な懸念を有するとし，かつ日本の裁判所が性行為の強要を含む家庭内暴力を結婚生活における通常のできごとと考えているように思われることについて懸念を有する，としている。また，前記男女共同参画社会基本法の成立にあたっての衆議院の附帯決議でも「あらゆる形態の女性に対する暴力の根絶」に対する積極的な取組みを政府に求めている。

　警察庁も夫婦間暴力についても一般事件と同様，法に触れる行為については厳正に対処して行くとしているが，現場での意識の徹底はなお不充分である。DVに対する教育を徹底し，早期発見，被害女性の保護に向け一歩踏みこんだ姿勢が必要とされよう。

　また，医療機関については通告義務，通告した場合の免責が検討されてよい。

　さらに，現在民間のシェルターが，DV被害者の一次的救済機関の役割を担っているが，その多くが資金不足に悩んでおり，公的援助の拡充が必要である。公的機関としては婦人相談所があるが，本来は売春防止に関する施設である。これをDV被害救済に活用して行くためには法的整備，職員に対するDV対策の研修，民間シェルターとの協同関係の樹立などが必要になってくる。また根本的にはDV防止法の制定が必要であり，弁護士会の主体的かつ積極的な関与が求められる。

　DVに関する法律相談，事件依頼を求める女性は非常に多いと考えられるが，この問題

に対する弁護士側の対応，姿勢が十分であるかについては疑問がある。ＤＶ問題に対する研修，ガイドラインが必要と考えられ，相談体制の整備等を今後検討していく必要がある。

(6) 養育費の支払い

離別母子世帯の年収は，1993（平成5）年全国母子世帯等調査によれば，202万円程度にすぎず，経済的にかなり困窮している。しかし，離婚の9割以上を占める協議離婚では，養育費の取り決めがされていない場合が非常に多い。調停離婚でも8割程度しか養育費の取り決めがなされず，しかもその額は低廉である。そしてこのように養育費が取り決められても，その履行は十分になされていない。養育費の取り決めがきちんとなされ，かつその支払が十分確保されるための法整備が必要である。

(7) ストーカー行為の根絶

2000（平成12）年5月，ストーカー行為規制法が成立した。法案は❶規制対象になる行為を「恋愛・好意の感情」「それが満たされなかったことによる怨恨の感情」に基づくものに限定し，❷警察がつきまとい行為と認定した場合，「つきまとい等」と認定された場合は警察署長が加害者に警告し，警告後も同様の行為があれば公安委員会からの聴聞，禁止命令があり，❸つきまとい行為が繰り返された場合，「ストーカー行為」とされれば，公安委員会は公判手続を経ることなく仮命令も出すことができ，❹6ヶ月以下の懲役，50万円以下の罰金刑も法定された。法律はできたが，運用如何によって実効性にかなりの差異が出てくると思われ，今後の運用を見守る必要がある。

第2 発達・自立を援助する

◇子どもをめぐる状況は，いじめ，体罰，児童虐待など複雑で深刻なものがある。子どもの人権救済活動を強化し，子どもの権利条約に基づき法制や行政の見直しを図る。
◇介護保険契約に伴なう高齢者の権利を擁護し，成年後見制度を真に高齢者のニーズにあったものにするため，さらに努力する。
◇障害者のノーマライゼーションを確立するため，障害者福祉法の制定，成年後見制度の確立，実効性ある雇用促進策の実施などを求め提言する。
◇インフォームド・コンセントを中心とする患者の権利宣言の内容を具体化した医療基本法の制定をめざす。臓器移植問題，性同一性障害者問題，医療事故，人工生殖問題などにつき積極的に提言，実践する。

1 子どもの人権

　20世紀最後の年は，その1年を通して，子どもと司法にかかわる重大な見直しの動きがみられた。児童虐待防止法が成立したことはひとつの前進であったが，一方少年法改正や教育基本法の見直しの動きは，子どもの権利条約が求める「保護の対象としての子どもではなく権利の主体としての子ども」という理念に反する動きであるといえる。
　ここ数年少年事件が凶悪化したと言われ続け，また奇異な事件が立て続けにおきている。いわゆる普通の子がある日突然におこした凶悪な犯罪は何の予兆なのか。大人は子どもたちに規範意識を持たせなければならないと叫び，あいかわらず子どもに大人の考えを押しつけようとしている。しかし，これらの子どもたちの姿は大人社会の鏡ではないだろうか。事件をおこした少年たちの過去をふりかえると，いじめや家族の崩壊が透かして見える。
　今こそ21世紀に向けて，子どもたちの未来に必要なものは何かを真剣に考えなければならないときである。弁護士会は，引き続き，学校におけるいじめ，体罰の問題，

> 少年法の問題，教育改革，児童虐待防止法などの児童福祉に関わる問題について積極的に発言し，かつ関係諸機関や市民と連携して子どもの権利条約の精神が日本に根付くように努力していかなければならない。

１）子どもの権利条約と弁護士会の役割

　子どもの権利条約に基づき，政府は，国連子どもの権利委員会に対して，同条約の実現状況を定期的に報告すべき義務を負っている。わが国の第１回定期報告書に対する審査が1998（平成10）年５月におこなわれ，国連子どもの権利委員会は，日本に対して22項目にわたる懸念を表明してこれにたいする課題を勧告する総括所見を採択した。その中には，裁判所がその判決の中で児童の権利に関する条約を直接適用していないこと，子どもの権利の実施を監視するための権限をもった独立機関が存在しないこと，権利の完全な主体としての子どもという概念について広く普及し促進するためにとられた措置が不十分であること，ＮＧＯなど市民社会の知識と専門性が適切に活用されていないこと，などがある。

　政府は，2001（平成13）年５月にわが国における同条約の実現状況を報告しなければならないが，弁護士会は，かかる政府報告書作成に対してどのような論点を考慮すべきかを提言するとともに，政府報告書に対するカウンターレポートを作成していかなければならない。

２）いじめ，体罰，不登校などの学校における問題

　いじめの問題は，弁護士会の子どもの人権救済センターにおける相談事例のうちの約３分の１を占める。いじめが問題になったとき，教師が　❶いじめる側に迎合することなく毅然とした態度をとり，❷その場限りの叱責に終わることなく，いじめる側，傍観者をも含むクラス全体の意識改革にまで踏み込んだ息の長い指導を行い，❸子どもたちが主体となっていじめ防止に取り組む体制を作るなどしないかぎり，いじめは際限なく繰り返される。またいじめの構造を考えるとき，加害者，被害者だけでなく傍観者の存在もいじめの陰湿化，長期化に影響を及ぼしているといえる。単に加害者，被害者間で個別に解決されるべき問題としないで，いじめは人権侵害であることを教師，保護者，子どもたち全員が理解するように学校全体で取り組まなければ，本当の意味でいじめは根絶しないであろう。

　最近は不登校が増えてきており，直接子どもから弁護士会に相談の電話がかかってくることもある。体罰も含め，これらの学校内でおきる子どもの人権救済のための制度として教育現場から独立したオンブズパーソンの制度やスクールローヤーの制度は有効な手段と

なりえよう。これらの制度をつくるために弁護士会が積極的に活動することが求められているといえる。

3）児童虐待

2000（平成12）年5月，児童虐待防止法が与野党一致の議員立法として成立した。児童虐待の定義を明確に定め，虐待の禁止を法定して，国及び地方公共団体に児童虐待の早期発見及び被虐待児童の迅速かつ適切な保護を義務づけ，守秘義務を負う医者や弁護士などが本法に基づいて通告した場合は守秘義務違反を問われないと定められるとともに，虐待を行った者はたとえ親権者であっても刑法上の責任を免れないこと，児童相談所長等は，児童を保護した後保護者の面会又は通信を制限することができることとして，事実上親権の行使の制限を可能としたことなどがその内容である。この法律は新しいシステムをうちだしたものではなくこれまでの児童虐待に関わる制度がより実効的に機能するように，これまで通達や運用によってなされていたものに明確な法的根拠を与えたにとどまるものであるが，虐待防止そのものを目的として児童虐待防止法が成立したことは，虐待の防止に向けての喜ぶべき第一歩であった。

すでに虐待防止法成立後，各地の児童相談所における児童虐待の相談件数が急増しており，各児童相談所は緊急な対応をせまられている。児童相談所の人的・物的設備の充実が望まれるとともに，虐待からの救出のためには民間の専門機関やＮＧＯなどと協力してあたる必要がある。弁護士会も，今後は児童相談所に積極的に協力していく必要があるだろう。

本法は3年後に見直されることになっているので，弁護士会としても，さらに実効性のあるものとするために，データを集積して問題点を集約しつつ，以下の点について積極的に提言していく必要がある。

① 子どもの権利という視点を盛り込むこと
② 民法上の未成年者と児童福祉法上の児童との統一化
③ 通告義務の履行の際の免責条項
④ 児童相談所の調査権限の強化
⑤ 親子のカウンセリング，児童相談所や児童福祉施設の充実

4）児童福祉施設

虐待や養育困難，保護者がいなくなったなど，さまざまな理由で子どもたちは福祉施設で暮らしている。多数の子どもたちを養育監護している施設の中で，無力な子どもたちは容易に職員の体罰の犠牲になり，しかも体罰が発生してもそれが顕在化しにくい。最近，

千葉の恩寵園や神奈川の鎌倉保育園で子どもたちに対する深刻な体罰が明らかになった。体罰が発生した場合の救済体制の確立が急務であり，監督官庁の積極的関与が求められる。また，政府の定める「児童福祉施設最低基準」による人的・物的水準はあまりに低位であり，さらに，養護施設の子どもの高校進学率は低い。こうした基準の改定，環境の整備等を求める有力な社会勢力が存在しない現状で，弁護士会の役割は極めて大きい。

5）子どもの権利条約

　1994（平成6）年4月に子どもの権利条約が発効してから，条約の実施についてさまざまな取り組みがなされてきた。地方自治体では，子どもの権利条例の制定にむけた市民と行政の協力がなされているところがある。兵庫県川西市では，1998（平成10）年12月，「子どもの人権オンブズパーソン条例」が制定され，川崎市では，子どもも参加して検討を重ね，2000（平成12）年6月，川崎市子ども権利条例検討連絡会議が，「子どもの権利に関する条例」骨子案を川崎市長に答申した。東京都でも，1998（平成10）年9月，東京都福祉局の諮問を受けた「子どもの権利擁護システム検討委員会」が東京都子どもの権利擁護委員会の設置を提言し，これを受けて，同年11月，子どもの権利擁護システムの試行がはじまった。東京三会の弁護士からも東京都権利擁護専門員が選任され，SOS電話を通じて届いた子どもの人権侵害についての救済活動を開始して，すでに2年になる。試行段階から本格実施にむけて，条例制定によりその地位，権限を明確にしていく必要がある。弁護士会としても，本格的オンブズパーソンの実現にむけてより一層活動すべきである。

2　高齢者の人権

> ・　高齢者の人としての尊厳と基本的人権を保障し，高齢者の権利主体性を確立する「高齢者基本法」を制定する必要がある。
> ・　介護や能力補完を必要とする高齢者の人権と福祉を考えるにあたっては，ノーマライゼーションの理念を基礎として，高齢者の自己決定権を十分に尊重し，その残された能力を最大限に活用して，生き生きとした生活を送ることができるようにすることが必要である。
> ・　弁護士および弁護士会は，介護保険契約に伴なう高齢者の権利を擁護し，成年後見制度を真に高齢者のニーズにあったものとするため，さらに努力していかなけらばならない。

1）基本的視点

　近年，医学の進歩による平均寿命の伸びと少子化，経済水準の向上等により，急速に高齢化が進んでいる。わが国の65歳以上の高齢者の全人口に占める割合は，1970（昭和45）年に7.1パーセントであったが，1994（平成6）年には14パーセントの水準に達し，2000（平成12）年には17.2パーセント，2020（平成32）年には26.9パーセントに達するものと推計されている。また，痴呆化率，要介護率が急速に増加する75歳以上の後期高齢者の全人口に占める割合も，1997（平成9）年で6.2パーセントもある。既に1995（平成7）年の時点で2020（平成32）年には75歳以上の人口が12.5パーセントに達するものと推計されていたのであるが，現在の予測はそれを上回るものと考えられる。

　このような中にあって，高齢者に対する虐待などの人権侵害，財産侵害，悪徳商法などの被害が多く発生している。

　したがって，高齢者においても，障害者基本法3条と同様の，「個人の尊厳が重んぜられ，その尊厳にふさわしい処遇を保障される権利を有する」旨を明確にした「高齢者基本法」が制定されるべきである。高齢者が尊厳をもって生存するためには，国による医・食・住の生活の保障が最低限必要であるほか，長年生活してきた地域社会での生活や介護システムの整備充実が図られる必要がある。

　高齢者の人権を擁護し，高齢者が健常者と同じように生活し，社会生活上の不利益を受けないようにすること，すなわち高齢者のノーマライゼーションを確立することが，われわれ弁護士・弁護士会の役割である。

2）介護保険制度

　2000（平成12）年4月から介護保険制度が実施されてるが，65歳以上の高齢者は介護保険の被保険者とされる。介護保険制度は，介護サービスを，「措置から契約へ」移行させ，高齢者の自己決定権に基づくサービスの選択を前提とする制度である。

　しかし，要介護状態等になっている高齢者の多くは，情報の収集や理解，意思の形成・伝達に支障があり，介護福祉サービス業者と対等な立場で契約を締結することは困難なことが多い。そこで，高齢者の自己決定権に基づく介護保険制度を真に機能させるためには，選択の前提となる介護サービス（在宅並びに施設のサービスを含む）の量的・質的基盤整備が，全国的に充実していることが必要であり，次のような改善も必要である。

　①　高齢者の選択を受け入れられるだけの量的基盤を整備し，サービスの質を高めること（具体的には，介護サービス業者や施設を増やし，サービス内容が全国的水準に基づく

同等かつ人間としての尊厳を損なわないものであること）。

②　高齢者の自己負担（介護サービスの1割負担，保険給付外サービスの自己負担）の軽減に努めること。

③　市町村の人員体制を整備して，要介護認定申請に対する対応を整備すること。

④　広域地域にあっては，介護保険審査会の受付窓口，審査の場所を各地に設置するなど，利用者の便宜を図ること。

また，意思能力の不十分な高齢者に対しては，意思決定を補完するための成年後見制度の充実や，意思決定が侵害された場合の救済システムの確立が不可欠である。そのための救済システムとして，次のような措置をとるべきである。

⑤　自己決定権による選択を保障するための，要介護認定申請に対する審査基準など，介護保険の実施・運用にあたっての諸基準，あるいは提供サービスの内容やサービス提供施設の具体的内容等についての情報開示，更には不服審査請求において，必要とされる資料や請求を容易にするための要介護認定申請段階の判断資料の開示など，情報開示システムを整備すること。

⑥　不服審査請求手続や訴訟手続よりも簡易な苦情処理システムとして，オンブズマン制度を，市町村に緊急に設置・整備すること。

弁護士は，高齢者の人権擁護のために，救済システムに積極的に関わることが要請される。

3）成年後見制度等権利擁護システムの確立

2000（平成12）年4月より，新しい成年後見制度がスタートした。また，1999（平成11）年10月から地域福祉権利擁護事業が始まり，さらに同年10月，東弁に高齢者・障害者総合支援センター「オアシス」が設置され，高齢者らの財産管理・身上監護に関する相談・受任体制が整備された。

しかし，成年後見制度については，成年後見人等の候補者の確保をどうするかなどの課題が残されており，また地域福祉権利擁護事業においても，専門員や生活支援員の量と質の確保，監督体制がうまく機能するかなどの課題が残されている。「オアシス」についても，相談担当者の確保や受任弁護士の支援体制の整備，予算問題等，課題は山積している。われわれは，高齢者等の権利擁護システムを確立するため，さらに努力していかなければならない。

3　障害者の人権

> 障害者のノーマライゼーションを確立するため，①障害者福祉法や障害者差別禁止法を制定し，②各種免許・資格における欠格条項を撤廃し，③介護保険制度の導入や福祉サービスの利用制度移行に伴って障害者のサービス受給権が侵害されないような十分な取り組みを行ない，④成年後見制度，地域福祉権利擁護事業（福祉サービス利用援助事業），福祉サービス利用に当たっての苦情解決システムが十分に機能するように配慮し，⑤裁判所・検察庁・弁護士会・法律事務所などに人的物的施設を充実させて障害者の利用しやすいものとするとともに，⑥障害者の雇用の促進に関する法律を改正して実効性のあるものとすべきである。

1）基本的視点

障害者とは，心身の障害により社会生活上のハンディキャップを有する人を総称する言葉であり，身体障害，知的障害，精神障害を有する人のみならず，てんかん患者や自閉症児，その他の稀少難病患者をも含む概念である。

障害者も健常者と同じ「人間」であり，人権享有主体である。しかし，障害者は，その障害のゆえに，社会の中で健常者と同じように生活することにさまざまな困難を伴ない，また種々の人権侵害を受けやすい状況にある。したがって，障害者の人権を擁護し，そのノーマライゼーションを確立することは，われわれ弁護士・弁護士会の責務である。

2）障害者福祉法・障害者差別禁止法の制定

現在の障害者施策は，障害者基本法を基礎とし，身体障害者福祉法，知的障害者福祉法，精神保健及び精神障害者福祉に関する法律に基づいてなされている。しかしながら，このような身体，知的，精神という，いわゆる三大カテゴリーによる障害者施策は，てんかん，自閉症，稀少難病などの「谷間障害者」を造りだすという欠陥を有する。すべての障害者が，必要な福祉サービスを受けられるよう，「障害者福祉法」を制定すべきである。

また，「障害を有するアメリカ国民法（Americans With Disabilities Act of 1990）」が制定されて10年を経過する。わが国においても，国の施策によりバリアフリー化が進行し，障害者差別禁止法を制定する基盤が整備されつつある。わが国の実情に合った障害者差別禁止法制定に向け，弁護士会は，その具体的検討に着手すべきである。

3）欠格条項の撤廃

　各種免許・資格における障害を理由とする欠格条項は，障害者の職業選択の自由を侵害し，違憲である疑いが強い。政府の障害者施策推進本部は「障害者に係る欠格条項の見直しについて」を策定し，2002（平成14）年度をめどに関係省庁において見直しをする方針を決定している。その中では，必要性の薄い欠格条項を廃止するという原則を打ち出し，その上で欠格・制限等が真に必要と認められる制度については，❶欠格・制限等の対象の厳密な規定への改正，❷絶対的欠格から相対的欠格への改正，❸障害者を表す規定から障害者を特定しない規定への改正，❹資格・免許等の回復規定の明確化という4つの対処の方向を示している。

　しかし，免許や資格は，個人の能力により付与されるべきものである。特定の障害を有することから当然に，その人に一定の能力がないとすることは許されることではない。医学の発達や障害者の機能を補完する機器の発達等も踏まえ，一定の障害を有することから当然に免許や資格を取得できないとする欠格条項は撤廃すべきである。仮に，現行法と同様の欠格条項を残す場合であっても，機能障害や疾病ではなく，「具体的に要求される能力や技能」で規定されるべきである。また，資格試験においては障害者にとって欠格条項に代わる新たな障壁とならないように，点字受験や口述試験における受験者の状態に応じた通訳の保障，後述に代わる筆談による試験の実施等格別の配慮をすること，能力が回復したり補助機器の進歩により能力を補うことが可能となった場合の資格回復規定を設けること，資格を認めなかったり資格を取り消す場合に本人の主張を聴いたり，簡易な不服申立を認める制度を設けるべきである。

4）介護保険制度と障害者

　2000（平成12）年4月の介護保険制度の施行に伴ない，65歳以上の障害者及び40歳以上65歳未満の特定疾病に罹患している障害者は介護保険の被保険者とされることとなる。そこで，障害者に対する福祉サービスと介護保険給付サービスとの調整が必要となる。

　厚生省は，「介護保険制度と障害者施策との適用関係等について」と題する事務連絡の中で，介護保険の被保険者とならない特定施設入所者を除いては，障害者も介護保険の被保険者となることを確認し，介護保険給付サービスと障害者福祉サービスとが共通している場合には，介護保険給付を優先し障害者福祉サービスは提供しないことなどを示している。しかし，障害者が障害者福祉三法により受けている福祉サービスの水準と介護保険給付サービスの水準とを比較した場合，介護保険給付サービスの水準がより低いことは自明

のことである。介護保険法の施行により，障害者が必要な福祉サービスを受けられなくなるということはあってはならないことである。弁護士会は，障害者に対する福祉サービスの水準が下がることのないよう監視するとともに必要な提言を行なう必要がある。

5）契約型福祉サービスへの移行をめぐる問題

2000（平成12）年6月，社会福祉の増進のための社会福祉事業法等の一部を改正する法律が施行され，2003年（平成15年）度より，福祉サービスの提供を「措置から契約へ」切りかえることが正式に決定した。現行の措置制度においては，サービス利用者の地位が不明確であり，これを契約型に切りかえることは利用者の権利とサービス提供事業者の義務とが明確になり，一般論としては高く評価されることである。

しかしながら，現在の福祉サービスの需給関係を見ると，利用者のニーズを満たすために十分な福祉サービスの供給ができていない状況にある。このような状況のまま「措置から契約へ」と移行した場合，利用者がサービスを選択するのではなく，サービス提供事業者が利用者を選択するという結果になりかねない。重度の障害者や迷惑行為を繰り返す障害者など，在宅での介護が事実上不可能な障害者が，福祉サービスから排除される危険があるのである。厚生省は，福祉サービスの供給量の大幅な増加と，サービス提供事業者の契約締結義務の明確化，サービス提供事業者による契約解除制限などを設けて，障害者等が必要な福祉サービスを受けられるような態勢を整備していかなければならない。

6）権利擁護システムの確立

2000（平成12）年4月より成年後見制度に係る民法等改正4法が施行され，1999（平成11）年10月から地域福祉権利擁護事業（福祉サービス利用援助事業）が始まり，さらに同年10月，東京弁護士会に高齢者・障害者総合支援センター「オアシス」が設置され，障害者らの権利に関する相談体制が整備された。しかし，成年後見制度については，成年後見人等の候補者の確保をどうするかなどの課題が残されており，また地域福祉権利擁護事業においても，専門員や生活支援員の量と質の確保，監督体制がうまく機能するかなどの課題が残されている。「オアシス」についても，相談担当者の確保や受任弁護士の支援体制の整備，予算問題等，課題は山積している。われわれは，障害者等の権利擁護システムを確立するために，さらに努力して行かなければならない。

7）施設オンブズマン制度の確立

東京都は，1998（平成10）年より，心身障害者（児）入所施設サービス点検調整委員会

運営要綱を定め，入所施設にサービス点検調整委員会（通称：施設オンブズマン）を設置し，施設サービスの点検をさせると共に，利用者からの苦情の受付とその処理に当たらせることを開始した。また，湘南ふくしネットワークや愛知・名古屋ふくしネットワークなどの地域型オンブズマンも増えてきている。施設オンブズマン制度は，施設から独立した第三者であるオンブズマンが，サービス利用者の側に立って，利用者等の苦情の解決にあたるものであり，その機能に限界はあるものの，施設利用者の苦情解決のためには大きな役割を担っている。われわれ弁護士・弁護士会は，すべての福祉施設にオンブズマンが置かれるようさらに運動を続けると共に，施設オンブズマンとしての役割も担っていかなければならない。

また，昨年成立した社会福祉法（旧社会福祉事業法）では，社会福祉事業を営む者に苦情を解決すべき努力義務が定められ，具体的には第三者を入れた形での苦情解決が求められている。さらに，都道府県社会福祉協議会に運営適正化委員会を設置し，その苦情解決合議体で苦情解決を行なうことも求めている。これらにより福祉サービス利用者の苦情解決に大きな進展をもたらすことは間違いないことであるが，弁護士・弁護士会としてはこれらのシステムが十分に機能するよう注視するとともに，事業者段階における第三者委員，運営適正化委員として参加していく必要がある。

8）障害者の裁判を受ける権利

司法は，市民の人権を護る最後の砦である。しかし，現在の裁判所，検察庁，弁護士会，法律事務所等は，点字案内板が未整備であったり，手話通訳者を置いていない，車椅子で乗り越えることのできない段差があるなどの人的・物的なバリアがある。また，訴状や判決文に点字訳を付ける制度がなく，知的障害者に対する裁判であっても訴状等に読み仮名をつけるという配慮もなされていないなど，障害者が司法を利用しにくいままに放置されている。われわれは，司法の場におけるバリアフリーを実現し，障害者が利用しやすい司法を実現するため，行動をしていかなければならない。

9）障害者の労働権の確立

長引く不況は，障害者の解雇の増加や，障害者雇用の拒否など，障害者の働く場を奪っている。障害者も勤労の権利を有するのであり，その確保のために障害者の雇用の促進に関する法律の見直しや障害者の労働基本権の確立などを図っていく必要がある。

4 患者の人権（医療と人権）

・われわれは，日弁連が1992（平成4）年に採択した「インフォームド・コンセントを中心とする患者の権利宣言」の内容を具体化した医療基本法の制定に向けての運動を開始すべきである。また，患者の自己決定権，自己の生命健康に関する重要な情報を知る権利としてカルテ開示の法制化に向けて努力すべきである。
・臓器移植法については，ドナーは単なる臓器摘出の客体ではなく，最高の救命治療を受けるべき主体であることを認識し，ドナーの人権とレシピエント（臓器移植を待ち受けている患者）の希望との調和を図るのに必要な提言を行うべきである。
・性同一性障害により法的救済を求めている人々が性の訂正及び名の変更の申立をできるよう戸籍法の改正に向けた提言を行うべきである。
・人工生殖については，ＡＩＤ（非配偶者間人工受精）児の極めて不安定な法的地位に配慮した提言を行うべきである。
・近時多発している医療事故に対する有効な防止策を検討するとともに，被害者救済のための法制度整備のために努力すべきである。

1） インフォームド・コンセントとカルテ開示の法制化に向けて

(1) インフォームド・コンセント

① 法的根拠

憲法13条に患者の人権尊重と患者の自己決定権の存在根拠があり，インフォームド・コンセントの根拠もここにある。

すでに最高裁判所はじめ下級審判例においては，インフォームド・コンセント（医師の説明義務）は患者の権利として判例法上認められたものであるが，法制上何らの明文規定も置かれることがなかった。しかし，1996（平成8）年の医療法改正において「医師，歯科医師，薬剤師，看護婦その他の医療の担い手は，医療を提供するに当たり，適切な説明を行い，医療を受ける者の理解を得るように努めなければならない」（1条の4－2）と定められ，初めて法制のなかで位置づけられるに至った。

② 内容

患者は，医療側が提供する豊富な資料と医師からの適切かつ丁寧な説明に基づき，患者自身の意思によって，より良いと信じる医療を主体的に選択して決定する憲法上の固有の

権利を有する。これがインフォームド・コンセントの内容であり，これを欠く医療は，患者の身体に対する違法な侵害にほかならない。インフォームド・コンセントの確立によって，医療の安全性と効果が担保され，医師と患者間に高度の信頼関係が成立する。

③ 法制化

インフォームド・コンセントは，医療法に初めて法文化されたが，医療の担い手の努力目標として抽象的に規定されたに止まり，患者の権利として明確に位置づけられたわけではない。しかも，説明の時期，内容，患者の承諾，治療方法の決定の有無等，その手続と記録のあり方等具体的な運用基準は全く述べるところはない。

日弁連はすでに1992（平成4）年の第35回人権擁護大会において「インフォームド・コンセントを中心とする患者の権利宣言」を採決している。医療基準法の法制化を更に進め，そのなかで患者の基本的な権利としてインフォームド・コンセントを法制化し，全国のあらゆる場所であらゆる医療機関がインフォームド・コンセントを実践するようにしなければならない。

(2) カルテ開示

① 法的根拠

患者が自己の疾病の内容と，どのような治療を受けているか，どのような予後となるのか等を知ることは，憲法13条に由来する基本的な権利である。

医師と患者間の信頼関係を担保し，インフォームド・コンセントを実効あらしめるためにもカルテ開示は患者の権利として法律上明文化すべきものである。

② カルテ開示の法制化

カルテの作成と保存は，医師の義務として医師法等に明文化されているが，患者の権利としては法制上位置づけられていないため，医師には法律上開示義務がないとされている。しかし，裁判実務では，証拠保全手続はほぼ認められており，また，訴訟手続の上では文書提出命令によって事実上カルテは患者側に開示されている。にもかかわらず，訴訟外の手続においては，患者本人の要求であっても多くの医療機関で拒否されているのが現実である。日本医師会は，1999（平成11）年4月に「診療情報の提供に関する指針」のなかで，患者からのカルテ開示の要請があれば原則として応じる旨を公表したが，訴訟目的であれば開示を拒否できるとしている。いずれにしてもカルテ開示を患者の権利として法制化することには消極的である。

日弁連はすでに先の宣言のなかで，患者の権利としてカルテ開示を法制化する提言をしている。我々は，患者の自己決定権，自分の生命・健康に関する重要な情報を知る権利としてカルテ開示を法制化するよう更に努力しなければならない。

2）脳死・臓器移植と人権

1997（平成9）年，臓器移植法が制定され（制定までの経過は1996〔平成8〕年度政策要綱参照），同年8月18日厚生省より臓器移植ガイドラインが発表された（その内容は2000〔平成12〕年度政策要綱参照）。

(1) 臓器移植法施行後の経過と課題

① 第1例目の課題

臓器移植法は，1997（平成9）年10月16日施行されたが，脳死による臓器移植は実施されることなく経過していたところ，1999（平成11）年2月28日高知赤十字病院において40歳代の女性が脳死と判定され，心臓が40歳代の男性（大阪大）へ，肝臓が40歳代の男性（信州大）へ，腎臓が東北大と国立長崎中央病院で待機中の患者へ，角膜が高知医大の2名の患者へそれぞれ移植された。

しかしながら，わが国の臓器移植法下での最初の脳死臓器移植はいくつかの課題を残すことになった。

1つ目は，脳死判定手続が正しく実践されなかったことである。
即ち，本例では，無呼吸テストの順番を間違えたことが判明した。

脳死判定に関し，10分間人工呼吸器を外して自発呼吸の有無を調べるが（無呼吸テスト），これは，患者に決定的ダメージを与えるおそれがあるから，脳波検査等一連の脳死判定検査の最後に行うことになっている（施行規則2条3項）。

しかし，高知赤十字病院ではこの手順を誤り，脳波検査に先立って無呼吸テストを実施したのである。更に，これに先立つ臨床的脳死判定（仮の脳死判定）の際，ガイドラインが除外している無呼吸テストを実施したことや，脳波計の感度を十分に上げずに検査したこと等も判明した。

2つ目は，レシピエントの優先順位を誤ったことであるが，これは移植前に訂正されたとのことである。

3つ目は，脳死臓器移植の報道のあり方，とりわけドナーとその家族のプライバシー保護と移植医療の透明性確保との調和の問題である。

② その後の移植例

このような経験を踏まえてか，第2例目の脳死移植（1999〔平成11〕年5月12日慶応大学で30歳代男性より心臓と腎臓が摘出され移植された）は，特に問題が指摘されなかったが，第3例目（同年6月13日古川市立病院，20歳代の男性より心臓，肝臓，腎臓が摘出の上，移植された）は，脳死判定の手順に関して脳幹機能の消失検査を基準外の方法で実施

したという事実が判明した。

更に，第4例目の脳死，臓器移植となった同年6月24日の千里救命救急センター（50歳代男性）においても，脳波測定を臓器移植法の運用指針通りに行っていなかったことが判明し，関係者に強いショックを与えることとなった（第5例目以下は脚注[1]を参照）。

③　第三者検証機関の設置

こうした判定をめぐる問題が生じるなか，1999（平成11）年9月5日，藤田保健衛生大学病院では，鼓膜が破れた患者の脳死判定を見送るという事態も生じた。

こうした事態を受けて，2000（平成12）年3月3日厚生省は厚生大臣の私的懇談会として「脳死下での臓器提供事例に係る検証会議」（座長・藤原研司〔埼玉医大教授〕外11名）を設置し，検証作業を行うこととなった。

このなかには，法律家として宇都木伸教授，新見育文教授，ジャーナリストとして柳田邦男氏の各氏が加入した。

(2)　施行後3年目の見直しと論点

臓器移植法は施行後3年目に見直しをすることとなっており，厚生省に設置された「臓器移植の法的事項に関する研究班」を中心に作業が進められている。
最大の論点は以下のとおりである。

　①　15歳未満（提供意思表明）の脳死，臓器移植の適用拡大の是非
　②　6歳未満の脳死臓器移植の判定適用拡大（判定除外）の是非
　　　（「小児における脳死判定基準に関する研究班」班長・竹内一夫〔杏林大名誉教授〕）
　③　第三者検証機関の法制化
　④　「脳死判定上の疑義解釈に関する研究班」（班長・竹内一夫）の役割の明確化
　⑤　報道とプライバシー（脳死・移植手続の公正，透明性確保とドナー・レシピエントのプライバシーの調和）
　⑥　提供病院拡大の是非

以上の論点のうち，15歳未満の脳死，臓器提供を認める方向での見直しについては強い疑念を表明せざるを得ない。

提供意思が明確に表示されるということは，臓器移植を合法化させる最大の要因である。

---

1) 第5例目　2000（平成12）年3月30日駿河台日大病院において5例目の脳死臓器移植が実施されたが，ここでも脳波検査の一部が略されたことが指摘された。
　　第6例目　同年4月16日秋田県本庄市由利組合総合病院（40歳代女性）。
　　第7例目　同年4月25日に杏林大学病院の50歳代の女性から我国では初めてのすい臓移植も含む移植が行われた。
　　第6例目，第7例目の脳死判定の検証結果は発表されていないものの，果たして正しい脳死判定が全国の371ヶ所の移植医療機関に周知徹底されているのかどうかが問題である。特に2000（平成12）年6月7日藤田保健衛生大学病院では薬剤の影響下にある脳死患者に判定を進め，結局，判定を中止するという事態も生じている。

そのためには，成熟した一定の年令に達していることが不可欠である。

15歳未満の未成年者が「臓器提供の意思がない」ということを明確に表示していない時には，親権者の書面による承諾（同意）で臓器摘出を許諾するという考えには賛成できない。

また，6歳未満児を脳死判定の対象者にするという運用も疑問である。

柳田邦男氏は「脳治療革命の朝」の著書において，低体温療法の驚くべき治療効果を紹介している。何よりも優先されるべきは，死に直面し死と闘っている患者（ドナー）の人権である。ドナーは臓器摘出の客体ではなく，最高の救命治療を受けるべき主体なのである。

脳死，臓器移植は，人工臓器による医療の「つなぎ」として極めて例外的にのみ許容されるべきものであり，その要件と運用は限りなく厳格でなければならない。

３）性同一性障害者の人権
(1) 障害の内容と診断・治療の基準

生物学的には男（女）性でありながら，自分の心理としては女（男）性であると信じ，その性の同一性障害に悩んで医学的・法律的救済を求めている人がいる。

こうした人は，「性同一性障害者」と言われ，近時の研究の進歩によって診断と治療の基準が明確になり，必要な医学的支援を受けられるようになってきた。例えば，日本精神学会の「性同一性障害に関する答申と提言（1999〔平成9〕年5月28日）」や，埼玉医大のジェンダー・クリニックが知られている。現在は医学的・心理学的なバックアップと，最終的な選択の結果として，外性器を女（男）性に転換する手術を受け，社会的存在としては，どこでも女（男）性としての処遇を受けることができる。しかし，戸籍上で性や名の変更を受けられないとすれば，就職や結婚，パスポート，健康保険証，入学等々法的に性別が記載される場所では男（女）性と男（女）子名を表示する以外になく，外形との不一致から様々な不利益を受ける。つまり，社会的には女（男）性になっても法的に女（男）性にならなければ本当の女（男）性としての処遇を受けることにはならない。

現行法制下では，家事審判法，戸籍法により家庭裁判所に対して，①性の訂正の申立（戸籍法113条により，長男という届出が錯誤であり，正しくは長女であるから，そのように訂正する旨の申立）と，②名の変更の申立（普通は，男の子らしい名前〔例えば太郎〕が届出られているはずだから，女性として使用している名〔例えば花子〕に変更する旨の申立〔戸籍法107条の2〕）の二つの審判申立をすることになる。

(2) 戸籍法の改正

　家庭裁判所がどのような審判をするかが問題となるが，日本精神神経学会の答申に従い，しかるべき医療機関での診断を受け，それによってしかるべき医療機関でプロセスに従った治療を受けた後に，真実女（男）性として日常生活や社会生活を送るのがふさわしいと判断される証拠が提出されるならば，性の変更や名の変更が認められる余地はある。しかし，現在は，医学的検証が十分に為されたケースが少ないと思われ，却下される可能性が高い。この種のケースでの最高裁判所の判例はない。

　われわれは，性同一性障害の正しい知識を得て，このようなケースについて，法的救済を求めている人々に対して，訂正（変更）申立を認めるような戸籍法の改正を行うよう提言すべきである。

４）人工生殖技術の「発展」と人権 ─人工生殖技術の現実と課題

　結婚しても子に恵まれない夫婦は10組に１組の割合で存在する。その原因が夫にある場合，第三者の精子提供によって子を得る方法（ＡＩＤ・Artifical Insemination by Donor・非配偶者間人工授精）によってすでに１万人以上の子が出生していると言われる。

　この方法は，1996（平成８）年に日本産婦人科科学会において不妊治療の一つとして承認されているが，父子関係についてどう考えるかということについての特別法は存在せず，従来の民法の解釈に委ねざるをえない現状にある。ＡＩＤ児の法的地位が極めて不安定であり，深刻な人権問題を生じかねない状況が放置されたままとなっている。夫の承諾を得て人工授精児を出生した母は，父子関係の不存在を主張できないとする判決（東京高裁平成10年９月16日・家月51巻３号）や，夫の承諾のないＡＩＤ児は，父から嫡出否認の訴えを提起でき，否認期間経過後であっても父子関係不存在確認の訴を提起できるとの判決（大阪地裁平成10年12月28日・判時1969号）があるが，ＡＩＤ児にとっての問題は何ら解決されていない。

　現在，厚生省において，体外受精など先端生殖医療のガイドライン策定が審議されているが（生殖補助医療技術に関する専門委員会，委員長・中谷謹子），不妊の原因が妻にある場合，第三者の卵子提供も容認する方向と報道されている。そうだとすれば，父子関係ばかりか母子関係についても法的対応が必要となる。こうした技術によって出生する子の将来の人権保障（幸福）のためにも，早急に国民的合意を得た上で，しっかりとした法律を制定する必要がある。

５）医療事故と医療過誤訴訟

手術時における患者の取り違え（1999〔平成11〕年1月11日横浜市立大付属病院事件，2000〔平成12〕年7月4日筑波大付属病院事件）や，投与薬剤の取り違え（1999〔平成11〕年2月11日都立広尾病院事件）など高度医療機関において，信じられない医療事故が多発している。こうした現状に対し，厚生省は，1999（平成11）年5月に「患者誤認事故予防のための院内管理体制の確立方策に関する検討会」の報告書を取りまとめる等，事故防止対策の取り組みを始めた。

　これは，インシデント報告等の届出制度を作るなどして事故の現実を把握・分析して，事故防止に役立たせようとするものである。各医療機関においては，こうした医療事故を教訓として，安全管理担当者（リスクマネージャー）の設置を図る等して，真剣に事故防止対策を講じなければならない。一方，医療過誤訴訟の増加傾向は益々顕著なものがあり，未済件数も年々増加している。医療被害者の人権という面からも，こうした現実は早急に改善する必要がある。

　医師と患者のあるべき信頼関係を構築するためにも，医療過誤訴訟についての特別法の制定等，被害者救済のための法制度整備のために努力しなければならない。

第3　自由で安心できる市民生活のために

◇憲法問題について議論を尽くし，その内容を市民にわかりやすく明らかにしていくとともに，憲法を市民生活に浸透させていく努力をする。
◇民暴の根絶と被害救済のため，民暴事件の受任弁護士を援助する体制を強化する。
◇自然災害被災者の支援のための法制を提言し，災害発生時の被災者のための法的支援の体制を確立する。
◇犯罪被害者のための法律相談事業を早急に開始するとともに，民間援助組織と連携して被害者を支援するための総合的な対策を確立する。
◇犯罪報道が真に人権意識に裏打ちされた客観的で公正なものとなるようマスメディアの自主努力を求め，基本ルールについて共通の認識を形成できるよう働きかける。
◇市民生活に広範に関わる警察活動の行きすぎや人権侵害を是正する活動に取り組む。

1　憲法問題と市民生活

> われわれは，憲法問題について，その基本原理である国民主権原理，平和主義，基本的人権の尊重の観点から，ひいてはその根底にある個人の尊厳を尊重する立場から，十分に議論を尽くし，その内容を市民にわかりやすく明らかにしていくべきであるとともに，憲法を市民生活に浸透させていく努力をするべきである。

1）憲法調査会について

(1)　憲法調査会の活動

　日本国憲法について広範かつ総合的な調査を行うために，2000（平成12）年1月に，衆参両院に憲法調査会が設置された。なお，議院運営委員会理事会では，調査会は議案提出権をもたず，調査期間は5年程度とするなどの申し合わせがなされた。

①　衆議院の憲法調査会の活動

　衆議院の憲法調査会においては，まず，「日本国憲法の制定経緯」について10人の参考人からの意見聴取及び討議がなされた。参考人の意見は，制定過程においてＧＨＱの何らかの押しつけがあった事実については多くの参考人が認めつつも，それを理由として日本国憲法の無効を述べる参考人は皆無であり，押しつけを重視して改憲論に結びつける論者も少数であった。ただし，議論は憲法改正の要否にまで及んだ。

　次に，最高裁事務総局による「戦後の主な違憲判決」の説明及び質疑が１回なされ，最高裁は憲法判断に消極的すぎるのではないか，ドイツ型の憲法裁判所の設置も検討すべきではないかという意見も出された。

　そして，9月からは，「21世紀の日本のあるべき姿」をテーマとし，10月までに5人の参考人の意見聴取がなされた。参考人からは，❶良心的軍事拒否国家を目指せ，❷憲法9条2項は国際社会を無視しているから削除すべきだ，❸世界が平和を希求するなど幻想だという現実を踏まえてほしい，徳のある人を輩出する国になってほしい，❹憲法をもっと分かりやすい表現にしてほしい，❺教育基本法と関連する憲法の改正が必要で，21世紀に日本が国際的責任，安全保障に関する義務を果たせるよう憲法前文及び9条を改正すべきだなどの意見などが述べられた。今後，さらに4回の参考人の意見聴取が予定されている。

②　参議院の憲法調査会の活動

　参議院の憲法調査会においては，21世紀のあるべき「この国のかたち」をテーマとして議論が進められ，4人の参考人の意見聴取が行われた。参考人からは，❶日本人とは何かにさかのぼり新しい憲法を作るべきだ，集団的自衛権等喫緊の課題は一両年位で改正すべきだ，❷実態に合わなくなった法を改正すべきことは憲法も例外ではないが，現憲法の基本的特徴は継承すべきだ，❸異文化に対する取組みが必要である，21世紀は文化が安全保障となる，❹憲法前文や9条は非常に立派な条文で現憲法で国際貢献はできると考えているなどの意見が述べられた。引き続き，このテーマについて，議論が進められる予定である。

　また，「学生とともに語る憲法調査会」も1回開催され，20名の学生からの意見聴取がなされ，日本の歴史や伝統文化を踏まえていない，権利や自由が強調されすぎている，9条と現実との乖離があるといった憲法に対する批判的意見が述べられる一方，日本は世界軍縮のイニシチアブをとるべき，平和憲法の精神を世界に伝えなければならないなどの意見も述べられた。

　さらに，憲法の制定過程について，元ＧＨＱ担当者を参考人として意見聴取がなされた。元ＧＨＱ民政局調査専門官ゴードン氏は，日本国憲法は合衆国憲法よりすばらしいもので

あり，世界のモデルであるからこれまで改正されなかったとの意見を述べた。元海軍少尉プール氏は，マッカーサー草案は日本の学者や研究機関の見解も反映され，押しつけではないと述べる一方，憲法改正は必要に応じて個々に検討すべきで，9条は現在のあいまいさに終止符を打つべきとの発言をした。元海軍中尉エスマン氏（代読）は，ＧＨＱによる新憲法起草は外国からの押しつけとして占領後は存続できないと反対したが，日本人は真の政治的願望に沿ったものとして受入れ，私が間違っていたことが証明されたなどの意見を寄せた。

(2) 憲法調査会の活動に対する対応

　前記のとおり，憲法調査会においては，憲法制定過程の調査をした以外は，衆議院憲法調査会で違憲判決の説明を受けた程度で，憲法の果たしてきた役割や国民生活との関わりについて必ずしも広範かつ総合的な調査が行われることなく，直ちに21世紀に向けた議論に入っている。そして，質疑においては，9条を中心とする憲法改正にも踏み込んだ議論もなされている。なお，読売新聞社は，2000（平成12）年5月3日に，政党に関する規定，自衛のための「軍隊」を認めた規定，国民は自由及び権利を濫用してはならないとの規定，内閣総理大臣による緊急事態宣言及びその場合の指揮監督権を認める規定などを盛り込んだ「読売新聞憲法改正第2次試案」を公表したが，参議院憲法調査会では同社社長渡辺恒雄氏を参考人として意見聴取をすることも予定されている。

　このような状況をみるに，憲法調査会においては，その設置目的や前記申し合わせにかかわらず，改憲に向けたかなり急ピッチな論議がなされていくことが予測されうる。憲法改正問題については，政治的見解の相違を直ちに反映する側面を有することから，強制加入団体である弁護士会の中で議論することが躊躇されたり，議論しないことが護憲の立場であるとの見解もある。しかし，もはや沈黙していることは憲法問題についての推移を憲法調査会に委ねる結果ともなりかねない。

　もとより憲法問題とくに憲法改正問題については，議論が十分尽くされていないが，われわれには，憲法問題について，その基本原理である国民主権原理，平和主義，基本的人権の尊重の観点から，ひいては個人の尊厳を尊重する立場から，これらの諸原則が損なわれないよう十分に議論を尽くし，その内容を市民にわかりやすく明らかにしていくべき責務があり，われわれはその努力をするべきである。

　なお，憲法9条に対しては，憲法の平和主義と現実との乖離が大きくなった現象を捉え，また，国際貢献を理由に，むしろ憲法の方を改正して現実に合わせる方が立憲主義のためにもよいとの見解もある。しかし，われわれは，1999（平成11）年にハーグで開催された「平和市民会議」において，「公正な世界秩序のための基本10原則」の第1に「すべての議

会は，日本の（憲法）9条にならい，政府による戦争行為を禁止する決議を行うべきこと」が採択されたことからも明らかなとおり，国際的にもわが国の憲法9条の精神が尊重されていることを再認識するべきである。

2）諸立法の問題点について

(1) 新ガイドライン関連法について

　1999（平成11）年に公布・施行された周辺事態法，自衛隊法108条の改正，日米物品役務相互協定の改定等いわゆる新ガイドライン関連法は，1997（平成9）年に策定された「日米防衛協力の指針（新ガイドライン）」を国内法上も実施可能とするための立法措置であるが，これらに対しては，憲法上，次のような問題点が指摘されている。

　❶周辺事態法は，「周辺事態」に際して，我が国の米軍に対する「後方地域支援」「後方地域捜索救助活動」を実施するものとしているが，これらは政府が従来違憲としてきた「集団的自衛権」の行使にあたるのではないか。❷武器，弾薬の輸送も含む後方地域支援は，専守防衛の枠を乗り越えるものではないか。❸周辺事態法は，後方地域支援や後方地域捜索救助活動に際して自衛隊員の「武器の使用」を認め，また，自衛隊法108条は，在外邦人等の輸送に際して自衛隊員の武器使用を認めているが，これらは，憲法9条の禁止する「武力の行使」に該当するのではないか。❹「周辺事態」の概念が不明確であり，周辺事態の認定主体・手続が定められておらず，対応措置を実施するために閣議で定める「基本計画」についても，国会の事前承認が認められているのは自衛隊の部隊等が実施する後方地域支援又は後方地域捜索救助活動についてのみであり，「地方公共団体，国以外の者に対する協力要請等」については国会の承認事項とされておらず，しかも要請しうる協力の具体的内容は，すべて「法令及び基本計画」に委ねられているが，このような白紙委任立法は，憲法41条及び憲法92条に違反し，かつ，事実上の強制力をもって国民の人権をも侵害するおそれがあるのではないか。❺周辺事態法は，安保条約5条，6条で限定されている地域の概念や共同行動の概念を際限なく拡大させるおそれがあり，安保条約にも反するのではないか。❻立法化が先送りされた，周辺事態に対する対応措置としての「船舶検査活動」について，周辺事態法（案）の規定では臨検にまでわたる可能性を払拭できず，立法についてはより慎重な審議がなされるべきではないか。

　これらの問題について，安全保障のあり方や国際貢献のあり方についての意見の相違もあり，十分に議論が尽くされてはいないが，われわれは，日本国憲法が宣明した平和主義の今日的意義をこれまで以上に改めて再確認し，法律家としての観点から，新ガイドライン関連法の憲法上の問題点に対して十分な議論を尽くし，それを市民にもわかりやすく明

らかにしていく責務があると考える。

このことは，わが国に対する直接の武力攻撃に対する有事法制や，ＰＫＦ（国連平和維持軍）の本体業務への自衛隊の派遣の凍結解除のみならず，ＰＫＯ（国連平和維持活動）参加５原則の見直しや，多国籍軍への自衛隊の派遣についてまで論議の対象となっている今日，より重要性をましているといえよう。

(2) 国旗・国歌法について

同じく1999（平成11）年に公布・施行された，国旗・国歌法については，国である以上，国旗や国歌が定められるのは当然であり，日の丸を国旗とし君が代を国歌とすることは国民の間に慣行として定着しているという肯定的意見がある一方，❶政府は君が代の「君」は象徴天皇を指すとしており，これは国民主権原理と相入れないのではないか，❷日の丸や君が代はかつての軍国主義の象徴であり，アジア諸国の反発を招くのではないか，❸日の丸・君が代の法制化は，学習指導要領によって進められている学校における国旗掲揚や国歌斉唱を事実上強制することの法的基盤を与えるものであり，児童，生徒，親，教師らの思想・良心の自由を侵害するものであるといった批判も述べられている。

国旗・国歌の法制化の是非については，議論が分かれるところであろうが，少なくとも，基本的人権の擁護を使命とするわれわれとしては，たとえ事実上であれ，それが強制力をともなって国民の思想・良心の自由の侵害するような運用がなされないように注視し，提言していくべきである。国旗・国歌法の立法後，危惧されたような教育現場等における事実上の強制が多く問題とされており，その必要性はますます高まったといえる。

３）憲法に対する理解を広めるために

憲法については，改正の是非を論じる前に，憲法を広く国民に浸透，理解させるための努力や活動も重要である。このような活動の一環として，2000（平成12）年５月13日に，日弁連，東京三会の共催で憲法記念行事「国家って，何のためにあるの」が開催され，近時各地で実施されている住民投票や国際的に主張されつつある「人間の安全保障」を題材として，憲法の根底にある人間の尊厳とは何か，国家の役割とは何かが議論された。また，東弁憲法問題協議会では，「憲法の出張講座」を設置し，既に小学6年生の公開授業に担当弁護士が出席し，意見を述べたり質問に回答するといった試みを開始している。さらに同協議会では，憲法について教科書にどのような記述がなされているかを検証し，今後は，教育現場で憲法がどのように教えられているかを調査する予定である。

2　民事介入暴力の根絶と被害者の救済

> 　民事介入暴力は，市民生活や企業活動の基本を脅かすものであり，社会正義の観点からその根絶を図らなければならない。民事介入暴力の根絶と被害の予防・救済のために，民暴事件を受任する弁護士の体制と弁護士会の協力体制の確立，民暴対策の研修の充実，関係諸機関との連携強化などに努めなければならない。

1）民事介入暴力対策の現状と民暴対策活動の基本理念

　民事介入暴力対策特別委員会は，発足当初より，一貫して，暴力団等の反社会的勢力による市民の人権侵害を抑止し，人権侵害に対して迅速な法的救済を行うことを提言し，実務委員会として，実際に権利救済を実践してきた。

　民事介入暴力対策の理念は，市民の基本的人権が危殆に陥り，人権侵害がまさに行われようとするときに，その侵害行為を抑制して，市民生活のなかに個人の尊厳を確立することにある。

　この点において，民事介入暴力対策は，市民に最も近い法律家の活動であり，司法の根幹をなす基本的人権の擁護と社会正義の実現のために重要な役割を果たす活動である。

　民事介入暴力から市民の基本的人権を救済する活動が市民により身近なものになるためには，各種研修の充実はもとより，民事介入暴力事件をより多くの弁護士が数多く手掛け，権利救済を広汎に実践して，暴力的威嚇によっては利益を得ることができないものであることを，社会の中に根付かせることこそが肝要である。

　こうした暴力的威嚇による不法な利益の収奪は，市民に対してのみ向けられているわけではない。ここ1，2年とくに摘発の著しい，総会屋に対する利益供与事件や，無担保融資等による会社に対する特別背任事件など経済界を揺るがす多くの事件は，その根底に総会屋，暴力団等の反社会勢力による企業に対する巧妙な接触，アプローチ等があり，こうした接触に対して，企業経営者が毅然とした対応ができなかったことに大きな原因があると言わざるをえない。暴力団の脅しに対して，毅然とできなかった企業の対応もまた，社会正義の観点から正さなければならない。

　日弁連民事介入暴力対策委員会が1996（平成8）年度に全国の未上場企業を中心に5,894社に対する企業対象暴力被害アンケートを実施した結果（回答3,076社）によれば，暴力団対策法施行後も企業対象暴力は増加しており，1993（平成5）年から1994（平成6）

年にかけて右翼標榜は76パーセント強，えせ同和は63パーセント強の増加が認められ，さらに暴力団による被害も僅かながら増加している。

暴力団をはじめとする組織的犯罪に対しては，行刑のあり方や法制の整備を含め総合的な対策が検討されなければならない。

２）被害者救済システムの整備と実践

東弁は，被害者の救済および被害の事前防止を目的として「民事介入暴力被害者救済センター」を設置し，民事介入暴力対策委員会の委員を中心とした民暴事件受任者名簿に基づいて，弁護士会を通じて相談のあった民暴被害者の救済のためのシステムを設けている。引き続きセンターの活動を以下のとおり充実強化していくべきである。

(1) 民暴事件に関する仮処分その他の訴訟手続または交渉を行うときには，常に暴力団側から担当弁護士に対する直接間接の威嚇的な業務妨害の可能性があるため，民暴事件受任にあたっては共同受任体制をとるべきであり，センターにおいても民暴事件受任は共同受任を原則としている。これにより，民暴事件における危険を分散し，暴力団側に対して毅然たる対応を示すべきである。

(2) 民暴事件は同時に刑事事件に発展する可能性があり，このような場合には即座に警察に対して被害状況を申告する必要がある。所轄警察との連携をとり，民暴被害者の生活上の平穏を保つために，民暴救済センターを介する等して適切な援助体制を迅速にとるべきである。

(3) 民暴救済センターは，民事介入暴力対策の研修会を毎年実施し，民事介入暴力事件の処理に関する研修を行い，会員の民暴事件についてのノウハウや注意点を徹底している。弁護士が民事介入暴力事件を受任して，民暴被害者の人権を救済するためには，弁護士の業務妨害に対する対策が不可欠である。東弁では，民暴に関する弁護士業務妨害対策を細則として定め，弁護士から民暴対策に関して業務妨害を受けまたは受けるおそれがある旨の申告を受けた場合には，業務妨害対策担当者を指名し法的措置を含む措置を講ずるものとしている。さらに，暴力団の資金源とされやすい企業の危機管理やマニュアル作成にも力を注いでいる。

(4) 1992（平成４）年の暴力団対策法（以下「暴対法」）の施行以来，暴力団はその存在を誇示することがなくなり，その手口は大きく変貌し，えせ右翼活動，暴力団フロント企業による企業の乗っ取り，倒産整理等の闇の経済活動へと，大きくその活動領域・手法を変化させ，商工ローンや占有屋摘発事件に見られるように，民暴委員会においても消費者委員会等との連携が不可欠になってきている。こうした巧妙化する民事介入暴力の被害

者に対する有効かつ迅速な救済を行うことが急務となっている。

　また，民事不介入の原則によって，これまで経済事犯に消極的であった警察に対しても，その原則の見直しを求めていくことも重要である。

3　自然災害被災者の権利保障と法制

> 　わが国では，相次ぐ地震・噴火などの自然災害に対し，被災者の支援や災害対策に関する法制は不充分である。われわれは，大規模な自然災害に対する弁護士・弁護士会の法的支援の体制を確立し，現行の災害対策に関する法制度の改正等を提言していく必要がある。

　近年，雲仙普賢岳噴火，北海道南西沖地震津波災害，阪神淡路大震災，三宅島噴火，名古屋豪雨水害，鳥取地震などの未曾有の自然災害が発生し甚大な被害とともに，市民生活への大きな不安要素を生み出した。これらの事件を通じて，わが国の災害対策に関する法制や被災者の支援のための法制をめぐって多くの議論がされ，立法提案もされてきた。弁護士会では，阪神淡路大震災の際には法律相談など現地で数多くの法的支援の活動を行い，災害対策等に関する研究提言を行なっている。

　われわれは，被災者の救済，自立復興支援のために，❶警戒区域等の設定にともなう住民の損失を填補するための損失補償制度の創設，❷災害被災者に対する既存債務の猶予や公租公課の減免，資金供与，住宅の確保等を初めとする様々な公的支援の制度化，❸災害による被害の迅速適正な救済を実施するための国による恒久的な災害対策基金の設置など，災害対策についての法制整備の具体化を求め，また弁護士会として大規模災害の発生に対する法的支援の体制を確立するよう努めなければならない。

4　犯罪被害者の支援のために

> 　被疑者・被告人の権利が不利益な変更を受けることがないように注意を払いながら，犯罪被害者の権利保障と救済のために法制度整備を推進すべきである。
> 　また，東弁は，1999（平成11）年12月のいっせい法律相談を皮切りに犯罪被害者相談を開始したが，さらに相談担当者の研修制度等の拡充を図るべきである。

1）犯罪被害者の人権をめぐる問題提起（問題の所在と現状認識）

　近年，地下鉄サリン事件や神戸小学生連続殺人事件等マスコミに注目される事件が相次いだことを契機として，犯罪被害者の人権の保護や救済が社会的に疎かにされているという批判が起こっている。とりわけ，弁護士に対しては「加害者の人権ばかり言って被害者のことを考えていない」と非難されることが多い。もちろん，われわれ弁護士が守ろうとするのは無罪推定を受ける刑事裁判において被疑者・被告人が適正手続の保障を受ける権利であって，加害者を擁護しているわけではなく，われわれへの非難の多くは誤解に基づくものである。しかし，他方，犯罪被害者の人権保護や救済のためのわれわれの活動がこれまで十分であったかというと，これは率直に反省しなければならない。

　わが国では1980（昭和55）年に犯罪被害者等給付金支給法が制定されているが，犯罪被害者の権利性を認めるものではなく，犯罪被害者の基本法を有する英米等の諸外国と比べて，かなり遅れていると言わざるを得ない。

　わが国では1992（平成4）年に被害者学会によって，わが国では初めて犯罪被害者実態調査が行なわれ，東京医科歯科大学犯罪被害者相談室，水戸被害者援助センター等，民間を中心として被害者支援活動が開始された。

　その後，地下鉄サリン事件等をきっかけとして，捜査当局も犯罪被害者対策の重要性を認識することになったものである。

　警察庁では1996（平成8）年に被害者対策要綱を制定し，各都道府県警察に被害者対策室を設置し，最近では犯罪捜査規範も改定したと報じられている。また，検察庁は被害者への捜査・公判情報の通知制度を1999（平成11）年4月から統一基準で実施している。

　法務省が法制審議会に諮問した刑事訴訟法の改正をめぐって，特にビデオリンクによる証人尋問や被害者等の意見陳述権が争点となっていたが，「刑事訴訟法及び検察審査会法の一部を改正する法律」が2000（平成12）年5月19日に公布され，告訴期間及び検察審査申立権者についての改正は同年6月8日に施行となっている。その他の改正部分についても公布日より6か月以内（証人尋問における付添人・遮蔽・ビデオリンク等については1年6月以内）には施行される予定である。また，「犯罪被害者等の保護を図るための刑事手続に付随する措置に関する法律」も同年5月19日に公布され，6月以内に施行予定である。

2）弁護士会の議論の到達点

　日弁連は，1997（平成9）年4月，犯罪被害者回復制度等検討協議会を会内に設置し，

被害者の実情調査，被害者たちの支援制度，外国法制度の検討を行ってきた。そして，このような日弁連の動きを契機として，各単位会でもこの問題への取組みがなされており，2000（平成12）年6月現在，犯罪被害者支援センターや犯罪被害者支援対策委員会等を設置した単位会は23，犯罪被害者相談を一般法律相談とは別に開設した単位会は11にのぼっている。

3）被害者保護及び救済のための法制度整備の必要性（中長期的な視野での基本政策・基本構想）

　犯罪被害者の人権は，国際的には1985（昭和60）年の国連犯罪防止会議において「犯罪及びパワー濫用の被害者に関する司法の基本原則宣言」が採択され，同宣言は各国政府に対して，犯罪被害者の権利保障について必要な施策等を検討することを求めている。諸外国で実施されている犯罪被害者の権利の主要なものとしては，❶個人として尊重されること，❷加害者の刑事手続等に一定の範囲で関与し知る権利，❸被害回復を求める権利，❹物質的・精神的・心理的・社会的支援を受ける権利などがあげられる。

　今日，欧米を中心とする諸外国では，このような被害者の権利を確立し，被害者の法的地位を充実する法制度を整備するとともに，多様な支援プログラムを提供できる民間の被害者支援機関[1]が組織され，国と社会を挙げて総合的な被害者対策を推進している。しかし，わが国では1980（昭和55）年に犯罪被害者等給付金支給法が制定されたものの，犯罪被害者の権利性を認めるものではなく，その内容も被害者の救済としては不十分なままである。最近において，警察庁や検察庁において被害者への捜査・公判情報の通知制度が開始されたり，民間の被害者相談室や援助センターの活動も活発になってきてはいるが，より根本的には，犯罪被害者の人権保護と救済を権利として確立する法制度を制定することが急務である。われわれは，一方で刑事裁判手続において被疑者・被告人の権利が不利益な変更を受けることのないよう注意を払いながら，他方において犯罪被害者の権利保護と救済のための法制度整備への運動を積極的に推進しなければならない。

4）東弁及びわれわれ自身がなすべきこと（当面の政策提言）

　法制度推進と同時に，われわれ弁護士自身が，犯罪被害者の人権保護や救済のためのより具体的な活動を，これまで以上に活発に行わなければならない。すでに各単位会では，犯罪被害者のための法律相談制度がスタートしており，東弁でも1999（平成11）年12月よ

1）　ＮＯＶＡ：全米被害者援助機構 National Organization For Victim Assistance＝アメリカ，ＶＳ：被害者対策援護協会 Victim Support＝イギリス，白い環：WESSER RING＝ドイツ等

り常設の法律相談事業を開始している。ただし，犯罪被害者のための法律相談は通常の法律相談以上に，相談者（被害者）に対する特別な配慮が必要である。犯罪被害者は強い精神的ショックによる心の傷を負っている人たちであり，われわれ弁護士の対応如何によって二重に傷つけることにもなりかねず，われわれが二次的加害者となることもあり得るので十分な配慮が必要である。われわれは，犯罪被害者のために何ができ，何を知り，何をしなければならないのか，常に研鑽を積み，これを実行していくべきである。

5　犯罪報道と人権

> 犯罪報道により，刑事被疑者・被告人やその親族関係者さらには被害者までもが名誉やプライバシーを侵害される深刻な被害を受けている。マスメディアは，報道の自由を守る意味でも，人権意識に裏打ちされた客観的かつ公正な報道を行うよう自主的努力を重ねるほか，適切な救済制度を早急に確立すべきである。弁護士会は，積極的に報道関係者との懇談協議の場を設け，この点について共通の認識を深め，基本的なルール作りをめざすべきである。

1）問題の所在

報道の自由は，民主主義の根幹をなす市民の知る権利に奉仕するものとして最大限尊重されるべきであるが，報道が市民の人権侵害に及ぶ場合には，報道の自由に対する制限が正当化されることも当然である。

近時，マスメディアの商業化・報道競争の激化から，報道により市民の名誉・プライバシー等が侵害され，深刻な被害を被る例が多くみられるようになった。

日弁連は第30回人権擁護大会において，報道による人権侵害の防止と被害の救済のために全力を尽くすことを宣言したが，その後の取組みにもかかわらず依然報道被害は跡を断たず，新たに犯罪被害者とその家族の人権侵害という問題が生じているにもかかわらず，未だに適切な被害救済制度も確立されていないのが現状である。

このような現状を踏まえ，日弁連は1999（平成11）年の第42回人権擁護大会において，知る権利の確立と報道被害の防止・救済に向けた取組みを今後より一層強化し，基本的人権の擁護と民主主義の確立のために努力することを誓う旨の決議をした。

われわれは，この決議の趣旨を踏まえ，早急に報道被害の防止と救済に向けた適切な方策を検討する必要がある。

２）犯罪報道被害の現状

　犯罪報道による被害は，被疑者・被告人・弁護人などの言い分を取材せず，安易に捜査情報に依存した実名の犯人視報道，営利目的に流された興味本位のプライバシー侵害報道等によって生じている。これらの報道により，一旦犯人扱いされ，あるいはプライバシーを暴かれた被疑者・被告人・親族関係者らが被る被害の深刻さは計り知れず，完全な被害回復は不可能に近い。

　また，過熱報道による被害は，被疑者・被告人ばかりか犯罪被害者の側にも及んでおり，事件と直接関係のない被害者の私生活を暴き立て，死者に鞭打つ上に被害者の死亡によって悲嘆にくれる親族関係者らに耐え難い苦痛を与えるという事件も起きている。

３）マスメディアの自主的努力の必要性

　情報の流通が自由であることは，民主主義社会の大前提であると言えるが，営利目的に流されたおよそ公共性のない個人の人格を傷つけるだけの興味本位の報道も，無罪の推定を受けるべき被疑者・被告人を犯人と極め付ける報道も，民主主義社会において尊重されるべき報道であるとは到底言えないであろう。

　他者の人権を顧みないこのような報道が続けば，権力による干渉を排除すべき報道に権力の介入を許す格好の理由を与えることにもなりかねない。

　報道と人権の調和は，外部からの強制によるのではなく，マスメディア自身の自主的努力によって図られるべきものである。

　マスメディアは，権力の監視という報道に課せられた重要な役割を自覚し，捜査情報への安易な依存をやめ，個々の事件についての報道の要否を慎重に検討し，人権意識に裏打ちされた客観的かつ公正な報道を行うとともに，原則匿名報道の実現へ向けて匿名の範囲をより一層拡大するなどの努力をすべきである。

　また，第三者も交えた報道評議会等の審査救済機関の導入なども積極的に検討されるべきである。

４）弁護士・弁護士会の取組み

　われわれ弁護士・弁護士会は，マスメディアの報道姿勢を批判するだけではなく，報道の自由を守り，報道被害の防止・救済を実現するため，あるべき犯罪報道をマスメディアとともに考えていく必要がある。

　われわれは，報道に対する権力の介入や干渉の実例を調査し，権力の干渉を排除するた

めの方策を検討するとともに，報道被害の実態を調査し，積極的に報道関係者との協議・懇談の場を設け，被害実態および犯罪報道改善の必要性についてメディアと認識を共通にしたうえで，適切な報道被害の防止・救済制度の実現ひいては両者の間で取材・報道に関する基本的なルール作りをめざして努力すべきである。

6　警察活動と人権

> 近時警察の活動は，市民生活の隅々まで広く浸透している。それだけに警察活動の行き過ぎや不祥事，人権侵害に対し，人権救済申立事件の調査勧告活動を強化するなど，市民の立場から監視を行い，また警察に対する民主的コントロールを確立するため，警察情報の公開，公安委員会の改革，市民による監視システムの創設に向けて努力しなければならない。

1）拡大する警察活動について

　警察は，公共の安全と秩序の維持が本来の職務であるが，戦前の警察がこの本来の任務を逸脱して，政治・経済・文化面にわたって国民生活に干渉した反省に立って，戦後は，その任務の範囲を厳格に規制していた。ところが1970年代以降，警察庁は，地域警察を，地域住民が安心でき，安全で快適な住環境づくりの一翼を担うものと位置づけ，個人の生命・身体・財産の保護，犯罪捜査といった本来の警察活動の範囲を越えて，市民生活の広い範囲にわたってその活動領域を拡大させている。

　1994（平成6）年の警察法改正では，市民生活の安全と平穏を確保するとの理由で生活安全局が新設されたが，市民生活へ警察活動を一層浸透させることをめざしているとされる。

　他方で，警察組織・警察官の業界団体や暴力団との癒着，特定の政党や団体に対する違法な情報収集活動や違法捜索，違法検問，警察官による犯罪の続発，絶えることのない取調べ時における暴行，調書のねつ造等の違法な取調べ，誤りの自供公表による名誉毀損，困りごと相談処理の行き過ぎや刑余者の仕事先に出向き，更生中の者の職を失わせる等の各種人権侵害，サミットなどの過剰警備による住民被害の発生など，多くの病理現象が発生している。1995（平成7）年3月20日の地下鉄サリン事件発生後のオウム真理教関係者に対する微罪逮捕，別件逮捕による捜査のあり方については，適正手続違反の疑いがあり，このような捜査が，刑事手続全般に拡大することを阻止しなければならない。

2）警察活動に必要な監視是正

　1999（平成11）年発覚した神奈川県警での一連の不祥事では，市民・国民よりも身内をかばう警察の体質が明らかにされた。このように警察活動に対する監視，是正について，内部組織や公安委員会に多くを期待することができない現実のもとでは，弁護士会，マスコミ，市民グループによる監視，是正の活動が不可欠である。特に，日弁連・関弁連・弁護士会による「警察活動に対する民主的コントロール」をテーマとしたシンポジウムの開催による取組みや人権救済申立事件の調査・勧告の活動等による不断の監視，是正の活動が重要である。また，接見交通権の確立に効果のあった国賠訴訟の提起などの活動も積極的に推進すべきである。

　今後の課題としては，警察権限の無限定な拡大の動きに対し，警察権限の限界とその規制について検討することや，弁護士会が市民とともに警察活動を市民の側から監視し，チェックしてゆく活動を確立し，拡大していくことが必要である。

7　独立人権機関の設置

> 　国連パリ原則に沿った独立しかつ調査権限のある人権機関が設置されるよう，人権擁護推進審議会や国会に求めていくべきである。また，望ましい人権機関のあり方について，弁護士会内で早急に検討を進め，審議会の答申やその後の法案化作業にこれを反映させるべきである。

1）独立人権機関とは

　弁護士会の人権擁護委員会は，人権救済のために実効性を有しているであろうか。警察などの機関から調査を拒否されたり，警告文を送り返されたりしたことはなかったであろうか。裁判所は，自ら証拠を集めるわけではなく，法律の改正を提案することもできないのに，人権状況の改善のために実効性ある機関と言えるだろうか。

　1998（平成10）年11月，自由権規約に基づく日本政府の報告書を審査した規約人権委員会は，わが国に対し，人権状況を制度的に改善する方策として，人権侵害の申告があった場合にこれを調査し救済する独立機関の設置を勧告した。日弁連も，勧告が発表されると直ちに，その実現に向けて努力する旨の会長声明を発し，翌1999（平成11）年5月の定期総会で，同趣旨の決議を行っている。

独立人権機関とは，我が国ではまだ耳慣れない制度であるが，政府から独立した国家機関で，❶人権侵害の申告を受けて調査し救済する機能，❷人権に関する政策を政府に対して提言する機能，❸人権教育を計画し実施する機能，の３つの機能を持つものとされ（国連パリ原則），全世界ではすでに30カ国以上で設立されている。

　そして，人権擁護施策推進法（1997年施行）に基づいて設置された人権擁護推進審議会が，現在，人権侵害の被害者の救済に関する施策について答申を行うべく，その検討作業が最終段階に入っている。まさに今，わが国に人権機関が設置されるのかどうかの重要な局面を迎えている。

　このような情勢を受けて，日弁連では，2000（平成12）年10月に開催された人権擁護大会において，その分科会シンポのテーマに取り上げるとともに，政府から独立した調査権限のある人権機関の設置を求める宣言を採択した。

２）弁護士会の課題

　当面の課題は，国連パリ原則に沿った独立性のある人権機関が，十分な予算と職員を得て早期に設置されるよう，審議会や国会に働きかけ，強力に運動を展開することである。審議会での審議状況からすると，公権力による人権侵害が対象外となったり，政策提言や人権教育に関する機能が与えられない危惧もあり，予断を許さない。

　それと同時に，人権機関の独立性を担保するための制度的工夫，機関の調査権や決定の強制力，表現の自由や信教の自由に対する配慮のあり方など，議論すべき点について，弁護士会内で早急に検討していく必要がある。将来，望ましい人権機関が設置されたならば，弁護士会はその人権擁護活動のノウハウを提供するとともに，人権擁護活動の経験のある多数の弁護士がその幹部職員や専門調査官として協力することも想定される。

　戦後，人権擁護に関する制度改革としては，初めてでかつ最大の機会が訪れていると言ってよい。弁護士会の真剣かつ早急な取り組みが是非とも必要である。

第4　国際社会の中での人権

◇外国人の人権状況には大きな問題があり，とりわけ在留資格のない外国人の医療，生存等の問題，入管の身体拘束問題について改善・改革を求め，救済活動を強化する。
◇戦争に関する事実調査を行なう公正な機関の設置を求め，人権保障の立場から，外国の戦争被害者に対する補償等の措置が実行されるよう努める。
◇国際人権条約を法廷などでも積極的に活用し，第一選択議定書の批准により個人申立制度の実現をめざす。

1　外国人の人権

弁護士会は，外国人の人権に関する諸問題を解決するため，次の取り組みをすべきである。
・外国人のための相談，救済活動の一層の拡充を行うこと
・わが国の入管制度，難民認定制度について法制度上並びに運用上の問題点を見直すための調査，研究活動を行うと共に，その成果に基づき日弁連として法改正や行政各省庁の取扱いの是正を求めるための活動を，より積極的に行うこと
・国際人権規約の選択議定書をはじめとする外国人の権利保障に関連する諸条約の批准促進運動を展開すること

1）はじめに

日本に在留している外国人の人権状況には大きな問題があることは，本書でも繰り返し指摘したところである[1]。そこで，指摘した問題点については，なお改善されないままのものが多いが，近時，次のような新たな問題点が生じてきている。

2）具体的問題

(1) 上陸を拒否された外国人をめぐる問題

　上陸を拒否された外国人が警備会社から暴行を受けて警備料の徴集を受けたという事件が，2000（平成12）年8月4日付朝日新聞で報道されて以来，新聞・テレビなどで問題とされている。

　この上陸を拒否された外国人に対する取扱いについては，極めて重大な問題がある。

① 「上陸防止施設」等への身体拘束をめぐる問題

　上陸を拒否された外国人が，空港内の「上陸防止施設」という窓もない施設や近隣のホテルに，送還されるまでの間留め置かれるということが日常的に生じている。

　しかしながら，この身体拘束には，明確な法による授権がなされていない。

　すなわち，出入国管理及び難民認定法（以下「入管法」という。）59条は，上陸を拒否された者については，その者が乗ってきた船舶等の長又はその船舶等を運航する運送業者が，その責任と費用で，速やかに本邦外の地域に送還しなければならない旨定めている。

　そして，航空機により本邦に到着した外国人が上陸を拒否された場合には，航空機の運航の性質上，同一の航空機により本邦外に送還することが不可能な場合がほとんどであり，そのため，送還までの一定期間を陸地に留まらざるをえないことになり，運航スケジュールの都合で宿泊を伴う必要が生ずることも，ままにある。

　このような場合には，入管法13条の2第1項により，指定された期間内に限り，出入国管理及び難民認定法施行規則52条の2，同別表第5により指定された施設に当該外国人を留め置くのを許すことになる。

　そして，送還が可能になるまでの間，当該外国人は外出を許されず，身体を拘束され続けることになる。そこで，ある見解は，「運送業者等の送還を確実に実施するまでの間，身柄を確保する必要があること」を，上記の身体拘束を正当化しようとしている[1]。

　しかしながら，人身の自由を奪い去る重大な人権制約の根拠を，このような不明確な形で，しかも運送業者等という私人に付与することは，明確性の原則に反する。

　また，期限も法定されていないため，無期限の拘束が可能になる。手続としても，告知・聴聞や不服申立の手段もない。これは，「何人も，法律で定める理由及び手続によらない限り，その自由を奪われない。」と定める市民的及び政治的権利に関する国際人権規約（以下，「自由権規約」という。）9条1項に明確に反する。

② 上陸防止施設内での人権を無視した処遇

---

1) 2000（平成12）年度法友会政策要綱259頁以下。

また，上陸防止施設への身体拘束は，あくまで私人の私人に対するものという建前だから，入管の収容所における「被収容者処遇規則」のような，身体拘束下における処遇のルールなども当然存在しない。そのため，大量の上陸拒否者が出たときには対応しきれず，5名が定員の部屋に十数名を押し込んだこともあるとのことである。

　男女の分離も徹底されていないし，医療へのアクセスも整備されていない。

　外部へ電話連絡をさせるかどうかも，全くケースバイケースとなる。搭乗拒否をした外国人に対して，警備会社職員が暴行を加えたというケースも報告されている

　③　警備料徴収の問題

　また，上陸を拒否された外国人に所持金があるときは，警備会社が直接警備費用を当該外国人から取り立てており，その際に暴力を用いたり，全裸にして身体検査をする等という，人権無視の手段が用いられているとのことである。

　運送約款では，運送業者が負担した費用を当該外国人に求償するよう定められているようであるが，それは当該外国人と運送業者との法律関係であり，警備会社が直接警備費用として当該外国人から徴収をすることは，何ら合理的な根拠は見出せない。

(2) 収容手続及び被収容者の取扱

　在留資格を有しない外国人が摘発を受けた場合，刑事手続をとらずに入管法の手続により収容され強制送還されることがあるが，この収容手続は，そもそも法制度として重大な欠陥を抱えている。

　すなわち，入管法上の収容の根拠としては収容令書に基づく場合と退去強制令書に基づく場合がある。

　このうち前者は入国警備官の請求によりその所属官署の主任審査官が発付するものであり（入管法39条2項），身体の拘束という重大な人権制限を課すものであるにも関わらず，ここで司法の関与は一切排除されている。

　さらに，後者の場合には，このような内部審査すらなく，入国警備官が「退去強制令書を受ける者を直ちに本邦外に送還することが出来ないとき」と判断した場合には，収容をすることができる（入管法52条5項）。

　しかも，これに対する独自の不服申立の手続はない。身柄を一時的に解放するよう求める仮放免制度も，その許否及び保証金を決定するのは入国者収容所長又は主任審査官である（入管法54条2項）。

　これを刑事手続に引き直せば，検察官が上司の決裁を得れば被疑者を逮捕・勾留することができ，保釈するかどうか，保釈保証金の額も検察庁で決定し，準抗告は制度上認められないというようなものであり，収容手続においては独裁制度が採られているかのごとく

である。

　しかも，収容令書による身柄の拘束期間は原則として30日間で，延長がなされた場合には60日間にも及ぶことになり（入管法41条第1項），退令の執行としての収容においては期間の限定はなく，「送還が可能となるとき」まで収容を継続することができる（入管法52条第5項）。そして，送還ができないことが明らかになった場合にも，直ちに身柄の拘束が解かれるのではなく，入国者収容所長もしくは主任審査官の裁量によって放免することが許される場合があるのみである（同条6項）。

　逮捕状による身柄の拘束が最長でも72時間であること（刑事訴訟法205条2項）に比べて，人権の制限の程度ははるかに重大なのである。

　そして，入管側は，日本では退去強制手続を進めるにあたっては，当該外国人を収容すべき必要性があるか否かにかかわりなく，全ての者に対して収容令書を発付する，いわゆる「収容前置主義（又は全件収容主義）」を採用していることを，訴訟の場においても平然と公言している。その結果，収容すべき必要性・相当性が認められない幼児や高齢者までを収容したという事例が数多く報告・報道されている。1997（平成9）年12月に報道された例では，生まれてから一度も外界に接することなく，1年7か月になるまで入管に収容され続けた幼児がおり，その子どもは収容が長引くにつれ，感情表現が出来なくなり，倒れたポットのお湯でやけどをしたときですら泣くことも出来ないようになったとのことである。

　上記手続は，抑留によって自由を奪われた者につき，裁判所がその抑留が合法的であるかどうかを遅滞なく決定すること及びその抑留が合法的でない場合にはその釈放を命ずることが出来るように，裁判所において手続をとる権利を認めた自由権規約9条4項に反することは明白である。

　また，収容場内における被収容者に対する取扱も極めて劣悪であり，入管の元職員から被収容者への暴行が日常的に行われているとの証言がなされたり，レイプやわいせつ行為が行われているとの報告が数多くなされている（現代人文社刊・入管問題調査会編『密室の人権侵害』参照）。このような劣悪な収容の状況は，1998（平成10）年10月に行われた規約人権委員会における日本政府による報告書の審査で，議論の対象とされ，同年11月に日本政府に対してなされた勧告においても，独立の項目を設けて，改善を求められている。

　これは上記の通り収容手続に関して司法の関与が排除された密室の手続で行われていること，被害者たる被収容者が強制送還された後には非難の声すら届かないことも大きな要因であると考えられる。前記の規約人権委員会も日本政府に対し，「警察や入国管理局職員による虐待に対する申立てを，調査や救済のために行うことのできる独立の機関の設置

を強く勧告する」と述べているとおり，適切な処遇を実現するには，第三者による監視が不可欠なのである。

さらに，年齢に関係なく，子どもまでを様々な国籍・習慣を有する成人の外国人と一緒の房に収容するという取扱もなされており，これは成人と共に拘禁生活を送ることにより子どもの人格形成に悪影響を及ぼすことを可及的に排除しようとした子どもの権利条約37条ｃ，自由権規約10条2項ｂ及び少年法49条2項の趣旨にも明確に反する。

弁護士会としては，収容者の処遇に関して入管側に情報の公開を求めると共に，収容手続の公正さを担保するための司法の関与を認めるための法改正に向けて，積極的な運動をすることが急務である。

３）弁護士会の取組み

以上身体拘束に関連した問題を指摘したが，外国人の人権については，このほかにも多くの課題がある。

弁護士会としては，これら外国人の人権に関する諸問題の解決に向けて，次のような取り組みをすべきである。

第1は，外国人のための相談，救済活動の拡充である。この点について，1995（平成7）年8月以降，東京三会及び法律扶助協会が，平日は毎日交替で外国人のための法律相談を実施し，また1996（平成8）年には東弁の外国人人権救済センター運営委員会において，各国の在日大使館に上記法律相談案内のパンフレットを提供する等した結果，相談件数も増加するなど充実の方向にある。

しかし，外国人相談や救済窓口を担っている弁護士の数はまだまだ限られており，現在の取り組みをさらに進めるために，弁護士会は外国人事件に取り組む弁護士の増加と組織化をする必要がある。

第2に，わが国の入管制度，難民認定制度について法制度上並びに運用上の問題点を見直すための調査，研究活動を行うと共に，その成果に基づき，法改正や行政各省庁の取扱の是正を求めるための窓口となるべき組織作りを進めるべきである。

この点，難民問題に関しては，1997（平成9）年7月18日に，全国の難民事件を取り扱っている弁護士により，「全国難民弁護団連絡会議」の第一回会議が開催され，弁護士間での連携を取ろうとする動きが起きている。しかし，これもあくまで，全国の有志による任意団体に過ぎず，現在の日弁連においては，外国人問題を専門的に取り扱う委員会は存在しない。ようやく，1999（平成11）年度に至り，日弁連人権擁護委員会の国際人権部会において，調査・研究が開始されたが，未だその活動は十分とは言い難い。いっそうの努

力が求められている。

第3は，外国人の権利保障に関連する諸条約の批准促進運動を展開することである。

特に，規約人権委員会への個人による救済申立の途を開く，国際人権規約の選択議定書の批准は，わが国の人権状況を国際的監視下に置き，特に遅れている外国人の人権問題について救済の途を拡大するために極めて重要である。1993（平成5）年の規約人権委員会は，わが国に対して同議定書の批准をするよう正式に勧告をしているにもかかわらず，国は批准については消極的なままである。前述した，1998（平成10）年の規約人権委員会においては，この点を含め，「委員会は第3回報告書の審査後に出された勧告の大部分が履行されていないことを遺憾に思う」と非難され，繰り返し第一選択議定書の批准を勧告した[2]。日弁連は，1996（平成8）年10月25日，大分県別府市で開催された第39回人権擁護大会において，「国際人権規約の活用と個人申立制度の実現を求める宣言」を行ったが，今後もなお，その批准に向けた積極的な運動が求められている。

2　戦争被害者の人権

> わが国の戦後処理の問題点は，①戦争とこれに関連する行為・被害についての客観的な調査，資料の蒐集・公表がなされていないこと，②日本国民及び被害国民の民意を問わず，単に戦後の国交回復にあたって政府間の協定によって処理済みとしていることなどにある。被害者の人権回復のためには，侵害の事実を明らかにしたうえで補償がなされなくてはならない。
>
> われわれは，戦争に関する事実調査を行う公正な機関の設置を求めるとともに，人権保障の立場から，外国の戦争被害者に対する補償等の処置が早急に実現するよう対処方を検討していくべきである。

1）問題点

戦争被害者の人権については，近時ようやく次の2点を主柱として推進するべきものとの世論が統一されつつあり，国会の審議もこれに添うものとなってきた。

　　①　戦争被害の正確な実態を調査して，可及的に日本国と被害国の共通の認識を持て

---

[2] 1998（平成10）年に日本政府が規約人権委員会に提出した第4回報告書においても，この批准問題については，「締結に関し，特に司法権の独立を侵すおそれがないかとの点も含めわが司法制度との関係等慎重に検討すべき問題があるところ，引き続き関係省庁間で検討を行っているところである。」とするのみであり，これは第3回報告書から何ら前進がない。

るものを追求する

　　② 上記調査を基礎として，被害者に対する対策を見なおす

　というものであり，これは基本的には法友会政策綱領がつとに提案していたところが実現しつつあるものとして，進展を肯定することができよう。

　しかし，現実のその作業の進捗は，被害の発生以来すでに半世紀以上を経過して，直接の被害者が年々老齢化して死亡している実情に反してはかばかしくないのみならず，上記対策の実施の基本方法についてすら国際的合意に至っていない。

　さらに，従来は戦争被害についてその範囲が明確にされないままに議論されてきたが，戦争被害とする対象を，戦争の開始と終決までの戦争遂行過程で発生した被害と，戦争自体は終決したがその終決と終決後の処理により生じた被害，たとえばシベリア抑留，戦後約1年以上に及ぶ中国山西省における第一方面軍の国民政府軍転用ないし協力戦闘被害問題，日本軍が中国に秘匿残置した毒ガス弾被害問題などを区別して対策を考慮するべきである。

　これらの問題が戦後50年を経過した今日に至っても解決されず，侵害の事実さえ認めないわが国に対しては国際的に強い不信感が生まれているが，一方，国内では未だに政府のとる「解決済み」との見解を鵜呑みにする見解も根強く，世論は混迷している。

　このような状況は，個人的請求が困難な国際的な被害者の人権回復を一層困難にするのみならず，わが国及び現在・将来の国民の国際的な立場を著しく損なうものである。

　国際情勢はソビエト連邦の崩壊以来急速に変化しており，文化・経済・軍事のいずれにおいても活動はグローバル化している。アジアにおいては2000（平成12）年に入り，金大中韓国大統領と金正日朝鮮民主主義人民共和国労働党総書記の首脳会談実現，クリントン米国大統領の訪朝と米・朝国交樹立を準備するオルブライト同国国務長官の訪朝など激変している。また，同年に訪日した朱中国首相は，日本国が侵害の事実を認めていないことに対する同国国民の根強い不満があることを明らかにしている。

　かかる国際情勢下にあって，国際的に共通の認識となりうる侵害の事実を明らかにし，その補償等の回復処置をとることは，わが国の国際的信頼回復のために焦眉の課題といえる。

2）調査機構と任務

(1) 日本国の設置する調査機関

　立法により，国会内に下記の構成による委員会を設置する。

　　① 衆議院及び参議院の各国会議員による特別委員会の設置

国政調査権の行使により，戦争時の被害発生の実態及び戦後の賠償の実態を調査する。
② 上記特別委員会の諮問機関として「戦争被害に関する調査研究委員会」を設置する。
ⓐ 構成
(イ) 国内被害者組織ないし団体推薦者
(ロ) 人権擁護団体推薦者（日本弁護士連合会，その他ＮＧＯ）
(ハ) 一般国民ないし学識者
以上構成員は各同比率とする。
ⓑ 選任及び任命
前記①記載の特別委員会が選任し，衆議院及び参議院の承認を経て上記委員会が任命する。
ⓒ 任務
(イ) 国内外における戦争被害の実態及び現在に至るまでの被害者に対する補償など対応の実態調査
(ロ) 戦争終決と終決処理に際する被害の実態及び被害者に対する補償など対応の実態の調査
(ハ) 上記 (イ)，(ロ) につき今後の対策
ⓓ 権限
立法により，
(イ) 各委員に対して，当該事項につき国政調査と同等の権限を付与する。
(ロ) 委員会は，当該事項につき証人を喚問する権利，証拠資料を押収する権利を付与され，すべての国家機関，自治体，公務員，国民はこれに応ずる義務を負担するものとする。
ⓔ 主務官庁及び予算
前記①記載の特別委員会とする。
(2) 国際機構
① 日本国は，日本国とのすべての交戦国及び地域，日本国が戦争遂行の過程で被害を生じさせた国民の所属する国及び地域に戦争被害者人権調査機構の設置を呼びかけ，これに参加する国及び地域と日本国は，それぞれ代表者を選出して国際調査機構を設置する。
② 上記国際機構の各国及び地域の代表者は，下記の構成をもつものとする。
ⓐ 国会議員
ⓑ 各国政府代表者

ⓒ　戦争被害者ないし被害者組織代表者
　ⓓ　人権擁護団体代表者
　ⓔ　一般国民ないし学識者
以上各同比率とする。
③　任務
　ⓐ　各国における戦争被害と被害者の人権状況の実態調査の協力
　ⓑ　各国における戦争終決時及び終決処理に際する被害と被害者の人権状況の実態の調査の協力
　ⓒ　上記ⓐ，ⓑに対する対策の研究協力と協議
　ⓓ　上記ⓐ，ⓑ，ⓒの事実を参考とした武力紛争に際して生ずる民間被害者の被害防止対策と被害者の迅速な救済対策に関する研究と国際社会に対する提案

3　国際人権条約の活用と個人申立制度の実現に向けて

> ・弁護士は，法廷等において，国際人権条約の積極的活用を図り，国内における人権保障の向上に努めるべきである。
> ・弁護士会は，各弁護士が国際人権条約の積極的活用を図るため，国際人権条約に関する研修会，勉強会等を積極的に行うべきである。また，同様の内容の講義を，司法修習生に対する弁護実務修習の合同講義の一環として行うべきである。
> ・弁護士会は，自由権規約に付帯する第一選択議定書の批准を促進するため，積極的な運動を展開すべきである。

1）国際人権条約を積極的に活用することの意義

　わが国では，1979（昭和54）年，市民的及び政治的権利に関する国際規約（以下，自由権規約」という）を批准し，同規約は国内法的効力を有するに至った。その後，自由権規約に定められた権利の保障をより実質化するために，様々な人権条約が制定され，日本もこれに批准している[1]。
　これらの国際人権条約は，憲法よりも権利の保障に厚い面がある。また，憲法による保

1）　難民の地位に関する条約（1982年発効），女子に対するあらゆる形態の差別の撤廃に関する条約（1985年発効），あらゆる形態の人種差別の撤廃に関する国際条約（人種差別撤廃条約。1996年発効），拷問及び他の残虐な，非人道的な又は品位を傷つける取扱い又は刑罰に関する条約（拷問等禁止条約。1999年発効）

障と重なる人権条項についても，憲法解釈を，国際社会における解釈により補充し，現在の司法による解釈をあるべき憲法解釈や国際水準に近付けるのに役立つものである。

　しかしながら，自由権規約批准後20年を経た今日まで，同規約をはじめとする国際人権条約が法規範として，司法・行政等の場で機能しているとは言い難い。そのため，国内の人権状況は，同規約の要請する水準には程遠く，様々な問題をもたらしている。

　したがって，弁護士自身が同規約をはじめとした国際人権条約についての理解を深め，法廷をはじめとした様々な場面でこれを活用することにより，同規約等が求める人権水準を実現していく必要がある。

2）活用の方法

(1) 国内法的効力

　自由権規約をはじめとする国際人権条約も，日本が批准した条約である以上，日本において国内法的効力を有する。多くの裁判例でも，条約が自力執行力（Self Executing）を有することが確認されており，日本国民は条約に定められた権利を享受し，日本国の行政府，立法府，司法府は同規約に拘束されるのである。

(2) 問題となる場面

　そこで，訴状，準備書面，弁論要旨などで，同規約の条項を直接の根拠とすることにより，主張を法的に根拠付けることが可能となる。

　特に有効なのは，憲法や国内法の解釈論を展開するだけでは，限界があるような事例においてである。具体的には，外国人・少数民族，刑事被疑者・被告人，被拘禁者・精神障害者，死刑囚，女性，子ども等の人権侵害事例が挙げられる。これらの事件に対処するにあたり，憲法や国内法の解釈だけでは行き詰まってしまうような場面でも，自由権規約等の活用により，活路が見出せることもある。

　刑事裁判において外国人に通訳費用を負担させることは，同規約14条3項(f)違反であるとした東京高等裁判所1993（平成5）年2月3日判決（外国人犯罪裁判例集55頁）などは，その典型例であろう。また，1997（平成9）年10月28日に名古屋地裁で言い渡されたアフガニスタン難民の難民不認定処分取消請求訴訟判決では難民条約に言及して，不認定処分を取り消し，1999（平成11）年10月12日に静岡地裁浜松支部で言い渡されたブラジル人の宝石店への入店拒否をめぐる損害賠償請求訴訟の認容判決でも，人種差別撤廃条約に言及がされている。

(3) 法廷以外の場面での活用

　また，法廷だけではなく，国会，行政への要請や対話活動の際に，自由権規約を活用した

り，弁護士会への人権救済申立や委員会の意見書等で，主張の根拠付に用いることもできる。

3) 第一選択議定書の批准

(1) 第一選択議定書の意義

　第一選択議定書は，自由権規約に規定する権利が侵害されたとの個人からの申立を，規約人権委員会が審査するという個人申立制度を定める。同委員会が，審査の結果，申立を相当と判断した場合には，申立に基づいて見解を示すものである[2]。

　この第一選択議定書を批准し，個人申立制度を取り入れることにより，国内の法秩序を，自由権規約等の要求する水準に近づけることが，一層期待できる。現にオランダやフランスでは，規約人権委員会が具体的事件において，規約違反である旨の認定をしたことを受け，問題となっていた国内法を改正したという実例も存在する。この点，2000（平成12）年3月，最高裁判所小法廷は，接見妨害の国賠訴訟において，刑事訴訟法39条3項の規定が自由権規約に反するとした上告理由を，「独自の見解」と一蹴したが，同条項が自由権規約に違反する疑いがあることは，規約人権委員会の委員によって指摘がされている[3]。

　第一選択議定書が批准されていれば，上記最高裁判所判決の適否を国際的に問うことも可能だったのである。このような，法的拘束力はないにせよ，国際的な批判を浴びる可能性がある状況に置くことで，最高裁判所の人権感覚を国際水準に近づけることが期待できる。

(2) 各国及び日本の批准状況

　この第一選択議定書は，自由権規約を批准している133カ国のうち，87カ国が批准している。アジアでは，韓国，フィリピン，ネパール，モンゴル，キプロスの5カ国が両者を批准している国である（1996〔平成8〕年7月28日現在）。

　ところが，日本では，1979（昭和54）年に自由権規約を批准するにあたり，国会で「選択議定書の締結については，その運用状況を見守り，積極的に検討すること」等を要望する附帯決議をしながら，現在まで批准されるに至っていない。

　未だ批准がなされていないことの最大の理由は，最高裁判所が司法の独立との関係で個人申立制度の受諾に難色を示しているからだとの指摘が多くなされている。

　しかし，規約人権委員会の意見は，締約国と申立人を法的に拘束するものではないから，これを司法判断と言うことはできず，規約人権委員会が上級裁判所あるいは特別裁判所にあたらないことは明らかである。また，規約人権委員会の意見は裁判官が職務を行うにあ

---

2) 拷問等禁止条約にも，「個人通報制度」という同様の制度があるが，日本政府はその受諾宣言をしていない。
3) 最高裁判所第3小法廷平成12年2月22日判決（上田国賠），同第一小法廷同月24日判決（第一次内田国賠）

たって，その判断を拘束するものではないから，司法権の独立を犯すものではない。

現に，諸外国のアンケートによれば，第一選択議定書を批准するにあたって，司法権の独立を考慮した国は殆ど無い。日本だけが司法権の独立を名目として第一選択議定書の批准を避けることは出来ない。

1993（平成5）年に行われた，日本政府の自由権規約委員会に対する定期報告書の審査の際にも，日本は同委員会から，第一選択議定書を批准するよう，勧告を受けており，批准に向けた日本の積極的な取り組みは，国際的にも期待されているのである。

しかし，1998（平成10）年に日本政府が規約人権委員会に提出した第4回報告書においても，この批准問題については，「締結に関し，特に司法権の独立を侵すおそれがないかとの点も含めわが国司法制度との関係等慎重に検討すべき問題があるところ，引き続き関係省庁間で検討を行っているところである。」とするのみであり，これは第3回報告から何ら前進がない。同報告書に対する日弁連のカウンターレポートでは，このような政府の姿勢を強く批判し，直ちに批准をするよう求めている。

この点は，1998（平成10）年10月にジュネーブで開催された自由権規約委員会における日本政府報告書の審査において，ある委員によっても，政府報告書の司法の独立に関する曖昧な言及を奇妙であると指摘されている。そして，審査後に日本政府に対して出された勧告では，まず，冒頭で，第一選択議定書の批准を含め，「委員会は，第3回報告書の審査後に出された勧告の大部分が履行されていないことを遺憾に思う。」と指摘された上，5年前と同様に第一選択議定書の批准を求められているのである。

4）弁護士・弁護士会の取組み

上記のような状況を踏まえて，日弁連では，1996（平成8）年10月25日，別府市で開催された第39回人権擁護大会において，「国際人権規約の活用と個人申立制度の実現を求める宣言」を行った。

この宣言は，「われわれは，国際人権（自由権）規約の積極的活用を図るとともに，第一選択議定書の批准を促進するために積極的な運動を展開していくことを決意するものである。」と締められているが，弁護士・弁護士会はかかる決意を実現すべく，積極的な活動を行うべきである。

また，国際人権規約を活用するために，弁護士会は，国際人権規約に関する研修会・勉強会等を積極的に開催するとともに，司法修習生に対する合同講義においても，同規約の問題を取り上げる等して，同規約に対する各弁護士の理解を深めるような取り組みを行うべきである。

法曹一元裁判官制度実現のための現実的課題の克服に関する宣言・決議

主　文

(1)　我々は，法曹一元裁判官制度を早期に実現し，我々自身が主体的に司法制度を担っていくべきことを強く自覚し決意するものである。

(2)　我々は，弁護士が法曹一元裁判官に任官しようとする際に現実的障害となるであろう諸問題の解決のために，弁護士会に対し，組織として様々な任官者への支援・協力制度を研究・検討し，速やかに実施することを求めるものである。

理　由

1．現在日弁連が提唱している法曹一元裁判官制度は，現行のキャリア裁判官による官僚司法制度の弊害を改革するために，『裁判官を社会経験豊かな弁護士を中心とする法律家の中から民主的で公平・透明な手続で選任する』『任命された裁判官はすべて同等とされ，司法行政当局による不公平な待遇差別や意に反する任地異動などを受けることなく，その自由と独立が形式的にも実質的にも保障される』ことを骨子とし，市民のための司法改革を実現するために不可欠の制度である。

2．法曹一元の理念そのものは，昭和39年の臨時司法制度調査会の意見書でも望ましいものとされ，現在の政府の司法制度改革審議会においても，主要なテーマの一つとして論議されようとしている。しかし，臨司意見書においては結局「前提条件が未整備」として棚上げされてしまい，本年（平成12年）5月の自由民主党司法制度調査会報告書においても未だ条件整備が不十分とされるなど，その実現に向けての道程はまだまだ険しい。

　そして，その未整備な前提条件としてよく指摘されるのが，弁護士の人口増加や地域偏在解消の問題であり，それはすなわち，法曹一元裁判官制度が実現した場合に本当に必要な数の適任の任官者を弁護士会が供給していけるのかという問題である。

3．確かに，本年4月～5月に実施された日弁連の法曹一元任官アンケートにおいても法曹一元裁判官制度が実現されれば任官を考えると回答した人は全国で1000名以上に登ったものの，裁判官の仕事そのものに対する不安や，事務所の閉鎖や仕事の引継ぎあるいは退官後の弁護士復帰等の現実的な問題で，任官に躊躇を感じている人も多い。法曹一元裁判官制度を真に実現していくためには，その基盤整備として，これら弁護士側の現実的な課題を我々弁護士自身が克服していくことが是非とも必要である。

4．上記の弁護士側の現実的な課題は，弁護士会が組織として，任官に向けての啓蒙・指導を継

続的に実施していくことや，弁護士事務所の大規模協同化や法人化を推進すること，小規模事務所の閉鎖・縮小に伴う仕事の引継ぎや職員の再雇用の問題を制度的に援助・協力すること，退官後弁護士に復帰する際に職場・仕事を紹介・斡旋したり一定期間の財政的援助の制度を設けること等の努力と工夫をすることで克服できる課題である。

　我々は，法曹一元裁判官制度実現のために，我々自身が主体的に司法制度を担っていくべきことの自覚と決意を宣言するとともに，弁護士会が組織として任官推進のための基盤整備を推し進めることを求め，本決議を為すものである。

2000（平成12）年7月15日
法友会

被疑者・被告人の弁護人の援助を受ける権利を確立するための宣言

1　刑事弁護ガイドライン（仮称）の策定の動き

　日弁連刑事弁護センターは，2000年6月10日「被疑者・被告人が弁護人の援助を受ける権利を実効的に保障する」目的で，刑事弁護ガイドライン（仮称）を策定することを決議し，その内容につき「国家権力による介入の口実を与えるものであってはならず，刑事弁護を発展させるものでなければならない」との大枠を示して，全単位会及び関連委員会での討議を求めている。

　この「刑事弁護ガイドライン」は，刑事弁護の質的向上のために同センターが検討を進めてきたものであるが，国費による被疑者弁護制度の実現とも関わりをもつものであり，また，その性格・内容によってはわれわれの弁護活動を規律するものともなるのであって，全会的な討議を経て合意を形成することが是非とも必要である。

2　策定の背景──当番弁護士制度と国選弁護の実施状況

　本年は，当番弁護士制度の全国実施以来，9年目にあたる。われわれは，国費による被疑者弁護制度が存在しない現状を制度そのものの欠陥ととらえ，正に被疑者が弁護人の援助を受ける権利を実効的に保障するために，当番弁護士制度を創設し，その定着と発展に努めてきた。年間の逮捕者数は，およそ10万件にのぼるが，当番弁護士が出動した被疑者数はおよそ3割の3万人に達し，さらに以前にも増して増加する勢いにある。

　また，公判段階においても，国選弁護の割合は，7割を超えている実情にある。

　このように，公的弁護制度とこれに発展すべき当番弁護士制度は，着実な量的拡大を遂げ，被疑者・被告人が弁護人の援助を受ける機会が飛躍的に拡大しているものの，他方で「接見をしない」，「被告人は否認しているのに弁護人が罪状認否で公訴事実を認めた」などの不適切弁護の事例が少なからず存在することが指摘されている。かような弁護を放置したのでは，援助を受ける機会は保障されはしたものの，無益であるどころか有害という結果になりかねない。

3　策定の必要性と策定の視点──国費による被疑者弁護制度実現との関連性

　われわれは，当番弁護士を創設したと同様の視点，すなわち，被疑者・被告人が弁護人の援助を受ける権利を実効的に保障するとの視点に立って，刑事弁護の水準確保とその質の向上に取り組む必要がある。とりわけ，被疑者・被告人に，弁護士の選択権がなく，また解任権も認められていない公的弁護の実情からすれば，弁護士自治を与えられた弁護士会がそのための責務を果たさなけれ

ばならない。

　国費による被疑者弁護制度実現の問題については，司法制度改革審議会でも取り上げられているが，いわゆる水原レポートは，被疑者弁護制度に公的資金を導入するに当たっては，それに見合うだけの弁護活動の水準が確保されるとともに，弁護人の活動を「国民の正義感情」にかなったものにするために「弁護活動の適正さが確保されることが必要」だと述べている。

　先に述べたように，弁護活動の水準を確保することは必要であり，弁護士会がその責務を担うべきものである。しかし，「国民の正義感情」を口実に，刑事弁護活動に国家権力が介入することを許してはならない。

　刑事弁護は，被疑者・被告人の権利擁護のためには，時として国家権力との，あるいは国民の正義感情との対立を厭わないことをその基本的任務とするものであり，かかる任務を全うするために弁護士自治が保障されているのである。国費による被疑者弁護制度がどのような枠組みのものとなるにせよ，その活動の水準や適正の確保は，弁護士会が自律的に行うべきものであり，刑事弁護人の職務の独立性，自主性がいささかなりとも損なわれることがあってはならない。

　かような刑事弁護に対する介入を阻止するためにも，また，国費による被疑者弁護制度の実現を目前にして，被疑者弁護にあたる弁護人がいかなる活動をなすのかを国民に示していくためにも，弁護士会が自律的に，刑事弁護の水準と適正を確保するための指針を定める必要がある。

4　結論

　われわれは，刑事弁護ガイドライン（仮称）の問題を検討するにあたっては，この問題が弁護士自治と深くかかわりがあることを認識し，以上述べた視座を議論の共通の前提として確認しつつ，慎重に検討を進め，刑事弁護をより発展させるために奮闘する決意である。

以上，宣言する。

2000（平成12）年7月15日
法友会
法友全期会

平成12年末に「法曹選抜及び養成の在り方に関する検討会」の協議が終了するにあたり，日弁連執行部が丙案廃止実現に向けて特段の努力をするよう求める決議

主　文

　われわれ法友会・法友全期会は，日弁連執行部に対し，「法曹選抜及び養成の在り方に関する検討会」の協議が平成12年末に終了するにあたり，「遅くとも平成12年度をもって丙案を廃止する」との日弁連の方針を実現させるため，特段の努力をされるよう求める。

理　由

　司法試験・丙案制度については，日弁連はその導入に一貫して反対を続け，平成7年12月の導入決定後も毎年の司法試験最終発表の日における会長声明や司法試験会場での広報活動等を通じて一刻も早い廃止を求めてきた。

　平成9年秋の三者協議では，「遅くとも平成12年度をもって丙案を廃止する」（すなわち平成13年度から通常の試験とする）との日弁連の方針を，法務省及び最高裁が真摯に受けとめることを表明し，「司法試験制度と法曹養成制度に関する合意」に基づき，法曹三者による「法曹選抜及び養成の在り方に関する検討会」（以下「丙案検討会」という。）の設置が合意された。

　ところが法務省・最高裁は，平成10年10月から開始された丙案検討会の協議のなかで，上記検討会設置の経緯を充分ふまえることのない姿勢に転じている。平成11年11月4日の丙案検討会において法務省は「現時点で平成13年度からの合格枠制廃止という結論には至らない」旨の意見を正式に表明し，最高裁もこれに同調するに至っている。

　丙案検討会は，平成12年末の協議期限まであと半年弱と迫ったが，現時点に至っても，丙案廃止のめどは立たず，最終意見書のとりまとめとその後の展開についてすら具体的な方向性が見いだされていないとのことである。

　平成11年7月に設置された司法制度改革審議会（以下「改革審議会」という）ではいわゆる法科大学院構想を軸とした法曹養成制度の改革が重要な柱として議論されており，現在，文部省「法科大学院（仮称）構想に関する検討会議」において具体的制度内容についての検討が進められている。しかし，現在まで，丙案検討会の議論は改革審議会での法曹養成制度改革の議論に全く反映されておらず，今後についても，反映される道筋はなんら明らかになっていない。

　このような現在の状況のもとでは，丙案検討会での最終意見書の内容はもとより，同意見書発表後，これがどのような形で丙案の廃止に向けた力になっていくのかについても，全く不透明であり，丙案検討会の日弁連メンバーを中心とした努力のみでは事態の打開ははかり得ないことは明らかで

法友会

ある。

　丙案の廃止は，司法試験の論文式試験の合否判定を，丙案実施前の通常の単純成績順の形式に戻すことによって実行されるものであり，なんらの予算措置も条件整備も必要とされていない。このような性格の課題において，しかも日弁連の提案に基づき設置された検討会でその目的を実現できなくては，日弁連の鼎の軽重を問われることにもなりかねない。

　丙案検討会の協議期限が迫り，その協議が困難を極めているという現在の状況のもとでは，検討会の協議の強力なバックアップと同時に，局面打開に向けた日弁連執行部レベルにおける特段の取り組みが強く求められているものと考える。

　われわれは，一貫して，丙案などの若年者優遇試験制度の導入，実施に反対し，その早期廃止を求めてきたが，丙案検討会の協議期限が迫った現在，日弁連執行部が丙案の廃止に向けた取り組みを一層強力に行うことを求め，本決議を為すものである。

平成12年7月15日
法友会
法友全期会

2000年度（平成12年度）法友会執行部・政策関係

法友会	幹事長	下平 征司
	事務総長	吉岡 桂輔
	政策担当副幹事長	青木 荘太郎
	同	中城 重光
	同	三浦 修
	政策担当事務次長	藤ヶ崎 隆久
	同	中根 秀樹
	同	濱口 博史
	同	堀部 忠男
	同	小河 宏美
	同	園部 敏洋
政策委員会	委員長	山本 剛嗣
	副委員長	須田 徹
	同	安井 規雄
	同	伊井 和彦
	同	高橋 隆二
	同	宗万 秀和
	同	菅野 利彦
	同	坪井 昌造
	同	宮岡 孝之
	同	島袋 栄一
	同	川本 慎一
	同	和田 一雄

2000年度（平成12年度）法友会政策要綱執筆・見直し担当者

相澤 光江	伊井 和彦	飯田 秀郷	伊豆 隆義
一場 順子	伊藤 茂昭	岩井 重一	大澤 成美
岡田 康男	金子 正志	椛嶋 裕之	菅野 庄一
菊地 裕太郎	熊谷 光喜	神頭 正光	古賀 政治
古口 章	児玉 晃一	後藤 茂彦	小林 元治
五月女 五郎	笹浪 雅義	佐瀬 正俊	篠塚 力
菅沼 一王	鈴木 孝雄	須田 清	須田 徹
住田 昌弘	高井 和伸	鷹取 信哉	高岡 信男
瀧澤 秀俊	田口 明	竹之内 明	田中 純子
外山 太士	豊浜 由行	中島 義勝	中村 秀一
中村 治郎	芳賀 淳	長谷部 修	羽成 守
濱口 善紀	平澤 慎一	福島 昭宏	福原 弘
藤原 浩	堀川 末子	堀川 日出輝	堀部 忠男
松田 耕治	宮岡 孝之	宮寺 利幸	村上 愛三
本林 徹	矢澤 昌司	矢吹 公敏	山口 三惠子
山田 冬樹	由岐 和広	横山 渡	吉田 勧

2000年度（平成12年）法友会政策委員会名簿

荒木和男	今井　勝力	淺野正浩	石山治義
菅沼一王	篠塚　　力	早野貴文	大西英敏
笹浪雅義	外立憲和夫	横山渡準	市川　尚一
天坂辰雄	中陳秀久	堀井　準	高須順勝
田口　明	榊原一久	高林良男	中島義郎
伊藤紘一	若旅一夫	小林芳夫	熊田士秀
彦坂浩一	成田吉道	若井広光	中村　一
飯塚　孝	山近道宣	小川信明	望月邦夫
熊谷光喜	飯野紀夫	小野　傑	鯉沼　聡
岡田康男	鈴木善和	芳賀　淳	濱口善紀
森田哲治	一場順子	荒木理江	平野智嘉義
今野勝彦	永吉　崇	菊池仙治	岩井重一
小幡雅二	鬼丸かおる	羽成　守	住田昌弘
鐘築　優	山内雅哉	松本　操	林　保彦
杉本進介	大畑昌義	宮城朗雄	長谷部修輔
佐藤智香	穴水広真	高橋崇雄	吉岡桂治
飯田秀郷	岩出　誠	辻　千晶	古賀政博
桃川雅之	舩木秀信	大塚正和	大野康榮
吉川知宏	児玉晃一	上條　司	村田友寛
真田淡史	久木野利光	船戸　實	稲田　捨治
伊礼勇吉	曾田多賀弘	福家辰夫	簗瀬剛嗣
須田　清	寺井一弘	浜口臣邦	山本則雄
福原　弘	中園繁克	古口章治	西尾耕治
伊藤茂昭	佐瀬正俊	小林元彦	松田治之
藤川元司	由岐和広	村本政治右	伯母憲介
矢澤昌均	神谷　晋	白井徹一	森田康子
川口雄彦	園部洋士	豊崎寿昌	生田賢典
橋爪裕之	安井規辰	古川史高	古谷野守屋
椛嶋裕之	中野　　久	松村　幸生	守屋　典子

289

高橋　弘子
上野　伊知郎
大澤　美史
和田　満夫
寿原　光男
佐久間　成孝
津村　保政
本間　史浩
小榎　正勇
　　　二　司

池田　亮太郎
鈴木　国夫
竹之内　明
野村　吉太郎
千葉　睿一
助川　裕
佐藤　誠治
高岡　信男
福島　昭宏
清水　克久

杉川　昌輝
上堀　日出文
　　　智
関吉　勧
後藤　茂彦
村上　愛三
緒方　孝則
山田　冬樹
鷹取　信哉
吉葉　一浩
北原　　潤子

五十嵐　裕美
村上　重俊
五月女　五郎
田島　潤
松原　祥文
鈴木　勝利
菊地　裕太郎
瀧田　博
柳原　　毅
柳井　健夫
深沢　岳久

索引

【あ】

IBA……………………………………112
アクション・プログラム ……………173
あっせん仲裁センター ………………152
いじめ…………………………………238
一般会計………………………………131
遺伝子組み換え食品問題 ……………223
依頼者救済基金 ………………………104
イン・カメラ手続 ……………………149
インフォームド・コンセント ………247
AID（非配偶者間人工受精）………252
MDP……………………………………110
オアシス ……………………………242, 245
オウム真理教関連事件 ………………193
OECD……………………………………111

【か】

会員への情報提供 ……………………124
外国人の刑事手続上の問題 …………195
外国人の人権 …………………………269
外国弁護士問題 ………………………114
外国弁護士問題研究会 ………………114
外国法事務弁護士 ……………………114
介護保険制度 …………………………241
会財政……………………………………131
会内合意………………………………123
貸手責任（レンダーライアビリティ）……219
化学物質問題 …………………………223
GATS……………………………………111
GATT……………………………………111

カルテ開示 ……………………………248
カルパ ………………………………101, 121
監禁司法 ………………………………175
患者の人権 ……………………………247
関弁連…………………………………126
共済制度 ………………………………133
行政改革審議会 …………………………8
行政事件訴訟法 ………………………211
行政訴訟改革 …………………………209
行政手続法 ……………………………201
業務上預かり金口座 …………………100
金融商品販売法 ………………………217
警察活動 ………………………………266
刑事被拘禁者の処遇に関する法律案 ……188
刑事弁護ガイドライン問題 ……………61
刑事弁護センター ……………………173
ケネディ教書 …………………………216
検察官の増員 ……………………………47
研修弁護士制度 ……………………30, 34
憲法改正問題 …………………………256
憲法調査会 ……………………………254
憲法問題協議会 ………………………258
権利保護保険 ……………………………67
広域的当番弁護士制度 ………………181
合格者に対する入所前研修 ……………34
拘禁二法案反対運動 …………………187
広告自由化 ………………………………72
公設事務所 …………………………63, 181
合同図書館 ……………………………135
公文書に対する文書提出命令 ………148
高齢者の人権 …………………………240

高齢者のノーマライゼーション	241	障害者の人権	243
コーポレートガバナンス	164	少額事件	155
国際人権条約	277	商工ローン問題	218
国際仲裁	116	少年法「改正」	182
国際仲裁研究会	116	消費者基金	220
国選弁護人制度	180	消費者教育	221
国選弁護報酬	180	消費者の権利	215
国費による被疑者弁護制度	62, 177	消費者契約法	216
国連パリ原則	268	消費者問題	215, 218
国旗・国歌法	258	情報公開法	205
子どもの権利条約	238	新規登録弁護士に対する研修（新人研修）	34, 93
子どもの人権	237	新ガイドライン関連法	257
婚姻制度等の改正	234	人権擁護推進審議会	268
		人工生殖	252

【さ】

		ストーカー行為規制法	236
サービサー問題	86	性同一性障害	251
最高裁判所裁判官推薦制度	31	成年後見制度	242
裁判外紛争解決機関（ADR）	153	セクシャルハラスメント	232
裁判官の市民的自由	31	接見交通権	174
裁判官の増員	47	01地域	63, 70, 181
裁判官ネットワーク	32	全国市民オンブズマン会議	208
裁判傍聴運動	39	戦争被害者の人権	274
三会合併問題	137	選択的夫婦別姓	234
参審制	26	臓器移植法	249
死刑制度問題対策連絡協議会	190	総合的法律経済関係事務所	91
死刑の存廃問題	188	捜査の可視化	176, 197
死刑廃止条約	190	速記官問題	49
児童虐待	239		
児童福祉施設	239		

【た】

司法委員制度	38	第一選択議定書	279
司法改革実現に向けての基本的提言	11	退去強制令書	271
司法改革ビジョン	11	体外受精	252
司法制度改革審議会	10, 11, 28, 35, 45, 59, 118	第三次外国弁護士問題	114
司法の改革に関する市民会議	77	体罰	238
司法予算	41	多摩支部問題	139
市民オンブズマン	208	WTO	111
市民窓口	75	男女雇用機会均等法	232
市民モニター制度	74	懲戒制度	102
事務局体制	130	調書裁判	176
収容令書	271	付添人	184
循環型社会形成推進法	223	出前法律講座	75

電子商取引 …………………………219
電子署名及び認証に関する法律 ……204
東京各界懇談会 ……………………78
当番弁護士緊急財政基金 ……………60
当番弁護士制度 …………………56, 177
特別会計 ……………………………132
匿名報道 ……………………………265
独立人権機関 ………………………267
ドナー ………………………………249
ドメスティック・バイオレンス ……235

【な】

日独裁判官物語 ……………………32
日弁連刑事処遇法案 ………………187
日弁連財政 …………………………133
日弁連法務研究財団 …………94, 120
日弁連ひまわり基金 ………………64
脳死 …………………………………249
ノーマライゼーション ……………240

【は】

パート労働法 ………………………233
陪審制 ………………………………24
廃棄物問題 …………………………223
敗訴者負担 …………………………146
判検交流問題 ………………………33
犯罪被害回復制度等検討協議会 ……262
犯罪被害者給付金支給法 …………262
犯罪被害者の人権 …………………262
犯罪被害者保護立法 ………………185
犯罪報道と人権 ……………………264
被疑者国選弁護制度 …………56, 179
被疑者国選弁護制度試案 …………57
非常勤裁判官制度 …………………30
人質司法 ……………………………175
非弁提携弁護士 ……………………103
副会長増員問題 …………………125, 129
複数事務所 …………………………92
丙案 …………………………………36
弁護士預かり金口座（カルパ）……101, 121
弁護士改革 ……………………14, 19

弁護士過疎・偏在 ………………63, 181
弁護士業務改革 ……………………79
弁護士業務妨害 ……………………108
弁護士研修制度 ………………34, 92
弁護士自治 …………………………18
弁護士情報提供制度 ………………76
弁護士任官制度 ……………………29
弁護士の業務制限 …………………89
弁護士の公益活動（プロボノ活動）…97
弁護士非行 …………………………99
弁護士不祥事問題 …………………99
法曹一元制度 ………………………20
法曹三者協議 …………………8, 44
法曹人口問題 ………………………43
法曹養成制度 ………………………33
法曹養成制度等改革協議会 ……13, 43
法律事務所の複数化 ………………92
法律事務所の法人化 ………………104
法律相談 ……………………………71
法律相談センター …………………69
法律扶助制度 ………………………50
法律扶助制度改革準備会 …………53
法律扶助制度研究会 ………………52

【ま】

民事介入暴力 ………………………259
民暴救済センター …………………260

【ら】

リーガル・エイド …………………50
隣接業種との協働 …………………91
倫理研修 ………………………93, 100
ロースクール構想 …………………35
録音反訳方式 ………………………49
労働者派遣法 …………………226, 229

【わ】

ワンストップサービス ……………91

編集後記

　法曹人口の大幅増員・法曹養成制度改革問題で，大揺れに揺れた本年（平成12年）11月に開催された日弁連臨時総会の決議直後に，この編集後記を書いている。

　市民に身近で利用しやすい司法の実現に向けて，日弁連も大きく舵を切り，司法改革という最重要課題に向けて走り出したのである。

　本書の執筆にあたっても，今回の日弁連の総会決議は大いに影響を与えた，というよりは決議の結果を待たなければ原稿として完成できないページも多々あり，その意味でも今回の日弁連の総会決議は執筆者を悩ます存在であった。

　しかし，執筆者の努力と苦心により，アップツーデイトな政策要綱として完成出来たことに対しては，我々編集関係者一同，執筆者に感謝する次第である。

　紹介が遅くなったが，本書は東京弁護士会の会員のうち約1800名の会員で構成される法友会という団体が発行する，全国の弁護士会，その他の団体のうちで唯一ともいうべき政策要綱であり，今日における弁護士を取り巻く政策問題について，ほぼ網羅した政策提言集であり，多くの弁護士が悩み，不安を抱える問題，あるいは21世紀の提言などをまとめ上げたものである。

　本書は，100名以上の会員が参加した政策合宿での議論，定例の政策委員会での議論の結果であり，また法友会会員の総力をあげての成果である。

　最後に，編集・構成等について連日におよぶ山本剛嗣政策委員長，宮岡孝之副委員長，菅野利彦副委員長，執行部の三浦修副幹事長，藤ヶ崎隆久事務次長，堀部忠男事務次長の方々との会合の結果，本書が完成できたことをご報告申し上げる次第である。

2001（平成13）年度政策要綱策定部会

部会長　西　尾　則　雄

〔追記〕本政策要綱に関するご意見等がございましたら，下記アドレス宛Eメールにてお寄せいただけますようお願い申し上げます。

nishiolaw@aol.com

市民が主役の司法をめざして
【2001（平成13）年度法友会政策要綱】

2000年12月22日　第1版第1刷発行

著　者：東京弁護士会法友会
発行人：成澤壽信
発行所：株式会社現代人文社
　　　　〒160-0016　東京都新宿区信濃町20　佐藤ビル201
　　　　電話：03-5379-0307（代表）　　FAX：03-5379-5388
　　　　Eメール：genjin@gendaijinbun-sha.com
　　　　振替：00130-3-52366

発売所：株式会社大学図書
印刷所：株式会社ミツワ
装　丁：清水良洋

検印省略　PRINTED IN JAPAN
ISBN4-87798-033-4 C3032
©2000　TOKYO-BENGOSHIKAI HOYUKAI

本書の一部あるいは全部を無断で複写・転載・転訳載などをすること、または磁気媒体等に入力することは、法律で認められた場合を除き、著作者および出版者の権利の侵害となりますので、これらの行為をする場合には、あらかじめ小社また編集者宛に承諾を求めてください。